카네기 인간관계론

How To Win Friends And Influence People

Carnegie

카네기 인간관계론

개정판 1쇄 발행 2022년 8월 17일

지은이 데일 카네기
옮긴이 안영준, 엄인정
펴낸이 최영일
편집 생각뿔 편집부
디자인 생각을 머금은 유니콘

발행처 생각뿔
주소 서울특별시 광진구 능동로 209
등록 제 2020-27호
e-mail tubook@naver.com
ISBN 979-11-89503-38-3(04320)
    979-11-89503-37-6(세트)

생각뿔은 '생각(Thinking)'과 '뿔(Unicorn)'의 합성어입니다.
신화 속 유니콘의 신성함과 메마르지 않는 창의성을 추구합니다.

카네기 인간관계론

How To Win Friends And Influence People

Carnegie

우리는 왜 성공한 인간관계에 끌리는가

데일 카네기 지음 안영준 · 엄인정 옮김

생각뿔

DALE

CARNEGIE

『인간관계론』은
어떻게 썼고 왜 썼는가

지난 35년 동안 미국 출판사들은 무려 20만 종 이상의 책을 출간했다. 대부분 책은 팔렸다고 할 수 없을 정도로 적자를 냈다. 현존하는 세계 최대 규모의 한 출판사 사장은 출판에 몸담은 지 75년이나 되었지만, 아직까지도 출판하는 책 8권 중 7권은 여전히 적자에서 헤어 나올 줄 모른다고 말했다. 그렇다면 나는 왜 무모하게 또 한 권의 책을 쓴 것일까? 그리고 여러분이 돈과 시간을 들여 이 책을 읽어야 하는 이유는 무엇일까? 대답하기 쉽지는 않지만, 매우 적절한 질문이다. 그래서 나는 최선을 다해 이 질문에 대답해 보고자 한다.

1912년 이후로 나는 뉴욕에서 직장인과 전문직 종사자를 위한 교육 강좌를 진행해 왔다. 초기에는 대중 연설에 대한 강좌만 진행했다. 강좌를 연 의도는 사업상의 상담이나 대중 연설 같은 상황을 직접 체험해 보게 함으로써 수강생들이 연설할 내용을 생각해 내고, 자신의 생각을 더 효과적으로 전달하도록 훈련하는 것이었다. 하지만 강좌가 몇 번 진행되면서 나는 점차 그 사람들에게 효과적인 연설 요령에 대한 훈련이 필요하다는 것 이상으로, 업무적으로나 개인적으로 매일 접하는 사람들과 좋은 관계를 맺는 기술에 대한 훈련이 절실히 필요하다는 것을 깨닫게 되었다. 또한 나도 그런 훈련이 절실히 필요하다는 것을 깨닫게 되었다. 과거에 내가 얼마나 자주 요령이나 이해가 부족한 짓을 했는지를 생각하면 오싹하다. 이런 책을 20년 전에 봤다면 얼마나 좋았을까! 그랬다면 나는 얼마나 큰 혜택을 보았을까!

여러분이 겪는 가장 큰 문제는 사람을 대하는 일일 것이다. 사업한다면 더욱더 그렇다. 가정주부이거나 건축가이거나 엔지니어인 경우도 피차일반이다. 몇 년 전, 카네기 교사육성재단의 후원을 받아 이루어진 연구에서 매우 중요하고도 의미심장한 사실이 밝혀졌다. 이것은 카네기 기술연구소의 추가 연구를 통해서도 다시 한번 입증되었다. 조사에서 밝혀진 바에 따르면, 기술적인 분야에서도 기술적 지식이 경제적 성공에 기여하는 바는 고작 15%에 불과하고 나머지 85%는 인간관계의 기술, 즉 성격과 통솔력에 달려 있다고 한다.

나는 몇 년 동안 필라델피아 엔지니어 클럽을 대상으로 한 강좌와 미국 전기기사협회 뉴욕 지부를 대상으로 한 강좌를 동시 진행해 왔다. 강좌에 참여한 엔지니어는 1,500명이 넘었을 것이다. 그들이 나에게 온 이유는 간단했다. 오랜 관찰과 경험을 통해 엔지니어링 분야에서 가장 소득이 많이 올라가는 사람들이 그 분야의 전문 지식을 가장 많이 가지고 있는 사람이 아닌 경우가 많다는 점을 깨달았기 때문이다. 예를 들면, 엔지니어링이나 회계, 건축 등 전문 분야라고 해도 주급 25달러에서 50달러만 들이면 단순히 기술적인 능력을 가지고 있는 사람을 고용할 수 있다. 그런 사람들은 이미 시장에 널렸다. 하지만 기술적 지식에 더해서 자신의 생각을 표현하고, 리더십이 있고, 다른 사람들의 열정을 불러일으킬 수 있는 능력이 있는 사람, 이런 사람에게는 보수가 훨씬 더 높은 일자리가 기다리고 있다.

존 D. 록펠러는 매튜 C. 브러시에게 이렇게 이야기했다. "사람을 다루는 능력도 설탕이나 커피와 마찬가지로 사고파는 상품이야. 나라면 이 세상 그 어떤 것보다도 그 능력을 사는 데 많은 대가를 지불하겠네." 가장 값비싼 능력을 계발하는 강좌라면 이 세상 모든 대학이 개설하려고 하지 않을까? 하지만 내가 소식에 어두워서인지 몰라도, 이 글을 쓰고 있는 지금까지 그 어떤 대학에서도 성인들을 대상으로 이런 종류의 실제적이고 상식적인 강좌를 개설했다는 이야기는 들어 보지 못했다.

시카고 대학과 YMCA 연합학교는 성인들이 공부하고 싶어 하는 것을 알아보기 위한 조사를 진행했다. 조사에는 2만 5,000달러의 자금과 2년의 시간이 들어갔다. 마지막 조사지는 코네티컷주 중부의 도시인 메리덴이었다. 전형적인 미국 도시라는 이유였다. 메리덴의 모든 성인을 대상으로 면담이 진행되었고, 156개 항목에 대한 설문이 이루어졌다. 항목에는 이런 질문들이 있었다. '당신의 직업은 무엇인가? 당신의 학력은 어느 정도인가? 당신은 여가 활용을 어떻게 하는가? 당신의 소득은 얼마인가? 당신의 취미는 무엇인가? 당신의 포부는 무엇인가? 당신의 고민은 무엇인가? 당신이 가장 공부하고 싶은 주제가 있다면 무엇인가?' 조사 결과 성인들의 가장 큰 관심사는 건강이었다. 두 번째 관심사는 사람, 즉 어떻게 하면 다른 사람을 잘 이해하고 좋은 관계를 맺을 수 있는가, 어떻게 하면 사람들이 나를 좋아하게 만들 수 있는가, 어떻게 하면 다른 사람을 설득할 수 있는가에 관한 것이었다. 이 조사를 진행한 위원회에서는 메리덴의 성인들을 대상으로 관련 강좌를 열기로 했다. 그러고는 그 주제에 관한 교재를 찾아보았지만 그 어떤 것도 찾을 수 없었다. 위원회는 성인 교육에 관한 권위자를 찾은 후, 그에게 이런 사람들의 요구를 충족시킬 만한 책이 있는지 물었다. 그는 이렇게 대답했다. "그런 책은 없습니다. 그 성인들이 어떤 것을 원하는지 압니다만, 그들이 원하는 책은 지금까지 나오지 않았습니다."

나는 경험을 통해 이 말이 사실이라는 것을 이미 알고 있었다. 나 역시 인간관계에 관한 실용적인 실행 지침서를 찾기 위해 오랫동안 노력했기 때문이다. 결국 그런 책은 존재하지 않았다. 그래서 나는 내 강좌에서 사용할 수 있는 책을 써야겠다고 결심했다. 그 결과로 나온 것이 바로 이 책이다. 이 책이 여러분의 마음에도 새겨지기를 바란다. 나는 도로시 딕스와 이혼 재판 기록, 〈페어런츠 매거진〉에서부터 오버스트리트 교수와 알프레드 아들러, 윌리엄 제임스에 이르기까지 이 책의 주제와 관련해서 구할 수 있는 모든 글을 찾아서 읽었다. 여기에만 한정하지 않고 자료 조사 전문가의 도움을 받아 1년 반 동안 수많은 도서관을 다니며 내가 놓친 모든 것을 읽었다. 그뿐만 아니라 심리학에 관한 전문 서적들도 정독했다. 또한 잡지에 실린 수백 개의 글을 검토하고, 셀 수 없이 많은 전기를 뒤지며 모든 시대의 위인들은 어떻게 사람을 다루었는지 면밀히 살펴보았다. 율리우스 카이사르에서부터 토머스 에디슨에 이르기까지 모든 위대한 지도자들의 생애에 관한 이야기도 읽었다. 시어도어 루스벨트에 대한 전기만 100권 이상은 찾아 읽은 것 같다. 우리는 고대에서부터 오늘날에 이르기까지 친구를 사귀고 사람들을 설득하기 위해 사용했던 모든 실제적인 아이디어를 찾는 일에 시간과 비용을 아낌없이 투자했다. 나는 성공한 사람들을 면담하며 그들이 인간관계에서 어떤 기술을 사용했는지를 찾아내고자 노력했다. 그들 중에는 마르코니 같은 발명가와 프랭클린 D. 루스벨트 같은 정치가, 오웬 D. 영 같은 사업가, 클라크 게이블이나 메리 픽포드 같은 영화배우, 마틴 존슨 같은 탐험가 등 세계적인 유명인들도 다수 포함되어 있었다.

나는 이런 자료를 토대로 짧은 강연을 준비하고는 '친구를 사귀고 사람들을 설득하는 법'이라는 제목을 붙였다. 나는 '짧은 강연'이라고 말했다. 그것은 처음에는 진짜로 '짧은' 강연이었다. 하지만 지금은 1시간 30분 동안 진행하는, 다소 긴 강의로 몸집이 커졌다. 벌써 몇 년 동안 나는 뉴욕에 있는 카네기 연구소에서 성인들을 대상으로 시즌마다 이 강의를 진행하고 있다. 나는 강의를 마치면서 수강생들에게 일상생활에서 접촉하는 사람들에게 배운 것을 적용해 보고 난 뒤, 그 경험과 결과를 다음 강좌에서 발표해 달라고 부탁했다. 얼마나 흥미로운 과제인가! 자기 계발을 희망하면서 강좌에 참가한 수강생들은 이런 새로운 방식의 실험에 동참한다는 것을 매우 의미 있게 받아들였다. 성인들을 대상으로 인간관계를 실험하는, 현존하는 최초의 실험이자 유일무이한 실험이었기 때문이다.

이 책은 우리가 일반적으로 생각하는 '쓴다'는 말과는 다른 의미에서 쓰인 책이다. 이 책은 마치 아이가 커 가듯이 자라났다. 이 책은 새로운 의미의 실험에서, 성인 수천 명의 경험 속에서 자라나고 성장한 결과물이다. 지금으로부터 몇 년 전, 우리는 몇 가지 규칙을 엽서 크기의 종이에 인쇄했다. 하지만 시즌이 지날수록 크기와 내용이 확대되었다. 그다음 시즌에 엽서는 조금 큰 카드가 되었고, 그다음에는 낱장으로 된 인쇄물이 되었으며, 그다음에는 소책자의 형태로 확대되었다. 15년의 실험과 연구가 쌓인 지금, 드디어 책의 형태로 나오게 되었다. 그것이 바로 이 책이다. 이 책에 적혀 있는 규칙들은 단순한 이론이나 추론의 산물이 아니다. 이 책에 적힌 규칙들은 마법 같은 효과를 일으킬 것이다. 이상하게 들릴 수도 있지만, 나는 이 규칙들을 사용한 후 인생에 혁명 같은 변화가 일어난 사람들을 정말 많이 보았다.

예를 들어 보겠다. 지난 시즌에 314명의 종업원을 거느린 어떤 사람이 강좌를 들으러 왔다. 오랫동안 그는 종업원들을 몰아붙이고 비판하고 야단쳤다. 친절함이나 감사, 격려의 말 같은 것은 그에게는 존재하지 않았다. 그러던 그가 이 책에서 주장하는 원칙들에 대해 배우고 나서는 삶의 철학을 송두리째 바꾸었다. 그 결과 그의 회사에는 충성심, 열의, 팀워크 정신이 넘치게 되었다. 314명의 적이 314명의 친구로 바뀌었다. 그는 강좌에 와서 자랑스럽게 말했다. "예전에는 회사에서 제가 지나가도 아무도 인사하지 않았습니다. 종업원들은 제가 오는 걸 보면 고개를 돌려 외면했죠. 하지만 지금은 다릅니다. 그들 모두는 제 친구가 되었습니다. 수위까지도 제 이름을 친근하게 부르지요." 그는 예전보다 이익을 더 많이 내고 있다. 그뿐만 아니라 여가도 더 많이 즐기고 있다. 그리고 그 어떤 것과도 비교할 수 없을 정도로 중요한 점을 이야기하자면, 그는 사업과 가정생활에서 이전과는 비교도 할 수 없을 만큼 커다란 행복을 누리고 있다.

여기에 나온 원칙들을 활용해서 판매를 급격히 신장시킨 세일즈맨들도 많다. 이들은 그간 아무리 노력해도 이루어지지 않았던 거래를 성공시켰다. 경영진에 있던 사람들은 확고한 권위를 확보했고, 보수도 월등히 나아졌다. 지난 시즌 강좌에서 어떤 회사의 한 임원은 강좌에서 배운 원칙을 실천해서 연봉이 5,000달러나 인상되었다고 말해 우리를 놀라게 했다. 필라델피아 가스 웍스 컴퍼니의 임원 한 사람은 사람들과 자꾸만 다툼이 일어나고 사람들을 능숙하게 이끌지 못한다는 이유로 좌천당할 위기에 처해 있었다. 하지만 이 강좌에서 훈련받고 난 후 고령임에도 좌천은커녕 오히려 승진하면서 보수도 더 많이 받게 되었다고 말했다.

강좌가 끝나면 항상 연회가 열린다. 연회에 참석한 부인들은 남편이 이 강좌에 참가한 이후 가정에 행복이 넘치게 되었다고 종종 말한다. 사람들은 자신들이 거둔 새로운 결과를 보고 깜짝 놀란다. 그것은 정말 마법 같다. 너무 흥분한 나머지 48시간 후에나 있는 정규 강좌 시간까지 도저히 기다릴 수 없다며 일요일에 내 집으로 전화해 자신이 거둔 결과를 전하는 경우도 종종 있었다. 어떤 사람은 이 강좌를 듣고 너무 큰 충격을 받은 나머지, 다른 수강생들과 함께 늦은 시간까지 이 주제에 관해 토론했다. 새벽 3시가 되자, 다른 사람들은 자리를 떴다. 하지만 그는 자신의 실수를 깨닫고는 큰 충격을 받았다. 또한 자신 앞에 열릴 새롭고 풍요로운 세계에 대한 기대와 희망으로 가슴이 벅차올라서 잠들 수가 없었다. 그는 그날 밤, 심지어 그다음 날 밤까지도 잠들지 못했다. 그는 어떤 사람이었을까? 새로운 이론이라면 가리지 않고 받아들여서 떠들어 대는, 순진하고 세상 물정 모르는 바보였을까? 그는 오히려 정반대의 사람이다. 그는 논리적이고 냉정한 미술품 거래상이다. 사교계의 단골손님이며 두 군데의 외국 대학 학위가 있고 무려 3개 국어에 능통한 사람이다.

이 글을 쓰는 사이, 호엔촐레른 왕가 치하의 독일에서 대대로 직업 장교를 배출한 명문 귀족 집안 출신의 한 독일인으로부터 편지를 받았다. 그가 편지를 쓴 곳은 대서양을 건너 유럽으로 돌아가는 증기선 안이었다. 편지에는 이 책에서 말하는 원칙들을 적용한 경험이 적혀 있었다. 나는 그 편지를 통해 종교적인 열정에 가까울 정도로 고양된 분위기를 느낄 수 있었다. 또 다른 사람은 뉴욕 토박이였다. 그는 커다란 카펫 공장을 가지고 있었고, 사교계에서도 이름 있는 사업가였다. 그는 하버드대 졸업생이었지만, 카네기 교육 과정에서 14주 동안 배운 인간관계의 기술이 대학에서 4년 동안 배운 것보다 훨씬 많다고 말했다. 무슨 뜬딴지같은 소리냐고 생각할지도 모른다. 허황된 이야기로 들리는가? 생각은 여러분의 자유다. 나는 다만 뉴욕 예일 클럽에서 대단한 성공을 거둔 점잖은 하버드대 졸업생 한 사람이 약 600명의 청중 앞에서 한 말을 그대로 옮겨 왔을 뿐이다.

하버드대 교수인 윌리엄 제임스는 이렇게 말했다. "우리의 잠재성에 비추어 가늠하면, 우리는 절반 정도만 깨어 있다. 우리는 우리가 가진 육체적·정신적 자원의 일부만을 사용할 따름이다. 이를 일반화하면, 개개인은 자신의 한계에 한참 못 미치는 삶을 영위하고 있다. 인간은 습관상 활용하지 못하고 있는 다양한 종류의 능력을 소유하고 있다." 여러분이 "습관상 활용하지 못하고 있는" 능력들! 이 책의 유일한 목적은 그 능력, 다시 말해 여러분이 잠자고 있는 자산을 발견하고 계발해 이익을 얻도록 도와주는 것이다. 프린스턴 대학 총장을 지낸 존 G. 히번은 "교육이란 살아가면서 생기는 다양한 상황에 대처하는 능력"이라고 말했다.

　나는 여러분이 이 책을 Part 3까지 읽고 나서도 다양한 상황에 대처하는 능력에 조금의 변화도 생기지 않는다면, 이 책이 완전한 실패작임을 인정하겠다. 하지만 허버트 스펜서가 이야기한 대로 "교육의 가장 큰 목표는 지식이 아니라 행동"이며, 이 책은 바로 그 행동으로 이끌 것이다.

데일 카네기

|PART 1| 사람을 대하는 기본 원칙

|PART 2| 사람의 호감을 사는 6가지 방법

이 책으로 최대의 효과를 얻을 수 있는 8가지 방법

. . . . . .

1　이 책을 통해 최대의 효과를 얻고자 한다면, 반드시 갖추어야 할 점이 한 가지 있다. 이것은 그 어떤 규칙이나 기술과 비교할 수 없을 만큼 중요하다. 이 기본적인 요건을 갖추지 못한다면, 수천 가지 학습 규칙들도 여러분에게 아무런 영향을 발휘하지 못할 것이다. 이 핵심 재능을 갖추고 있다면 이 책에서 제시한, 최대의 효과를 얻기 위한 제안들을 하나도 읽지 않아도 놀라운 기적을 이룰 수 있을 것이다.

그렇다면 과연 그러한 마술적인 요건은 무엇인가? 답은 단순하다. 진지하게 배우고자 하는 적극적인 욕구, 즉 사람 다루는 능력을 키우고자 하는 열정적인 의욕이다.

어떻게 해야 그런 의욕을 더 많이 키울 수 있을까? 지금 배우는 원칙들이 여러분에게 얼마나 중요한지를 계속 상기하면 된다. 사회적 · 경제적으로 더 많이 보상받기 위해 치열한 경쟁을 벌이는 현실 세계에서 그 원칙들을 익히는 것이 여러분에게 얼마나 큰 힘이 될지를 머릿속에 그려 보라. 그리고 끊임없이 자기 자신에게 이렇게 속삭여라. '내 인기도, 내 행복, 내 수입이 사람을 다루는 기술에 따라 엄청나게 달라진다.'

2　전체적인 내용을 파악하기 위해 처음에는 각 파트를 빠른 속도로 읽어라. 그러면 얼른 다음 파트로 가고 싶은 유혹을 느낄 것이다. 하지만 유혹에 넘어가지 말라. 그렇게 읽으면 이 책을 단순 재미

로 읽는 것에 머물게 된다. 여러분이 인간관계의 기술을 향상하고자 하는 마음으로 이 책을 읽는다면 다시 뒤로 돌아가 각 파트를 정독하라. 이 방법은 긴 안목으로 볼 때 시간도 절약할 뿐만 아니라 좋은 성과도 낼 수 있는 지름길이다.

3 책을 읽는 중에 자주 멈추면서 지금 읽고 있는 내용에 대해 깊이 숙고하라. 이 제안들을 언제 어떻게 하나하나 활용할 수 있을지를 거듭해서 자신에게 물어보고 생각하라. 이런 방식의 독서는 토끼를 쫓아 달리는 경주용 개처럼 앞으로 계속 내달리는 독서보다 훨씬 더 많은 도움을 줄 것이다.

4 손에 빨간 색연필이나 연필을 들고 책을 읽어라. 활용할 수 있는 제안을 발견하면 표시를 해 놓아라. 정말 중요한 제안이라면 처음부터 끝까지 밑줄을 긋거나, 별 4개 표시를 해 놓아라. 책에 표시하거나 밑줄을 그으면서 읽으면 독서가 훨씬 흥미로워지고, 나중에 다시 훑어보기에도 수월하다.

5 내가 아는 사람 중에 대형 보험 회사의 소장으로 15년째 근무하고 있는 사람이 있다. 그는 놀랍게도 매달 자신의 회사가 판매하는 모든 보험 상품의 표준 계약서를 정독한다. 믿기 힘들겠지만 사실이다. 그는 아무리 세월이 흘러도 매달 꼬박꼬박 같은 계약서를 반복해서 읽는다. 그는 무엇 때문에 이런 일을 하는 것일까? 답은 간단하다. 그는 경험을 통해 그렇게 하는 것만이 계약서 조항들을 명확하게 기억할 수 있는 유일한 방법이라는 것을 알고 있기 때문이다.

나는 약 2년 동안 대중 연설에 관한 책을 썼다. 그런데도 나는 내 책에 쓴 내용을 기억하기 위해 가끔씩 책을 보아야 한다는 사실을 깨달았다. 인간이 망각하는 속도는 경이롭다. 그러므로 이 책으로 실제적이고도 지속적인 효과를 보고 싶다면 한 번 쭉 살펴본 것으로 충분하다고 재단하지 말라. 정독한 이후에도 매달 3~4시간은 다시 읽어 보아야 한다. 책상 위에 이 책을 놓아두고 매일 여러 번 읽어 보라. 그러면서 이제 막 시작하려 하는 변화의 가능성을 그려 보라. 이 원칙들이 완전히 몸에 배어서 의식하지 않고도 저절로 나올 정도가 되고 싶은가? 그렇게 되려면, 항상 내용을 다시 살펴보면서 현실에 적용하려고 열심히 노력하는 수밖에 없다. 아쉽지만 다른 방법은 없다.

6 버나드 쇼는 언젠가 이렇게 말했다. "가르쳐 주면 스스로 배우지 못한다." 그렇다. 그의 말이 옳다. 배움이라는 것은 능동적인 과정이지 수동적인 과정이 아니다. 우리는 실행하는 가운데 무언가를 배운다. 그러므로 여러분이 이 책에 나온 원칙들을 몸에 익히고 싶다면 반드시 실천에 옮겨야 한다. 기회가 닿을 때마다 이 규칙들을 적용하라. 그렇지 않으면 곧 까맣게 잊어버리고 만다. 우리의 기억에 남는 것은 실제로 활용된 지식뿐이다.

이 책에 나온 제안들을 항상 적용하는 것은 어려운 일이라고 생각할지도 모른다. 나는 내가 썼기 때문에 이 책에 나온 내용들을 전부 알고 있지만, 내가 주장하는 내용들을 전부 적용하는 것이 어렵다고 느낄 때도 종종 있다.

예를 들어 화났을 때는 상대방을 이해하려고 하는 것보다 상대방을 비판하거나 비난하는 편이 훨씬 쉽다. 칭찬하는 것보다 잘못을 지적하는 것이 쉬울 때도 많다. 상대방이 원하는 것보다 내가 원하는 것에 대해 이야기하는 것이 훨씬 자연스럽기도 하다. 이런 경우는 그 외에도 다양하다.

그렇기 때문에 이 책을 읽을 때 단순히 정보를 얻으려 하는 게 아니라는 점을 염두에 두도록 하자. 여러분은 새로운 습관을 익히기 위해 이 책을 읽는 것이다. 그렇다. 여러분은 새로운 삶의 방식에 도전하고 있다. 그러려면 시간과 끈기와 끊임없는 실천이 필요하다.

이 책을 자주 펼쳐 보라. 그리고 이 책을 인간관계에 관한 최고의 실행 지침서로 생각하라. 아이를 상대하거나, 배우자를 설득하거나, 짜증 난 고객을 다루는 등 구체적인 문제가 생겼을 때 자연스럽고 충동적인 반응을 하는 것에 주의하라. 그런 반응은 대부분 잘못된 것이기 때문이다. 이 책을 펼쳐 여러분이 표시해 놓은 구절을 찬찬히 살펴보라. 그런 후에 새로운 방식을 시도하면 여러분의 일상에 놀라운 변화가 생길 것이다.

7 배우자나 자녀, 직장 동료에게 여러분 자신이 정한 원칙을 어길 때마다 스스로 벌금을 물겠다고 약속하라. 이 규칙들을 익히는 것을 즐거운 게임으로 생각하라.

8 월가에 있는 한 대형 은행의 사장은 내 수강생들에게 자기 계발을 위해 그가 즐겨 사용하는 매우 효과적인 시스템에 대해 이야기해 주었다. 그는 정규 교육을 거의 받지 못했지만, 미국에서 가장 중요한 금융 전문가로 자수성가했다. 그는 자신이 직접 개발한 시스템을

끊임없이 적용해서 성공할 수 있었다고 말했다. 내 기억이 허락하는 한 가능하면 정확하게 그가 자신의 방식에 대해 이야기한 것을 옮겨 보겠다.

"몇 년 동안 나는 매일 그날 있었던 약속을 하나도 빼먹지 않고 노트에 기록했습니다. 가족들은 오로지 나를 위해 토요일 저녁에 아무런 계획도 잡지 않고 비워 두었습니다. 가족들은 내가 그날, 나 자신을 반성하고 나의 지난 행동을 돌아보며 칭찬할 것은 칭찬하는 등 깨달음을 얻기 위해 귀중한 시간을 보낸다는 것을 그 누구보다 잘 알고 있었기 때문입니다. 나는 저녁 식사를 마치고 혼자 서재에서 약속 기록 노트를 펼쳐 놓고 그 주에 있었던 모든 만남과 토론, 회의에 대해 차분히 생각했습니다. 그러고는 자신에게 이런 질문을 했습니다.

'그때 나는 어떤 실수를 했는가?'

'내가 제대로 한 것은 무엇인가? 어떻게 했다면 더 잘 해냈을까?'

'그 경험을 통해 배울 점은 무엇인가?'

주말에 이런 반성을 하고 나면 우울해지기도 했습니다. 내가 저지른 실수를 깨닫고 깜짝 놀란 적도 비일비재했습니다. 물론 시간이 흐를수록 이런 실수는 줄어들었죠. 요즘에는 이런 검토가 끝난 후 기분이 오히려 나아지는 경우도 있습니다. 이런 자기 분석, 자기 계발의 시스템은 몇 년 동안이나 계속 이루어졌고, 지금껏 시도해 본 그 어떤 방법보다 나에게 유익한 도움을 주었습니다.

이 방식은 결단력을 강화하는 데도 큰 도움을 주었습니다. 사람들과의 모든 만남에서도 마찬가지였습니다. 따라서 나는 이 방식을 여러분에게 적극 권해 드리고 싶습니다."

이 책에 제시된 원칙들을 적용하면서 여러분도 이와 비슷한 검토 방식을 활용해 보는 것이 어떻겠는가? 그렇게 한다면 두 가지의 성과를 맛볼 수 있을 것이다.

첫 번째, 흥미로우면서도 돈이 들지 않는 교육 과정을 이수하고 있는 자신을 발견하게 될 것이다.

두 번째, 사람을 만나고 사람을 대하는 자신의 능력이 푸르른 나무처럼 왕성하게 자라고 있는 모습을 발견하게 될 것이다.

· · · · · · ·

1 사람 다루는 능력을 키우겠다는 진지하고 적극적인 욕구를 지녀라.

2 다음 장의 내용을 읽기 전에 각 장의 내용을 두 번씩 읽어라.

3 책을 읽으면서 각 제안을 어떻게 적용할 것인지 자신에게 자주 물어보라.

4 중요한 구절에 밑줄을 쳐라.

5 매달 이 책을 다시 읽어 보아라.

6 기회가 닿을 때마다 여기에 나온 원칙들을 적용하라. 그리고 이 책을 인간관계에 관한 최고의 실행 지침서로 생각하라.

7 여기에 나온 원칙을 어길 때마다 주변 사람들에게 스스로 벌금을 물겠다고 약속하라. 이렇게 함으로써 규칙을 배우는 것을 게임하듯 즐겁게 배워라.

8 매주 이 책에 나온 원칙을 적용하면서 자신의 상황을 검토해 보라. 어떤 실수를 저질렀는지, 어떤 점이 나아졌는지, 배울 점은 무엇인지 확인하라.

PART 1

사람을 대하는 기본 원칙

Fundamental Techniques In Handling People

남에게 비판받고 싶지 않다면,
너 역시 남을 비판하지 말라.
Judge not, that ye be not judged.

1

꿀을 얻고 싶다면, 벌집을 건드리지 말라

If You Want To Gather Honey, Don't Kick Over The Beehive

1931년 5월 7일, 범인 검거 작전이 한창 벌어지고 있었다. 뉴욕 시가 탄생한 이후로 가장 큰 관심을 모은 작전이었다. 이른바 '쌍권총 크로울리'는 몇 주 동안이나 경찰의 추적을 요리조리 피하면서 도망 다녔다. 그는 웨스트 앤드 애비뉴에 있는 연인의 아파트에 숨어 있었는데, 때마침 발각되어 경찰에 체포되기 직전이었다. 그는 술도 마시지 않고 담배도 피우지 않는 평범한 사람이지만, 총을 쏘아서 사람을 죽인 살인범이었다.

150명이나 되는 경찰과 형사는 그가 숨어 있는 아파트 꼭대기 층을 에워쌌다. 경찰은 '경찰 살해범'인 크로울리가 스스로 집 밖으로 나오도록 지붕에 구멍을 내고 최루 가스를 투입하는 작전을 수행했다. 아파트 주변 빌딩에는 기관총을 배치해 혹시 모를 사태에 대비했다. 아파트가 있는 거리는 뉴욕 시에서 가장 멋진 주거 지역으로 손꼽히는 곳이었다. 이곳에서 권총과 기관총이 탄환을 뿜어내는 요란한 소리가 한 시간이 넘도록 계속 이어졌다. 크로울리는 두툼한 의자를 방패막이로 삼고는 경찰을 향해 끊임없이 총구를 겨누며 체포되지 않으려고 발버둥 쳤다. 1만여 명이 넘는 뉴욕 시민들은 그 어느 때보다 조마조마해하면서 이 총격전을 예의주시했다. 이렇게 멋진 곳에서 총격전이라니. 지금 눈앞에서 벌어지고 있는 광경은 그 당시에는 절대 있을 수 없는 일이었다.

마침내 총격전이 끝나고 크로울리가 체포되었다. 뉴욕 경찰국장인 멀루니는 크로울리를 두고 "뉴욕 시 역사를 통틀어 가장 위험한 범죄자에 속한다."라고 발표했다. 경찰국장의 표현을 빌리자면, 크로울리는 "이것저것 가릴 것 없이 마음 가는 대로 살인을 저지르는 놈"이었다.

그렇다면 '쌍권총 크로울리'는 자신을 어떻게 생각하고 있었을까? 경찰이 크로울리가 숨어 있는 아파트를 향해 총을 쏘는 긴박한 순간에도 그는 희한하게 '관계자 여러분께'로 시작하는 편지를 썼다. 그가 편지를 쓰는 동안에도 총에 맞은 상처에서는 붉은 피가 흘렀고, 편지지에는 붉은 핏자국이 선명하게 새겨졌다. 크로울리는 편지에 이렇게 썼다. '내 마음은 지치고 피곤하지만, 변함없이 착한 상태다. 그 어떤 사람에게도 해를 끼치고 싶어 하지 않는 너무나 착한 마음이다.'

이 사건의 발단은 다음과 같다. 총격전이 벌어지기 얼마 전, 크로울리는 롱아일랜드에 있는 한적한 시골길에 차를 세우고 애인의 목덜미에 입을 맞추며 뜨거운 사랑을 나누고 있었다. 바로 그때 경찰 한 명이 나타나 이렇게 말했다.

"실례합니다만, 면허증 좀 보여 주시겠습니까?"

크로울리는 면허증을 보여 주는 대신에 총을 뽑아 들고는 경찰에게 총알 세 발을 쏘았다. 경찰이 중상을 입고 쓰러지자, 크로울리는 차에서 내려 경찰의 권총을 집어 들고 경찰의 몸을 향해 다시 한 방을 쏘아 확인 사살까지 저질렀다. 이토록 악질적인 범죄를 저지른 살인범이 자신을 두고 이렇게 말했다. "내 마음은 지치고 피곤하지만, 변함없이 착한 상태다. 그 어떤 사람에게도 해를 끼치고 싶어 하지 않는 너무나 착한 마음이다."라고.

크로울리에게는 사형이 선고되었다. 사형이 집행된 날, 그는 전기의 자에 앉아서 "살인을 저질렀으니, 이렇게 되는 것이 당연하지."라고 말했을까? 전혀 그렇지 않다. 그는 "나는 정당방위를 한 것뿐인데, 도대체 어떻게 이럴 수가 있는가?"라고 말했다.

이 이야기의 핵심은 매우 간단명료하다. '쌍권총 크로울리'는 자신이 잘못한 것을 생각하지도 인정하지도 않았다는 것이다. 이런 태도는 범죄자들에게 찾아보기 힘든 것일까? 만약 그렇게 생각한다면, 이 말에 귀를 기울여야 한다.

"다른 사람들에게 많은 즐거움을 주고, 좋은 시간을 보낼 수 있도록 도왔던 기간은 내 인생 최고의 시기였다. 하지만 나에게는 비난과 전과자라는 낙인만이 돌아왔다."

알 카포네가 이렇게 말했다. 미국 역사를 통틀어 가장 악명 높은 만인의 적, 시카고의 암흑기를 장악했던 가장 냉혹한 갱단 두목인 바로 그 알 카포네 말이다. 알 카포네는 자신이 무엇을 잘못했다고 생각하지 않았다. 그는 오히려 자신이 하고 있는 일을 자선 사업이라고 보았다. 자신의 사업의 투명성과 공공성을 사람들이 인정해 주지 않고 오해하고 있을 뿐이라고 생각했다.

또 다른 예가 하나 더 있다. 뉴어크에서 폭력 조직 간의 총격전이 벌어졌는데, 더치 슐츠는 이때 목숨을 잃었다. 그는 뉴욕에서 가장 악명 높은 폭력 조직의 우두머리였지만, 언론과의 인터뷰에서는 자신을 자선 사업가라고 밝혔다. 그는 실제로도 자신이 그런 사람이라고 믿었다.

뉴욕에는 악명 높은 싱싱 교도소가 있다. 이곳에서 소장으로 오랫동안 근무한 워든 로즈와 편지를 주고받으면서 이 주제에 관해 흥미로운 대화를 나누었다. 로즈 소장은 이렇게 말했다.

"알고 계십니까? 싱싱 교도소의 수감자 중에 '나는 나쁜 사람'이라고 생각하는 죄수는 손으로 꼽을 정도밖에 되지 않습니다. 그들도 당신과 나처럼 인간입니다. 그래서 그들도 자신을 합리화하고, 자신의 정당성을 입증할 변명거리를 다양하게 만들어 냅니다. 그들은 자신이 금고를 털 수밖에 없었던 이유, 총을 쏠 수밖에 없었던 이유를 셀 수 없이 읊을 수 있습니다. 그 이유가 논리적인지 아닌지를 차치하더라도 그들은 그 럴듯한 이유를 대며 자신을 합리화하고, 자신들의 반사회적 행동이 절 대 틀리지 않았다고 여기며, 또한 그러한 연유로 감옥에 수감될 이유도 전혀 없다는 생각을 포기하려 들지 않습니다."

알 카포네, '쌍권총 크로울리', 더치 슐츠, 나아가 교도소 담장 너머의 범죄자들이 자신들은 그 어떤 잘못도 저지르지 않았다고 믿는 것은 그 럴 수도 있다고 치자. 하지만 여러분이나 내 주변에 있는 사람들은 과연 어떠할까?

자신의 이름을 딴 백화점을 설립할 만큼 성공 가도를 달린 사업가 존 워너메이커는 이렇게 고백했다.

"30년 전, 나는 다른 사람을 비난하는 것이 얼마나 어리석은 일인가 를 뼈저리게 경험했다. 나는 도대체 왜 하느님이 지적 능력을 나에게도 공평하게 나누어 주지 않았을까 하고 불평하기보다는 나 자신의 부족 함을 극복하기 위해 열심히 노력했다."

다행히도 존 워너메이커는 이 교훈을 이른 시기에 깨달았다. 하지만 나는 30년이 넘는 오랜 세월을 실수를 거듭하며 보내고, 그때서야 비로 소 깨달았다. 사람이라는 존재는, 자신이 아무리 크나큰 잘못을 저질렀 다고 하더라도 100명 중 99명은 자신이 잘못했다는 것을 전혀 인정하 지 않는다는 점을 말이다.

우리는 비판이 쓸데없는 짓이라는 것을 알아야 한다. 그 이유는 분명하다. 비판은 다른 사람으로 하여금 자신에게 방어적인 모습을 지니게 할 뿐만 아니라 자신을 정당화하기 위해 이런저런 노력을 하게 만들기 때문이다. 비판은 위험한 일이다. 왜냐하면 사람들은 누구나 자존심을 소중하게 여기는데, 그 자존심에 상처를 입히고 자신이 가치가 있는 사람인지 아닌지에 대해 회의를 느끼게 하며 원한만 불러일으키기 때문이다.

독일 군대의 경우, 병사들은 아무리 불만스러운 일이 생겨도 그 즉시 불만을 보고해서는 안 된다고 명백히 규정하고 있다. 불만이 있더라도 반드시 하룻밤 정도를 보내며 그 화를 다스려야 한다. 곧장 불만을 보고하는 병사에게는 처벌이 뒤따른다. 문명사회라면 이와 같은 법률이 반드시 있어야 한다는 것에 전혀 의구심을 가지지 않는다. 자녀들을 야단치는 부모, 잔소리하는 아내, 잘못을 지적하는 고용주처럼 다른 사람의 잘못에 대해 목소리를 높이는, 그야말로 아무 소용도 없고 무가치한 짓을 하는 모든 사람을 위한 법률 말이다.

역사의 흐름을 살펴보면, 다른 사람의 허물을 들추고 비난하는 일이 하나도 유익하지 않다는 점을 여실히 보여 주는 흔적들을 곳곳에서 발견할 수 있다. 그중에서도 매우 유명한 흔적이 하나 있다. 바로 루스벨트 대통령과 그의 후계자인 태프트 대통령 사이에 일어난 논쟁이다. 이 논쟁으로 말미암아 공화당은 해체되었고, 그 결과 민주당의 우드로 윌슨이 대통령에 당선되면서 제1차 세계 대전에 참전하는 등 세계 역사의 흐름은 이전과는 다른 노선을 걷게 되었다.

먼저 역사적 사실을 살펴보자. 1908년에 일어난 일이다. 시어도어 루스벨트 대통령은 대통령직에서 퇴임하면서 태프트를 지지했고, 태프트는 대통령에 당선되었다. 선거가 끝난 이후 루스벨트는 사자 사냥을 하러 아프리카로 여행을 떠났다. 하지만 루스벨트는 여행에서 돌아온 후 보수적 정책을 펴고 있는 태프트 정부를 향해 날을 세웠다. 그가 차기 대통령 후보 지명권을 확보하기 위해 진보적 정당인 불 무스당을 조직하면서 공화당은 분열될 조짐에 휩싸였다. 이런 상황에서 선거를 치른 태프트 대통령과 그가 속한 공화당은 버몬트와 유타 두 개 주에서만 지지를 받았다. 공화당 창당 이후 이보다 더한 정치적 패배는 보기 힘들 정도였다. 인정하기 싫을 만큼 뼈아픈 결과였다.

루스벨트는 이 패배의 원인이 태프트에게 있다고 목소리를 높였다. 태프트 대통령은 자신에게 잘못이 있다고 순순히 인정했을까? 물론 그는 인정하지 않았다. 태프트 대통령은 울먹거리면서 "그때는 부정할 수밖에 없었다. 뾰족한 방법이 딱히 없었다."라고 말했다.

그렇다면 잘못은 누구에게 있는 것인가? 루스벨트인가, 태프트인가? 솔직히 말하자면 알 수도 없거니와 설령 알 수 있다고 해도 알고 싶지도 않다. 루스벨트가 태프트를 아무리 심하게 질책했다고 하더라도 태프트가 스스로 자신의 잘못을 인정하게끔 만들지는 못했을 것이라는 점, 이것이 내 말의 핵심이다. 루스벨트가 태프트를 질책한 결과는, 태프트가 자신을 합리화하면서 "그때는 부정할 수밖에 없었다."라는 말을 반복하게 하는 것뿐이었다.

또 다른 사건으로 티포트 돔 유전 스캔들을 살펴보자. 1920년에 일어나 미국 전역을 송두리째 뒤흔든 이 스캔들은, 이후 수년 동안 신문지 1면을 장식하며 사회적으로 격렬한 요동을 치게 했다. 미국 역사를 통틀어 이보다 더 충격적인 사건은 없었다고 해도 무방했다. 사실 관계를 중심으로 이 스캔들의 전말을 들여다보자.

하딩 행정부에서 내무장관을 역임하던 앨버트 B. 펄은 당시 정부가 소유하고 있던 엘크 힐과 티포트 돔 유전 지대를 임대하는 것에 관한 권한을 가지고 있었다. 펄은 추후에 해군용으로 활용하기 위해 특별히 보존되어 있던 이 유전 지대를 친구인 에드워드 L. 도헤니에게 수의 계약을 통해 공개 입찰 절차도 무시한 채 대여해 주었다. 계약 조건은 도헤니에게 더할 나위 없이 유리하게 작용했다.

그렇다면 도헤니는 대여받는 대가로 어떻게 행동했을까? 도헤니는 펄 장관에게 대여금 명목으로 10만 달러를 건네주었다. 그 후에 펄 장관은 엘크 힐 주변에 있는 군소 유전 업자들을 쫓아내도록 해병대에 지시했다. 유전의 석유 채굴 때문에 엘크 힐의 석유 매장량이 줄어들 것을 우려한 행동이었다. 강제로 사업장을 잃게 된 군소 유전 업자들은 자신들의 억울함을 법정에 호소했고, 그로 말미암아 이 사건이 모두에게 공개되면서 티포트 스캔들이 터진 것이다.

온 국민이 메스꺼움을 느끼기에 충분할 정도로 지독한 악취가 풍긴 스캔들, 그리고 대중의 분노를 이끌어 내는 데 부족함이 없는 스캔들이었다. 그 결과 하딩 행정부뿐만 아니라 공화당까지 수렁에 빠졌고, 결국 펄은 투옥되는 처지에 놓였다.

현직 관리로서는 한 번도 보지 못했을 정도로 펄이 받은 형은 매우 무거웠다. 그렇다면 펄은 자신의 잘못을 뉘우쳤을까? 그럴 리 만무했다. 그 사건 이후로부터 몇 년이 지났다. 허버트 후버 대통령은 어느 강연회에서 하딩 대통령이 죽은 이유는 측근에게 배신당한 정신적 충격 때문이라고 밝혔다. 그 이야기를 들은 펄 부인은 자리에서 벌떡 일어나더니 울먹거리며 두 주먹을 불끈 쥐고 이렇게 소리쳤다.

"아니, 뭐라고? 펄이 하딩을 배신했다고? 천만에! 남편은 그 누구도 배신한 적이 없는 사람이야. 이 집을 금으로 도배해 준다고 하더라도 남편은 절대 나쁜 짓을 할 사람이 아니야. 배신의 희생양이 된 건 하딩이 아니라 내 남편이란 말이야."

인간의 본성이 알고 싶은가? 바로 이런 것이 인간의 본성이다. 잘못을 저질러 놓고도 남만 탓할 뿐 자신의 잘못은 절대로 인정하려 들지 않는 존재가 인간이다. 누구든 이 사실은 변하지 않는다. 그러므로 여러분이나 내가 다른 사람을 비난하고 싶다면 알 카포네와 '쌍권총 크로울리'와 펄을 떠올리면 된다.

우리는 비난이 귀소 본능을 지닌 비둘기와 다르지 않다는 것을 유념해야 한다. 비난은 언제든 자신에게로 다시 돌아온다. 우리가 바로잡아 주고 싶거나 비난하려는 사람은 자기 스스로를 정당화할 뿐만 아니라, 오히려 정반대로 우리에게 비난의 화살을 쏜다는 점을 잊지 말아야 한다. 설령 우리를 비난하지 못하는 경우라고 하더라도 태프트가 말한 것과 같이 "그때는 그럴 수밖에 없었다."라고 말할 뿐이다.

1865년 4월 15일, 토요일 아침의 일이다. 에이브러햄 링컨 대통령은 포드 극장 앞에서 존 윌크스 부스에게 저격당한 후, 길 건너편에 있는 싸구려 하숙집의 문간방으로 옮겨져 죽음의 강을 건너고 있었다. 그 방에 있던 침대는 매우 오래되어 가운데가 푹 들어가 있었고, 링컨의 키에 비해 매우 작았다. 그런 까닭에 링컨은 침대 위에 정방향으로 길게 눕지 못하고 대각선 방향으로 누워 있었다. 침대 머리맡에는 로자 보뇌르의 명화인 〈마시장〉의 저가형 복사본이 걸려 있었고, 노란빛을 뿌리는 가스등불이 희미하게 좌우로 흔들거리고 있었다.

링컨 대통령의 빛이 저무는 모습을 지켜보던 스탠턴 국방장관은 "인류 역사상 인간의 마음을 가장 잘 움직였던 한 사람이 지금 여기에 누워 있다."라고 말했다.

도대체 링컨이 어떻게 했기에 스탠턴 국방장관은 그렇게 말했을까? 링컨의 성공 비결은 어디에 있었을까? 나는 지난 10년 동안 링컨의 생애를 연구했을 뿐만 아니라, 『세상에 알려지지 않은 나의 멘토, 링컨』이라는 책을 집필하고 수정하는 데만 무려 3년이라는 세월을 보냈다. 그래서 그 누구보다 링컨의 인간성과 가정생활에 대해서 꼼꼼하고 완벽하게 연구했다고 자부한다. 나는 링컨의 삶을 들여다보면서 그 무엇보다 그가 사람을 다루는 방법에 대해 깊은 관심을 보였다.

링컨도 비난하기를 즐겼는지 묻는다면, 그렇다고 대답할 수 있다. 분명 적어도, 어떤 깨달음을 얻기 전까지는 링컨도 비난하기를 좋아한 사람이었다.

예를 들어 보자. 인디애나주의 피전 크리크 밸리에서 살던 젊은 시절, 링컨은 툭하면 다른 사람을 향해 비판의 화살을 날렸다. 그뿐만이 아니다. 그 사람을 조롱하는 편지를 쓰거나 시를 지어 사람들이 잘 볼 수 있는 길가 같은 공개적인 장소에 종종 놓아두었다. 이런 편지 때문에 평생 동안 링컨에게 반감을 품는 사람도 있을 정도였다.

또한 링컨은 일리노이주 스프링드에 변호사 사무실을 연 이후에도 신문 기고를 통해 상대방을 공개적으로 비난하곤 했는데, 한번은 도가 너무 지나쳐서 아주 소란스러웠다.

1842년 가을의 어느 날이었다. 제임스 쉴즈라는 아일랜드 출신의 정치인이 있었다. 이 사람은 허세를 잔뜩 부리고 다른 사람에게 괜히 딴죽 걸기를 좋아했다. 링컨은 이 정치인을 조소하고 비판하는 익명의 투고를 〈스프링 드 저널〉에 보냈다. 링컨이 보낸 글이 신문에 게재되자마자 쉴즈는 사람들에게 웃음거리가 되었다. 자존심이 센 데다가 성격도 예민했던 쉴즈는 참을 수 없을 만큼 화가 나 버렸다. 링컨이 그 글을 썼다는 사실을 알아낸 쉴즈는 말을 타고 링컨에게 달려가 그에게 결투를 신청했다.

링컨은 싸우고자 하는 마음도 없었거니와 원래 '결투'라는 것을 반대하는 입장이었다. 하지만 당시에는 쉴즈의 결투에 응하지 않을 수 없었다. 자신의 명예가 걸려 있는 중대한 문제였기 때문이다.

링컨에게는 어떤 도구로 결투에 임할지 선택할 권한이 있었다. 팔이 길었던 링컨은 기병대가 사용하는 장검을 결투 도구로 정했다. 그는 육군사관학교 졸업생으로부터 장검을 사용한 결투 교습도 충분히 받았다.

마침내 두 사람의 결투 날짜가 다가왔다. 두 사람은 미시시피 강변에 있는 모래사장에서 만났다. 목숨을 건 결투를 시작하려는 순간, 쌍방 입회인이 온몸으로 중재하면서 결투는 중단되었다.

이 사건은 링컨의 개인사 중에 가장 끔찍한 사건이었다. 링컨은 이 사건으로 말미암아 사람을 어떻게 다루어야 하는지에 대해 무척이나 값진 교훈을 얻었다. 그 이후로 링컨은 다시는 타인을 비난하는 글을 쓰지 않았다. 그뿐만 아니라 어떤 일로도 다른 사람을 조롱하지 않았다.

남북 전쟁이 한창 진행되던 때의 일이었다. 당시 링컨은 포토맥 지구의 전투 사령관을 역임하고 있었는데, 신임 장군을 몇 번이나 임명하지 않으면 안 되는 상황에 처해 있었다. 매클래런, 포프, 번사이드, 후커, 미드 등 새롭게 임명된 장군마다 뼈아픈 패배를 거듭했고, 이 모습을 바라보는 임명자 링컨은 참담한 마음을 금할 길이 없었다. 북부에 속한 사람 가운데 이 장군들을 무능하다고 비난하지 않는 사람은 아무도 없었다. 하지만 링컨은 '누구에게도 악의를 품지 말고, 모든 사람을 향해 사랑으로 다가가자.'라며 굳게 마음을 먹었기에 애써 변명하려 하지 않고 침묵으로 일관했다.

남에게 비판받고 싶지 않다면, 너 역시 남을 비판하지 말라.
Judge not, that ye be not judged.

이것은 링컨이 가장 좋아하는 문장 가운데 하나다.

링컨은 자신의 부인과 주변 사람들이 서로 적대하고 있던 남부 사람들에 대해 좋지 않게 이야기할 때도 이렇게 말했다. "우리에게는 그 사람들을 비난할 이유가 없다. 우리가 그들과 같은 처지였다면, 우리도 그렇게 했을지 모를 일이다."

링컨에게는 상대방을 비난할 상황이 많지 않아서 그럴 수 있었다고 생각하는가? 하지만 실상은 전혀 그렇지 않다. 오히려 링컨에게는 상대방을 비난할 수밖에 없는 상황이 계속되었다. 예를 하나 더 살펴보자.

1863년 7월 1일에 시작된 게티즈버그 전투가 3일 동안 계속 이어지고 있었다. 7월 4일 밤, 남부군의 리 장군은 그 지역에 폭풍우가 몰려오는 모습을 보고는 남쪽으로 후퇴하기 시작했다. 그는 패잔병이나 다름없는 부대를 이끌고 포토맥강에 도착했다. 리 장군은 강물이 불어나 도저히 건널 수 없는 상황에 직면했고, 뒤로는 기세등등한 북부군이 뒤쫓아 오는 절체절명의 순간에 놓였다. 그 어느 곳으로도 달아날 수 없는 사면초가의 위기였다.

링컨 대통령도 그 상황을 잘 알고 있었다. 그에게는 리 장군을 사로잡아서 전쟁을 단숨에 종결지을 수 있도록 하늘이 준 최고의 기회였다. 링컨은 전쟁을 끝낼 수 있겠다는 기대로 한껏 부풀어 올랐다. 그래서 그는 미드 장군에게 작전 회의로 시간을 지체하면 상황이 반전될 수 있으니어서 리 장군과 그의 부대를 공격하라고 지시했다. 링컨은 자신의 명령을 전문으로 전송했고, 그 후 즉각적인 전투 개시를 요구하는 특사까지 비밀리에 파견했다.

그렇다면 미드 장군은 어떻게 했을까? 그는 링컨의 지시를 무시한 채정반대로 움직였다. 그는 작전 회의를 열지 말라는 링컨의 지시를 어기고 작전 회의를 소집했다. 그는 이런저런 핑계를 전문으로 전송하며 시간을 지체했다. 리 장군을 공격하라는 명령을 대놓고 무시했던 것이다.

결국 불어났던 강물은 줄어들었고, 리 장군은 부대원들과 함께 포토맥 강을 건너 무사히 돌아갈 수 있었다.

이 소식을 보고받은 링컨은 매우 분노했다. 그래서 자신의 곁에 있던 아들 로버트에게 도대체 어떻게 이런 일이 있을 수 있느냐며 고래고래 소리를 질렀다. "도대체 어떻게 이럴 수가 있니. 다 잡은 건데, 손만 살짝 뻗으면 우리 손에 모두 들어오는 건데, 내가 할 수 있는 것을 다해도 군대 하나 움직이지 못하다니. 그 상황이라면 그 어떤 장군이라고 해도 리 장군 부대를 물리쳤을 것 아니겠니? 내가 거기에 있었어도 리 장군 부대를 하나도 남김없이 물리칠 수 있었을 텐데."

링컨은 도무지 믿을 수도 없고 믿기도 싫은 상황을 보고받고는 마음이 무너져 내렸다. 그는 책상에 앉아 미드 장군에게 편지를 한 통 썼다. 편지를 읽기 전에 한 가지 기억하자. 이 시기의 링컨은 말과 행동이 심할 정도로 조심스러웠다는 것을 유념해야 한다. 링컨이 1863년에 쓴 이 편지는 사실은 너무나도 엄중한 질책이었다.

존경하는 미드 장군,

이번에 리 장군을 잡지 못한 것이 우리에게 얼마나 커다란 불행인지 미드 장군 당신은 조금도 생각하지 못하고 있는 듯합니다. 남부군은 사면초가의 위기에 빠져 있었습니다. 우리가 최근에 승리한 여세를 몰아서 조금만 더 그들을 압박했다면, 이번 전쟁은 우리의 승리로 끝이 났을지도 모릅니다. 하지만 이제 결과는 달라졌습니다. 우리는 전쟁이 언제 끝날지 알 수 없게 되었습니다. 지난 4일 밤은 우리 군에게 매우 유리한 전투였습니다만, 장군은 그 전투도 제대로 이끌지 못했습니다. 유리한 상황도 제대로 이끌지 못하는데 어떻게 강 건너편에서 작전을 수행할 수 있겠습니까? 그 누가 그렇게 생각할 수 있겠습니까? 게다가 전투에 참여할 수 있는 인원도 우리가 현재 보유한 병력의 3

분의 2 수준일 텐데 말입니다. 따라서 나는 장군의 리더십에 대해 기대감을 가질 수 없을 듯합니다. 장군이 효율적으로 부대를 통솔할 수 있는지에 대해서도 확신할 수 없습니다. 미드 장군 당신은 하늘이 준 단 한 번의 기회를 제대로 살리지 못했습니다. 우리는 그 기회를 놓쳤고, 그로 말미암아 내가 받는 마음의 고통이 얼마나 격심한지 당신은 절대로 헤아리지 못할 것입니다.

자, 이 편지를 읽은 미드 장군은 어떻게 생각했을 것 같은가?

미드 장군은 이 편지를 읽지 못했다. 링컨이 편지를 발송하지 않았기 때문이다. 이 편지는 링컨이 세상을 떠난 직후 그의 서류함 속에서 발견되었다.

추측이기는 하지만, 링컨은 이 편지를 쓴 다음 창밖을 가만히 내다보면서 이렇게 중얼거렸을 것이다.

"음, 이렇게 서두르는 것이 과연 좋은 일인지 의문이 드는군. 이렇게 고요한 백악관에 아무 불편함 없이 편히 앉아서 미드 장군에게 공격 지시를 하는 것은 식은 죽 먹기지. 하지만 내가 만약 게티즈버그에 있었다면 어떠했을까? 지난주에 미드 장군이 겪은 것처럼, 피로 범벅이 된 부상자들의 신음과 비명을 듣고, 전사자들의 참혹한 광경을 내가 직접 보았다면, 어쩌면 나 역시도 쉽게 공격 명령을 내리지 못했을 수도 있겠지. 심지어 미드 장군처럼 성격이 강하지 못한 사람이라면 더더욱 그러했겠지. 어찌 되었든 상황은 이미 끝이 난 걸. 이 편지를 보내고 나면 나야 마음이 편할지 모르지만, 미드 장군은 자신을 합리화하기 위해 애쓰며 오히려 나를 향해 비난의 화살을 보낼지도 모르지. 장군이 나에 대한 반감을 가지게 되면 향후 사령관직을 제대로 수행하기란 불가능할 테고. 그렇게 되면 장군이 물러나는 수밖에 없을지도 모르겠군."

이런저런 생각에 잠긴 링컨은 이미 이야기한 대로 결국 편지를 보내지 않았다. 아무리 신랄하게 질책하고 비난한다고 해도 대부분은 아무 효과도 거두지 못한다는 것을 이전의 쓰라린 경험을 통해 깨닫고 있었던 것이다.

시어도어 루스벨트는 대통령으로 재임하던 시절, 해결하기 어려운 문제에 봉착할 때 자주 하던 행동이 있었다고 한다. 그 행동은, 의자를 뒤로 기대고 벽에 걸린 링컨 대통령의 대형 초상화를 보면서 "이 상황에서 링컨은 어떻게 했을까? 그는 이 문제를 어떻게 해결하려고 했을까?"라고 질문하는 것이었다. 앞으로 누군가를 비난하고 싶은 마음이 생긴다면, 지갑을 열고 5달러 지폐 한 장을 꺼내 지폐에 그려져 있는 링컨의 초상화를 보며 이렇게 물어보자. "링컨이라면 이런 상황에서 어떻게 했을까?"라고.

당신의 주변에 있는 누군가를 변화시키고 싶은가? 삶의 태도와 행동 방식을 바꾸고 싶은가? 그렇다면 그렇게 하라. 좋은 생각이다. 나 역시 그 생각에 적극 찬성한다. 다만 그렇게 하기에 앞서 자기 자신을 먼저 변화시키는 것은 어떤가? 남을 변화시키는 일보다는 자기 자신을 먼저 변화시키는 일이 훨씬 낫다. 이기적인 관점으로만 본다고 해도 말이다. 나아가 훨씬 덜 위험한 일이기도 하다.

브라우닝은 이렇게 말했다. "사람이 비로소 가치 있는 존재가 되는 순간은 자기 자신과 싸움을 시작할 때다." 자신을 완성하기까지는 무척 오랜 시간이 걸린다. 어쩌면 성탄절이 되어야 끝날지도 모를 일이다. 만약 그렇게 된다면, 여러분은 연말 연휴에 푹 쉬고 나서 새로운 해를 맞이했을 때 다른 사람들에게 쓴소리를 할 수 있을지도 모른다. 하지만 잊지 말자. 모든 것은 자기 자신을 완성한 다음에 해야 하는 일이다.

모든 것은 자신을 완성한 다음의 일이다.

Perfect yourself first.

공자는 이런 말을 했다. "내 집 앞이 더러운데 옆집 지붕에 눈 쌓인 것을 탓하지 말라."

나는 젊은 시절, 사람들에게 강한 인상을 남기기 위해 꽤나 많이 노력했다. 그러다가 한번은 리처드 하딩 데이비스에게 편지를 보내면서 오지랖을 떨었던 적이 있다. 당시 데이비스는 미국 문학계의 중견 작가였다. 문학잡지의 작가 소개란에 게재할 글을 준비하던 나는 그에게 자기소개를 부탁하는 편지를 보냈다.

그런데 몇 주 전에 나는 나에게 온 편지 말미에 "말한 후 읽어 보지 못함(Dictated but not read)."이라는 표현이 있는 것을 보았다. 매우 인상적인 구절이었다. 발송자가 매우 바쁘고 중요한 거물급 인사라는 느낌이 들게 했다. 나는 바쁜 것과는 거리가 먼 사람이었다. 하지만 데이비스에게 강렬한 인상을 주고 싶은 마음에 내 짧은 편지 끝에 그 구절을 써서 보냈다. "말한 후 읽어 보지 못함."

데이비스는 답장을 쓰는 것도 귀찮았던 모양이다. 그는 내 편지 말미에 다음과 같이 몇 글자를 대충 휘갈겨 쓰고서 되돌려 보냈다. "어떻게 이렇게 무례한 사람이 있을 수 있을까." 무례하다는 말은 틀림없이 맞는 말이었다. 나는 주제넘게 오지랖을 떨었고, 이런 꾸지람을 들을 만했다. 하지만 나도 인간이다 보니 화가 치밀어 오르는 것은 어쩔 수 없었다. 어찌나 화가 깊었는지 그때로부터 10년 정도 지나 데이비스가 세상을 떠났다는 소식을 들었을 때, 부끄러웠지만 내 마음속에는 그에게 받은 마음의 상처가 먼저 떠올랐다. 그의 작고 소식에 슬퍼하는 것이 먼저가 아니었다.

크든 작든 상관없다. 비판을 통해 누군가의 아픈 곳을 쿡쿡 찌르면,

거기에서 생긴 분노는 몇 년이 지나도 쉽게 사그라지지 않는다. 죽는 순간까지 계속 이어진다. 그 비판이 정당한지 아닌지는 전혀 상관없다.

명심하자. 사람들을 대할 때 내 앞에 있는 이 사람이 논리적인 존재라고 생각하는 것은 크나큰 실수다. 상대방은 감정적이며 편견으로 가득 차 있는 존재이고, 자존심과 허영심으로 움직이는 존재라는 사실을 잊지 말아야 한다.

비판은 너무나 위험한 불씨이기 때문에 매우 조심해야 한다. 비판은 저마다 가지고 있는 자존심이라는 화약고에 어마어마한 폭발을 일으킬 수 있는 불씨다. 자존심이 폭발하면 때로는 수명이 단축되는 결과가 생기기도 한다. 예를 들면 레드우드 장군은 생각보다 이른 시기에 죽음을 맞이했다. 사람들은 그 이유를 그에게 쏟아진 비난이 컸고, 프랑스 출정에 참가하는 것을 거부당한 사실이 그의 자존심에 씻을 수 없는 상처를 주었기 때문이라고 추측했다.

영국 문학을 이끈 최고의 소설가 중 한 사람인 토머스 하디는 예상하지 못한 혹평 세례를 받고는 두 번 다시 소설을 쓰지 못하게 되었다. 영국 시인 토머스 채터튼을 자살로 몰고 간 것도 그에 대한 비난 때문이었다. 청년 시절, 사교술이 없기로 유명했던 벤저민 프랭클린은 뛰어난 외교술을 배워 사람들을 잘 다루었다. 그래서 그는 프랑스 주재 미국대사로 임명되었다. 그가 성공한 이유는 어디에 있었을까? 그는 이렇게 회고한다. "저는 다른 사람을 절대 흉보지 않습니다. 오히려 그 누구든 장점을 찾아내 칭찬해 주죠."

사람을 비판하고 비난하는 것, 불평하고 잔소리를 늘어놓는 일은 누구나 할 수 있다. 심지어는 바보들도 그렇게 한다. 하지만 이해하고 용서하는 것은 다르다. 품성이 뛰어나고 자제력을 갖춘 사람만이 이해와 용서의 길을 걸어갈 수 있다.

칼라일은 이렇게 말했다. "위대한 사람의 위대함이 드러나는 것은 태도다. 평범한 사람들을 대하는 태도."

사람들을 비난하기보다는 그들을 이해하려고 노력해 보자. 그들이 도대체 왜 그렇게 행동할 수밖에 없었을지 사려 깊게 생각해 보자. 이렇게 하는 편이 비판하는 것보다는 훨씬 더 유익하고 의미 있으며, 흥미로운 일이기도 하다. 또한 이렇게 할 때 우리는 사람들에게 공감할 수 있는 능력을 키울 수 있으며, 관용을 보일 수도 있고, 친절을 베풀 수도 있다. 잊지 말자. "모든 것을 알게 되는 순간 모든 것을 용서할 수 있게 된다."라는 것을.

영국의 위대한 문호인 존슨 박사는 이렇게 말했다.

하느님은 죽기 전까지는 사람을 심판하시지 않는 분이다.

God Himself, sir, does not propose to judge man until the end of his days.

전능하신 하느님도 이렇게 하는데, 작디작은 존재인 우리야 무엇을 더 말하겠는가?

사람을 대하는 기본 원칙 1
사람들을 비판하고 비난하고 불평하지 말라
Don't criticize, condemn and complain.

2

사람을 대하는 중요한 비법

The Big Secret Of Dealing With People

누군가로 하여금 어떤 일을 하게 만드는 방법은 오직 하나만 존재한다. 그 방법이 무엇일지 혹시 생각해 본 적이 있는가? 답은 그 사람이 그 일을 하고 싶게끔 만드는 것이다. 이 방법 외에는 뾰족한 수가 없다는 사실을 잊지 말아야 한다.

물론 총 하나만 들고 있으면 누구든 시계를 풀게 할 수도 있다. '해고'라는 무기를 적절히 활용하면, 돌아서서 어떻게 할지는 미지수이지만, 적어도 보이는 곳에서는 직원들이 당신에게 협력하도록 할 수 있다. 위협할 수도 있고, 회초리를 들어서 자녀들을 여러분이 원하는 길로 나아가게 할 수도 있다. 하지만 강제적으로 움직이게 하는 방법은 바람직하지도 않거니와 오히려 반발하는 결과를 불러올 수도 있다.

스스로 마음이 동해서 움직이게 하려면, 상대방이 원하는 것을 해 주어야 한다.

여러분이 원하는 것은 무엇인가?

20세기가 낳은 세계 최고의 심리학자 지그문트 프로이트는 사람들의 행동에는 두 가지 동기가 있다고 말했다. 하나는 성적 충동이고, 또 하나는 위대한 사람이 되고자 하는 욕망이다.

미국 역사상 가장 심오한 철학자로 손꼽히는 존 듀이는 프로이트의 말을 약간 다르게 표현했다. 듀이는 인간 본성에 존재하는 가장 깊은 충동은 "인정받는 인물이 되고자 하는 욕망(the desire to be important)."이라고 말했다. 이 구절을 마음에 잘 새겨 두기 바란다. "인정받는 인물이 되고자 하는 욕망." 이 말은 매우 의미심장하다. 그리고 이 책에서 여러분이 거듭해서 접하게 될 표현이기도 하다.

사람들은 무엇을 원하고 있는가? 원하는 것이 많다면 힘들지 모르겠지만, 사람들은 자신이 간절히 원하는 몇 가지에 대해서는 그 누구라 해도 막을 수 없을 정도로 열렬히 갈망한다. 대부분 사람이 원하는 욕구를 면밀히 들여다보면, 다음과 같은 것이 내재되어 있음을 알 수 있다.

1. 건강과 장수
2. 음식
3. 수면
4. 돈, 그리고 돈으로 살 수 있는 것들
5. 내세의 삶
6. 성적 충족
7. 자녀들의 행복
8. 인정받고 있다는 느낌

여기에서 다룬 여덟 가지 욕구 가운데 대부분은 일반적으로 충족되는 욕구다. 하지만 예외가 한 가지 있다. 즉, 음식이나 수면에 대한 욕구만큼이나 기본적이고 필수적인 욕구지만, 좀처럼 충족되지 않는 욕구가 한 가지 있다는 뜻이다. 그것은 프로이트가 한 말을 빌리자면, "위대한 사람이 되고자 하는 욕구"이고, 듀이가 한 말을 빌리자면 "인정받는 인물이 되고자 하는 욕구"다.

링컨이 보낸 편지 가운데 하나는 이런 표현으로 시작한다. "칭찬을 싫어하는 사람은 아무도 없다." 윌리엄 제임스는 "인간 본성에서 가장 기본적인 원리는 인정받고자 하는 갈망"이라고 말했다. 주목해야 할 것이 있다. 인정받고자 하는 '소망'이나 '욕구', '바람'이라고 표현하지 않고 '갈망'이라고 표현했다는 점이다.

갈망, 그것은 결코 참을 수 없는 갈구, 절대 사라지지 않는 인간적인 갈구다. 이러한 심적 갈구를 온전히 충족시켜 주는 사람이라면 다른 사람들을 자신이 원하는 방향으로 움직이게 할 수 있다. 조금 부풀려서 이야기하자면, 장의사조차 그의 죽음을 아쉬워할 것이다.

인간과 동물을 구분해 주는 중요한 차이점이 하나 있다면, 그것은 바로 앞서 말한 '자신의 가치를 인정받고자 하는 욕망'이다. 나의 이야기를 통해 예를 들어 보겠다. 나는 미주리주 외곽에 있던 농장에서 아버지의 일을 도우며 어린 시절을 보냈다. 아버지는 당시 괜찮은 두록저지종 돼지와 혈통이 우수한 흰머리 소를 사육하고 있었다. 우리는 중서부 각지에서 열리는 축제와 가축 품평회에 돼지와 흰머리 소를 출품했고, 그 결과 여러 번 1등을 수상하기도 했다. 1등에게는 파란 리본이 부상으로 주어졌는데, 아버지는 이 리본을 하얀 모슬린 천에 붙여 두었다가 친구나 손님이 찾아올 적마다 꺼내서 자랑하곤 했다. 아버지가 그 리본을 꺼내면, 기다란 모슬린 천의 한쪽 끝은 아버지가 잡고 반대쪽 끝은 내가 잡았다.

1등을 수상하는 것은 돼지와는 아무 상관이 없었다. 하지만 아버지에게는 무척 중요한 일이었다. 아버지는 1등을 통해 자신이 인정받는 사람이라고 느꼈다.

우리 선조들이 인정받는 존재가 되고자 하는 그 뜨거운 욕구가 없었다면, 지금 우리는 문명의 혜택을 누리지 못했을 것이다. 그런 욕구가 없었다면, 우리는 하등 동물과 다를 바 없었다고 해도 과언은 아닐 것이다.

가난에 허덕이고 교육도 제대로 받지 못한 채소 가게 점원이 우연히 가지게 된 법률 책을 붙들고 공부에 정진한 것도 인정받는 존재가 되고자 하는 욕망에 기인한 것이었다. 이 채소 가게 점원은 우리가 너무나 잘 아는 링컨이다.

찰스 디킨스에게 불멸의 소설을 집필하도록 영감을 불어넣은 것도 욕망이었다. 19세기 영국의 건축가 크리스토퍼 랜 경에게 위대한 석조 건축물을 설계하게 만든 것도 욕망 때문이었다. 록펠러에게 평생 쓸 수도 없을 만큼 어마어마한 부를 축적하도록 만든 것도 인정받는 존재가 되고자 하는 욕망 때문이었다. 그리고 여러분이 사는 동네의 최고 부자가 필요 이상으로 거대한 저택을 짓는 이유도 바로 이 욕망 때문이다.

사람들이 명품을 걸치고, 고급 외제 승용차를 몰고, 침을 튀겨 가며 자식 자랑을 하는 것도 모두 다 이런 욕망 때문이다.

갱단에 가입해 범죄 활동을 하게끔 많은 젊은이를 유혹하는 것도 바로 이 욕망이다. 뉴욕 시 경찰국장을 지낸 E. P. 멀루니의 말에 따르면, 범죄를 일으키는 젊은이들은 일반적으로 자아(ego)가 과잉인 경우가 적지 않아서 체포된 이후에 가장 먼저 요청하는 것이 일반인들과는 다르다고 한다. 그들은 자신의 범죄 사실이 대문짝만 하게 실린 신문을 보여 달라고 한다. 그들은 자기 자신이 유명한 운동선수나 배우, 연예인, 정치인 등과 신문에 나란히 실린 모습을 보면서 큰 기쁨을 느낀다. 그래서 그들은 전기의자에 앉을지도 모른다는 두려운 미래 따위는 전혀 개의치 않는다.

당신은 어떨 때에 자신이 가치 있는 존재라고 느끼는지를 나에게 말해 준다면, 나는 당신이 어떤 사람인지를 알려 줄 수 있다. 그것이 당신이라는 사람을 결정하며, 당신을 이해하는 데 가장 의미심장한 것이기 때문이다.

예를 들어 보자. 존 D. 록펠러는 중국 베이징에 최신식 병원을 설립했다. 그는 자신이 만난 적도 없고 앞으로 만나지도 못할 수많은 사람이 돈 때문에 치료받지 못하는 일이 없도록 거액을 기부했다. 그는 이 일을 통해 자신이 얼마나 가치 있는 사람인지를 깨달았다.

이와 정반대인 경우도 있다. 딜린저는 강도 행각을 벌이고 은행을 털고 사람의 목숨을 앗아 가는 데에서 자신의 존재 가치를 느꼈다. 그는 FBI 수사관들이 추적하자, 미네소타주의 어느 농가로 들어가 이렇게 외쳤다. "나는 딜린저다!" 그는 공개 수배자 명단의 가장 상단을 차지하고 있는 사람이 자신이라는 것을 매우 자랑스러워했다. "해칠 생각은 추호도 없다. 하지만 나는 딜린저다!" 그는 이렇게 자신을 자랑스러워하며 큰 소리로 외쳤다.

그렇다. 딜린저와 록펠러의 가장 중요한 차이점은 자신의 존재 가치를 어디에서 찾았는가 하는 점이다.

이름을 떨친 사람들도 마찬가지다. 우리는 인류 역사 곳곳에서 인정받는 존재가 되기 위해 부단히 애쓴 흥미로운 사실들을 어렵지 않게 발견할 수 있다. 미국의 초대 대통령인 조지 워싱턴조차 사람들이 자신을 '미합중국 대통령 각하'라고 부르기를 원했고, 콜럼버스는 '해군 제독 겸 인도 총독'이라는 호칭을 자신에게 부여해 달라고 간곡히 부탁했다. 러시아의 예카테리나 여제는 '여왕 폐하'라는 칭호를 사용하지 않은 편지는 쳐다보지도 않았다. 링컨 여사는 영부인 시절 때 그랜트 장군의 부인에게 불같이 화내며 이렇게 소리쳤다. "감히 내 앞에서 허락도 없이 자리에 앉다니!"

1928년 버드 제독이 남극으로 탐험을 나설 때 미국의 백만장자들은 자금을 지원했다. 그들이 자금을 지원한 이유는 산맥을 이루는 빙산들에 자신들의 이름을 붙여 준다는 것 때문이었다. 빅토르 위고는 파리 시의 이름을 자신의 이름으로 바꾸어 보려는 야망을 보이기까지 했다. 위대한 작가 셰익스피어조차 자기 가문이 사용할 수 있는 상징적인 마크를 확보함으로써 자신의 이름에 영광스러운 명예까지 덧입히려고 했다.

사람들은 이따금 동정심과 주목의 대상이 되고, 환자임을 자처함으로써 자신의 존재 가치를 드러내려 하기도 했다. 매킨리 여사를 예로 들어 보자. 매킨리 여사는 자신이 인정받는다고 느끼기 위해 미국 대통령인 남편이 중요한 국무 회의에 참석하는 것도 막았다. 그녀는 남편이 침대 옆에 앉아서 자신이 잠들 때까지 몇 시간이고 간호하도록 했다. 또한 그녀는 치과 의사에게 진료받는 동안에도 남편을 꼼짝 못 하게 붙잡아 둠으로써 주목받고자 하는 자신의 참을 수 없는 욕구를 충족시켰다. 어느 날엔가는 남편이 국무장관 존 헤이와 약속이 있었는데, 그가 그 약속 때문에 자신을 병원에 남기고 가서 엄청나게 소란을 피우기도 했다.

간호사 경력이 있는 소설가인 매리 로버츠 라인하트는 언젠가 나에게 이런 이야기를 들려주었다. 똑똑하고 활기 가득한 어느 젊은 여성이 있었는데, 자신이 인정받는다고 느끼기 위해 환자가 되었다는 것이었다.

"어느 날, 이 여성은 갑자기 어떤 문제에 직면했습니다. 아마 나이가 문제되었을 테죠. 그녀는 앞으로 결혼할 가능성이 매우 희박하다는 사실을 알게 되었습니다. 오직 외로운 나날들만이 자신의 앞에 남아 있고, 기대할 수 있는 것은 거의 없다는 사실도 알게 되었습니다. 그녀는 결국 아파서 몸져눕고 말았습니다. 그녀의 노모(老母)가 3층까지 계단을 오르내리면서 그녀를 돌보아 주었습니다. 그렇게 한 지가 무려 10년입니다. 그러던 어느 날, 그녀의 어머니가 간병에 지쳐 쓰러졌는데, 그만 세상을 등지고 말았습니다. 그 후 그 여성은 야위어만 갔습니다. 그렇게 몇 주 정도 지난 어느 날이었습니다. 그녀는 자리에서 갑자기 벌떡 일어나더니 옷을 갈아입고는 다시 평범한 일상을 영위해 나갔습니다."

전문가들이 내놓은 견해를 보면, 먹고사느라 정신없을 만큼 각박한 현실에서 자신의 존재 가치가 부정되는 상황에 놓이면, 사람들은 환상의 세계에서라도 인정받는 존재가 되기 위해 실제로 미칠 가능성도 매우 높다고 한다. 미국에서는 정신 질환으로 고통받는 환자의 수가 그 외의 다른 질병으로 고통받는 환자의 수를 합한 것보다 훨씬 더 많다. 만일 여러분이 열다섯 살을 넘겼고 현재 뉴욕에서 살고 있다면, 앞으로 여러분이 정신 병원에서 7년을 보낼 가능성은 무려 5%에 달한다.

정신 이상을 일으키는 이유는 과연 어디에 있을까?

이렇게 포괄적인 질문에 대답할 수 있는 사람은 아무도 없을 것이다. 하지만 우리는 특정 질병, 이를테면 매독 같은 질병은 뇌세포를 파괴해 정신 이상을 일으킨다는 사실을 잘 알고 있다. 실제로 정신 질환은 뇌조직 장애, 알코올, 약물, 외상과 같은 신체적 원인 때문에 절반 이상 발생한다고 볼 수 있다. 하지만 정말 무서운 것은 나머지 절반에 해당하는 원인이다. 이 경우 분명 뇌세포에는 어떠한 조직적 결함이 없는데도 정신 이상 증세가 나타난다. 사후에 부검을 통해 최고 성능을 자랑하는 현미경으로 자세히 들여다보아도 그들의 뇌신경은 정상인의 뇌신경과 그어떤 차이도 보이지 않고 매우 건강하다는 점을 알 수 있다. 그렇다면 이 사람들이 정신 이상을 겪는 까닭은 도대체 어디에 있을까?

나는 정신 질환 방면에서 가장 권위 있다고 하는 병원의 원장에게 이문제에 대해 질문해 보았다. 이 분야에서 최고의 위치에 올라가 있고 이 분야의 권위자에게 주는 최고의 상을 받은 의사였지만, 그는 자신도 사람들이 왜 정신 이상이 되는지 알 수 없다고 솔직하게 대답했다. 그렇다. 이 부분에 관해서는 그 누구도 확실하게 알지 못한다. 하지만 그가 한 말에 따르면, 정신 이상이 되는 많은 사람이 현실에서는 자신의 존재 가치에 대한 느낌을 얻지 못하지만, 정신 이상 상태에서는 그 느낌을 받는다고 한다. 그러면서 그 병원장은 나에게 다음과 같은 이야기를 해 주었다.

"제가 지금 돌보고 있는 환자 가운데 결혼 생활을 잘 해내지 못한 사람이 있습니다. 그녀의 실제 삶에서는 모든 희망이 산산조각 나고 말았습니다. 사랑과 성적 만족, 자녀, 사회적 지위를 원했지만 그러지 못했죠. 그녀는 남편에게도 사랑받지 못했습니다. 심지어는 식탁에서 함께 식사하는 것도 거부당했죠. 남편은 그녀에게 2층에 있는 자기 방으로 음식을 가지고 오라고 하고는 식사하는 내내 시중을 들게 했습니다. 그녀는 자식도 없었고, 사회적 지위도 충분히 누릴 수 없었습니다. 결국 그녀는 정신 이상에 걸렸습니다. 그녀는 상상 속에서 남편과 이혼하고, 처녀 시절의 이름을 되찾았습니다. 지금은 영국 귀족과 다시 가정을 이루었다고 믿고 있어서 언제나 자신에게 스미스 백작 부인이라는 호칭을 써 달라고 말합니다.

자녀에 관해서 이야기하자면, 지금 그녀는 매일 자신이 아이를 출산한다고 착각하고 있습니다. 제가 갈 때마다 그녀는 '의사 선생님, 어젯밤에 제가 아이를 낳았어요.'라고 이야기합니다."

실제 인생에서 그녀의 꿈을 실은 배는 하나도 남김없이 현실이라는 암초에 부딪혀 전복되고 말았다. 하지만 정신 이상에 걸린 이후 따뜻한 상상의 섬에서는 그녀의 모든 배가 돛대를 스치는 바람에 돛을 나부끼며 꼬리에 꼬리를 물고 노래하는 듯한 모습으로 항구로 들어오고 있었다.

이 모습을 비극적이라고 표현해야 할까? 나는 확신할 수 없다. 그녀의 담당 의사는 이렇게 말했다. "설령 제 능력이 뛰어나서 정신 이상에 걸린 그녀를 회복시킬 수 있다고 해도 저는 그렇게 하지 않겠습니다. 왜냐고요? 그녀의 행복은 지금 그대로의 모습에 있기 때문입니다."

집단적 관점에서 보면 확실한 사실은 정신 이상에 걸린 사람들이 우리보다 더 행복하다는 것이다. 정신 이상에 걸린 상태에 만족해하는 사람들이 무척 많다. 과연 어떤 이유 때문일까? 답은 간단하다. 해결하지 못한 문제를 말끔하게 처리했기 때문이다. 그들은 여러분에게 100만 달러짜리 수표를 발행해 줄 수도 있다. 이슬람교 시아파 교주인 아가 칸에게 추천서를 써 주는 것도 어렵지 않다. 그들은 자신들이 만든 환상의 세계 속에서 그토록 절실하게 원하던, 인정받는 존재로서의 자신을 발견한 것이다.

실제로 정신 이상이 되는 사람들이 있을 정도로, 인정받고 있다는 느낌에 대한 갈망이 너무나 큰 사람들이 있다. 이러니 제정신을 가진 사람들을 솔직하게 칭찬한다면 어떤 기적이 일어날지 상상할 수 있겠는가?

내가 아는 한 100만 달러의 연봉을 받은 사람은 인류 역사에서 오로지 두 명밖에 없다. 바로 월터 크라이슬러와 찰스 슈워브다.

앤드루 카네기가 찰스 슈워브에게 연봉 100만 달러, 하루 3,000달러가 넘는 고액의 임금을 지급한 까닭은 어디에 있을까?

슈워브가 천재였기 때문일까? 제철의 최고 권위자로 우뚝 섰기 때문일까? 아니, 그렇지 않다. 그는 나에게 자신보다 강철의 제조 공정을 더 잘 아는 사람들이 회사에 많다고 솔직하게 이야기한 적이 있다.

슈워브는 자신이 사람을 다루는 능력을 지니고 있어서 높은 연봉을 받는다고 생각했다. 나는 그런 능력의 비결이 도대체 무엇인지 그에게 물었다. 그는 자신의 비결을 다음과 같이 이야기해 주었다. 나는 슈워브의 이 말을 가능하다면 동판에 새겨 모든 학교와 가정, 가게와 사무실에 비치해야 한다고 말하고 싶다. 학생들은 이 말을 기억해야 한다. 라틴어의 동사 변화, 브라질의 연평균 강우량을 기억하는 것보다 이 말이 더 중요하다. 나는 확신한다. 이 말대로 실천하기만 한다면 여러분과 나의 삶에 커다란 변화가 찾아올 것이기 때문이다. 그는 이렇게 덧붙였다.

"제가 소유한 자산 가운데 최고는 사람들의 열정을 이끌어 내는 능력이라고 생각합니다. 그리고 또 한 가지, 사람들 각자의 능력을 최대치로 발휘할 수 있게 하는 방법은 칭찬과 격려입니다.

상사로부터 질책받는 것보다 사람들의 의욕을 심하게 꺾어 놓는 것은 없습니다. 나는 절대로 그 누구도 질책하지 않습니다. 그것보다는 사람들에게 일할 동기를 부여하는 것이 훨씬 더 좋은 방법이라고 확신합니다. 그래서 항상 칭찬하기를 쉬지 않으려고 애쓰며, 단점을 끄집어내고 흉보는 것을 좋아하지 않습니다. 누군가 한 일이 마음에 들면 진심으로 그것을 인정해 주고 온 마음을 다해 칭찬해 줍니다."

이것이 바로 슈워브의 비결이다. 그렇다면 보통 사람들은 어떻게 하고 있을까? 정확히 슈워브와 반대로 한다. 누군가 한 일이 마음에 들지 않으면 그 즉시 몰아세우지만, 마음에 드는 일에 대해서는 그 어떤 칭찬도 하지 않는다. 슈워브는 이렇게 단언한다.

"세계 각국에서 월등한 능력을 보이는 사람들을 참 많이 만나 보았지만, 비난받는 사람이 인정받는 사람보다 더 열심히 일하고 실적도 더 좋게 내는 경우는 단 한 번도 보지 못했습니다. 인정받는 사람이 더 열심히 일하고 더 좋은 실적을 낸다는 것, 그것은 아무리 훌륭하고 지위가 높은 사람이라 해도 동일하게 적용되는 원칙이었습니다."

앤드루 카네기가 놀랍게 성공한 비결도 바로 여기에 숨어 있다. 카네기는 공식석상이든 사석에서든 동료들을 칭찬하는 데 너무나 열려 있는 사람이었다. 어느 정도였는가 하면, 자신의 묘비에다가도 자신의 직원들에 대한 칭찬을 새겨 놓고 싶어 했다. 그가 직접 작성한 묘비명은 다음과 같다.

"현명한 사람들을 자신의 주변에 모이게 하는 법을 터득한 자, 이곳에 잠들다."

진심으로 칭찬하는 것은 존 D. 록펠러가 사람들을 다루는 데 성공할 수 있었던 이유이기도 했다. 예를 하나 들어 보자. 한번은 그의 비즈니스 파트너인 에드워드 T. 베드포드가 남미에서 물건을 잘못 구매하는 실수를 저질렀다. 이로 말미암아 회사는 약 100만 달러 규모의 손해를 보았다. 록펠러가 아무리 거세게 몰아붙인다고 해도 베드포드로서는 변명의 여지가 없는 상황이었다. 하지만 그는 베드포드가 나름대로 최선을 다했다는 사실을 잘 알고 있었다. 그리고 이미 사건은 종결된 상태였다. 그래서 록펠러는 정반대의 방식으로 오히려 상대방을 칭찬할 수 있는 묘안을 찾아냈다. 그 방법은 베드포드가 투자한 자금 가운데 60%를 회수한 것을 축하해 주는 것이었다. "굉장하군. 그 정도나 회수할 수 있는 방법을 강구하는 것이 보통 쉬운 일은 아니거든."

플로렌즈 지그펠트는 브로드웨이 역사의 한 획을 그었던 수많은 제작자 가운데 가장 유명한 축에 속했다. 그는 주로 '평범한 소녀를 스타로 만드는' 뛰어난 능력 때문에 명성을 쌓게 되었다. 그 누구라 해도 두 번은 볼 것 같지 않을 정도로 초라하게 생긴 소녀가 그의 손길을 거치고 무대에 서기만 하면 기적이 일어났다. 소녀는 신비롭고 매력적인 여인의 모습으로 돌변해 있었다. 칭찬과 자신감의 가치를 알고 있었던 그는 몇 마디의 말과 약간의 배려만으로 여자들 스스로가 아름답다고 느끼게 만들었다. 그는 현실적인 사람이기도 했다. 주당 30달러밖에 받지 못했던 코러스 걸들의 수당을 무려 8배 가까이 올렸다. 그는 기사도적인 멋을 아는 사람이기도 했다. 그는 공연이 열리는 날이면 주연 배우들에게 축전을 보냈고, 모든 코러스 걸에게도 값비싼 장미를 선물했다.

언제였던가 단식이 유행을 타던 시절이었다. 나도 그 유행의 물결에 휩쓸려 꼬박 6일 동안 물 한 모금도 마시지 않았던 적이 있다. 단식이 생각보다 어렵지는 않았다. 6일이 지나갈 때 즈음 찾아오는 배고픔은 단식을 시작한 그다음 날보다도 훨씬 약했다. 여러분이나 나는 사람들이 자기 가족이나 직원들에게 음식을 6일 동안 주지 못할 경우 마음이 심하게 동요한다는 사실을 알고 있다. 그런데도 사람들은 아무런 죄책감을 느끼지 않는다. 음식만큼이나 사람에게 진심 어린 칭찬이 필요한데도 6일이나 6주, 심지어는 60년 이상이나 칭찬해 주지 않고도 말이다.

한 시절을 풍미했던 배우 알프레드 런트는 유명한 연극인 〈빈에서의 재회〉에서 주연을 맡았을 때 이런 말을 남겼다. "나 스스로를 높이 평가할 수 있게끔 격려해 주는 말, 그것이 나에게 가장 필요하다."

우리는 아이들과 친구들, 직원들의 육체에 영양분을 제공한다. 하지만 그들의 자부심은 얼마나 가득 채워 주고 있는가? 그들에게 소고기와 감자를 주어 영양분을 비축하게 만들지만, 그들의 기억 속에 남을 따뜻한 칭찬의 말은 너무나 부족하게 하고 있다. 반짝반짝 빛나는 밤하늘의 별들이 불러 주는 노래처럼 기억 속에 몇 년 동안 깊이 남을 칭찬의 말들, 그 말들이 너무나 절실하다.

지금까지 이 글을 읽은 독자 중에는 이렇게 말하는 사람이 있을지도 모르겠다. "뭐야, 이렇게 낡아 빠진 이야기를 하다니! 결국 아첨하라는 말 아니야? 이미 해 보았지. 하지만 하나도 소용없었어. 적어도 똑똑한 사람들에게는 말이지."

물론이다. 아첨은 분별력이 웬만큼 있는 사람들에게는 절대로 통하지 않는 방법이다. 얄팍하고, 이기적이고, 거짓된 마음이 담겨 있는 것.

그것이 바로 아첨이다. 아첨은 실패해야 하며 실제로도 대부분 실패한다. 하지만 칭찬에 너무나 굶주리고 갈증이 나는 나머지 진짜인지 가짜인지도 구분하지 못하고 아첨이라면 무조건 좋아하는 사람이 있는 것도 현실이다. 굶어 죽어 가는 사람이 찬 음식 따뜻한 음식 가리지 않고 무엇이든 배 속에 집어넣는 것과 똑같이 말이다.

예를 들어 보자. 엠디바니 형제는 수많은 결혼 전력이 있었는데도 어떻게 결혼 시장에서 인기를 구사했을까? 소위 '왕자'라고 불리던 이들이 도대체 어떻게 해서 두 명의 미인과 유명 여배우들, 세계 정상급의 성악가, 그리고 저렴한 물건을 파는 것으로 유명한 '파이브 앤드 텐 센트' 체인점의 백만장자 바버라 허튼 같은 여인들과 결혼에 성공할 수 있었을까? 도대체 비결이 무엇이었을까?

저명한 기자인 아델라 로저스 세인트 존은 〈리버티〉에 기고한 글에서 이렇게 말했다.

"도대체 여자들은 왜 그렇게 엠디바니 형제에게 매력을 느끼는가. 이것은 오랫동안 풀리지 않는 미스터리였다. 뛰어난 예술가이면서 사교계에 대해서도 잘 알고 있고, 남자들을 잘 이해하고 있는 여성인 폴라 네그리가 언젠가 나에게 이렇게 이야기했다. '그들은 내가 아는 어떤 남자들보다도 아부하는 기술을 어떻게 써야 하는지 잘 이해하고 있었어요. 아부하는 기술, 그 기술은 요즘처럼 현실적이면서도 위트가 넘치는 세상에서는 거의 모습을 감춘 기술이죠. 내가 보기에는 그게 여자들이 엠디바니에게 느낀 매력이 틀림없어요.'"

빅토리아 여왕도 아첨에는 상당히 약한 사람이었다. 당시 총리였던 벤저민 디즈레일리는 여왕을 뵐 때 아첨을 상당히 많이 사용했다고 솔직히 말했다. 그가 한 말을 그대로 옮기자면, 그는 "흙손으로 벽을 바르듯" 아첨을 자신의 말에 덧입혔다. 하지만 디즈레일리는 대영 제국을 다스렸던 총리 가운데서도 가장 세련되고 능숙하며 완벽한 사람이었다. 그는 자기 방식을 활용하는 면에 있어서는 타의 추종을 불허했다. 물론 그에게 유용했던 방법이 우리에게는 유용하지 않을 수도 있다. 장기적으로 보면 아첨하는 것은 얻는 것보다는 잃는 것이 훨씬 더 많다. 아첨은 진실이 아니므로 다른 사람에게 건넬 경우 마치 위조지폐를 사용했을 때처럼 언젠가는 문제로 돌아오고 만다.

그렇다면 칭찬과 아첨의 차이는 무엇일까? 답은 간단하다. 칭찬에는 진심이 담겨 있지만, 아첨에는 거짓이 담겨 있다. 칭찬은 가슴에서 나오지만, 아첨은 입술에서만 나올 뿐이다. 칭찬은 이기적이지 않지만, 아첨은 이기적이다. 칭찬은 모든 사람에게 환영받지만, 아첨은 모든 사람에게 비난받는다.

나는 최근에 멕시코시티에 있는 차풀테펙 궁에서 오브레곤 장군의 흉상을 볼 기회가 있었다. 흉상 아래에는 오브레곤 장군의 철학이 담겨 있는 문장이 새겨져 있었다. "너를 공격하는 적을 두려워하지 말라. 두려워해야 할 것은 너에게 아첨하는 친구다."

그러니 안심하라. 나는 아첨을 종용하는 것이 아니다. 정반대를 말하는 것이다. 나는 지금 새로운 삶의 방식에 대해 이야기하고 있다. 다시 한번 말하건대, 새로운 삶의 방식이 무엇인지를 이야기하고 있는 것이다.

버킹엄 궁전에 있는 조지 5세의 서재 벽에는 여섯 개의 격언이 걸려 있다. 그중 하나는 "값싼 칭찬은 하지도 말고 받지도 말게 하소서."이다. 아첨이란 값싼 칭찬에 지나지 않는다. 예전에 아첨에 대해 너무나 명쾌하게 정의한 내용을 본 적이 있다. 그것을 여러분과 공유하겠다. "아첨이란 상대방의 자기 평가와 일치하는 말을 해 주는 것이다."

미국의 사상가인 랄프 왈도 에머슨은 "당신이 그 어떤 말을 해도 그 말에는 당신의 모습이 고스란히 담겨 있다."라고 이야기했다.

아첨하는 것만으로 모든 문제를 해결할 수 있다면 누구나 아첨꾼이 되고자 할 것이다. 그리고 우리 모두 대인 관계의 달인이 될 것이다.

어떤 특정한 일에 대해 생각하는 상황이 아니라면, 대부분 사람은 시간의 95%를 자기 자신에 관해 생각하며 보낸다고 한다. 자, 이제 자신에 대한 생각을 멈추고 상대방의 장점에 대해서 생각해 보자. 이렇게 한다면, 입에서 나오는 순간 거짓이라는 점이 여실히 드러나는 값싼 아첨은 더는 하지 않아도 될 것이다.

에머슨은 다음과 같이 말했다. "우리는 모든 사람에게서 자신보다 나은 점을 찾을 수 있다. 그런 의미에서 볼 때 나는 모든 사람에게서 배울 수 있는 사람이다."

에머슨처럼 저명한 사상가가 이렇게 말했는데, 여러분이나 나 같은 사람에게 그 어떤 말이 필요하겠는가? 자, 우리 자신의 장단점에 대해서는 더는 생각하지 말자. 다른 사람들의 장점을 찾아내려고 노력해 보자. 아첨은 더는 생각하지 말고 잊어버려라. 솔직하게, 그리고 진지하게 칭찬해 보자. "진심으로 인정하고, 아낌없이 칭찬하자." 그렇게 하면 사람들은 당신의 그 말을 마음속 깊이 간직하고 기억하면서 평생을 살아갈 것이다. 그 말을 한 당신이 설령 잊어버린다고 해도 그들은 그 말을 오랫동안 회자하며 되풀이할 것이다.

사람을 대하는 기본 원칙 2
솔직하고 진실한 마음으로 칭찬하라.
Give honest, sincere appreciation.

3

외로운 길을 걷고 싶지 않다면, 상대방의 관점에서 사물을 보라

He Who Can Do This Has the Whole World with Him.
He Who Cannot, Walks a Lonely Way

나는 낚시를 좋아해서 여름이 되면 메인주로 낚시 여행을 떠난다. 개인적인 이야기를 하나 해 보려고 한다. 나는 딸기를 넣은 빙수를 너무 좋아한다. 어느 날, 나는 물고기들이 나와는 달리 지렁이를 좋아한다는 점을 깨달았다. 그 이후로 나는 낚시하러 갈 때면 내가 원하는 것에 대해서는 절대로 생각하지 않는다. 물고기가 원하는 것이 무엇인지에 대해서만 집중한다. 딸기 빙수를 미끼로 사용하지 않는다. 나는 물고기 앞에 지렁이나 메뚜기를 매달아 놓고 이렇게 말한다. "한번 먹어 보지 않을래?"

사람을 낚는 경우에도 이런 상식을 적용하지 못할 이유가 있는가?

제1차 세계 대전 당시 이 방법을 활용한 사람이 있다. 바로 영국 총리였던 로이드 조지다. 누군가 그에게 "당신은 미국의 윌슨, 이탈리아의 올랜도, 프랑스의 클레망소 등 제1차 세계 대전 당시 이름을 날렸던 지도자들이 모두 실각하거나 사람들의 기억 속에서 잊혀진 뒤에도 어떻게 권력을 잃지 않을 수 있었는가?"라고 물었다. 그러자 그는 자신이 최고의 권력을 유지한 비결을 하나만 이야기하라고 한다면, 그것은 자신이 물고기에 맞게끔 미끼를 바꾸는 것이 중요하다는 사실을 알고 있다는 점이라고 말했다.

도대체 왜 우리는 자신이 원하는 것이 무엇인지 이야기하고 있는가? 잊지 말자. 자신이 좋아하는 것만 이야기하는 것은 가장 철없는 짓이다. 물론 여러분은 자신이 갈망하는 것에 관심을 기울인다. 평생 그럴 것이다. 하지만 당신뿐이다. 그 누구도 당신이 원하는 것에 관심을 두지 않는다. 이는 모든 사람에게 동일하게 적용된다. 그들은 자신이 원하는 것에만 관심을 기울인다.

그러므로 다른 사람을 움직이려면 그가 원하는 것이 무엇인지 이야기를 나누고, 그것을 어떻게 얻을 수 있는지를 보여 주어야 한다. 그것이 유일한 방법이다. 지금이라도 늦지 않았다. 누군가를 움직여 어떤 일을 하게 만들고 싶다면, 이 말을 가슴에 새겨 두어야 한다.

예를 들어 여러분의 자녀가 흡연하지 않도록 하고 싶다면, 자녀에게 잔소리를 늘어놓거나 여러분이 무엇을 원하는지를 구구절절 이야기해 보았자 아무 소용이 없다. 그렇게 하기보다는 담배를 피우면 그들이 원하는 야구팀에 들어갈 수 없다거나 미식축구를 할 때 달리기 훈련에서 꼴등을 할 수도 있다는 점을 부각하는 편이 더 효과적이다.

자녀를 대할 때뿐만 아니라 송아지나 침팬지와 같은 동물을 다룰 때도 이런 방법을 똑같이 해 보면 매우 유용하다는 것을 알 수 있다. 예를 하나 들어 보겠다. 어느 날, 에머슨은 송아지를 외양간에 들이려고 아들과 애쓰고 있었다. 그런데 에머슨은 다른 사람들처럼 자신이 원하는 것만 생각하는 실수를 저지르고 있었다. 다시 말해, 에머슨은 뒤에서 송아지를 힘껏 밀었고 아들은 앞에서 힘껏 잡아당겼다. 하지만 문제는 송아지 역시 그들과 똑같았다는 점이다. 송아지 역시 자기가 원하는 것만 생각했다. 송아지는 절대로 들어가지 않겠다고 완강하게 버티고 서서는 풀밭을 벗어나려고 하지 않았다. 아일랜드 출신의 하녀 한 사람이 송아지와 씨름하고 있는 이 모습을 보았다. 그녀는 글을 쓰거나 책을 낼 만큼 가방끈이 긴 사람은 아니었다. 하지만 지금 상황에서는 에머슨보다 그녀가 훨씬 더 지혜로운 사람이었다. 그녀는 송아지가 무엇을 원하고 있을지 생각해 보았다. 그러고는 자신의 부드러운 손가락을 송아지 입에 물려 쪽쪽 빨게 했다. 그렇게 그녀의 손에 이끌린 송아지는 너무나 쉽게 외양간으로 들어갔다.

이 세상에 태어난 이후로 우리가 하는 모든 행위는, 우리가 무언가를 원해서 하는 것이다. 적십자에 기부금을 내는 것도 그렇다고 묻고 싶은가? 물론이다. 예외는 존재하지 않는다. 여러분이 얼마를 기부하든 그 행위는 누군가를 도와주고 싶거나, 그 어떤 사심도 없이 아름다운 선행을 하고 싶은 마음 때문이다. 잘 알다시피 성경에는 이런 가르침이 나와 있다. "너희가 여기 내 형제 중 지극히 작은 자 하나에게 한 것이 곧 나에게 한 것이니라."(마태복음 25장 40절)

선행하고 싶은 마음보다 기부금이 아깝다는 생각이 더 크다면, 단 한 푼도 기부하지 않을 것이다. 거절하기 어려워서 기부할 수도 있고, 고객이 기부를 요청해서 뾰족한 수 없이 그대로 기부하는 경우도 있다. 하지만 그런 상황이라고 해도 분명한 사실이 한 가지 있다. 여러분은 무언가 원하는 것이 있어서 기부한다는 점이다.

해리 A. 오버스트릿 교수는 그의 심오한 통찰이 담긴 책『인간 행동에 영향을 미치는 법』에서 이렇게 말했다.

행위가 일어나는 이유는 인간에게 근본적으로 욕망이 있기 때문이다. (중략) 그러므로 회사에서, 가정에서, 학교에서, 정치에서, 때와 장소를 불문하고 다른 사람을 설득하려는 사람에게는 '우선은 상대방의 가슴속에 강한 욕구를 불러일으키라'는 것이 가장 유용한 충고다. 이렇게 할 수 있는 사람이라면 세상을 얻을 것이다. 그렇지 않은 사람이라면 홀로 외로운 길을 갈 수밖에 없다.

스코틀랜드 출신의 가난한 아이였던 앤드루 카네기는 처음에는 시급 2센트를 받고 일했지만, 3억 6,500만 달러라는 거금을 기부할 정도로 대성한 사람이 되었다. 그는 다른 사람을 움직일 수 있는 유일한 방법은 상대방이 원하는 것을 생각하고 이야기하는 것에 있다는 사실을 일찍 깨달았다. 그는 겨우 4년 동안만 학교에 다녔지만, 사람 다루는 방법을 일찍이 깨닫고 있었던 것이다.

예를 하나 들어 보자. 카네기의 형수에게 두 아들은 골칫덩어리였다. 두 아들 모두 예일대에 다니고 있었는데, 할 일이 많아서 바쁜지 안부 편지 한 통 써서 보낸 적이 없었다. 화가 머리끝까지 난 엄마가 편지를 보내도 관심을 두는 둥 마는 둥 했다.

카네기는 장담했다. 자신이 답장을 달라고 하지 않아도 답장을 받을 것을, 그것도 곧바로 받을 수 있다고 말이다. 사람들은 그 사실을 두고 내기를 걸었다. 카네기는 조카들에게 이런저런 허물없는 내용을 담은 편지를 보냈다. 추신에는 5달러 지폐 두 장을 동봉하니 사이좋게 나누어 쓰라는 말도 빠뜨리지 않았다. 하지만 실제로 돈을 넣는 것을 '깜빡' 잊어버렸다.

그러자 신기한 일이 벌어졌다. 조카들에게서 지체 없이 바로 답장이 온 것이다. '보고 싶은 삼촌에게'라고 시작하는 편지에는 연락을 주어서 고맙다는 감사의 말이 들어 있었다. 그 외에 어떤 내용이 담겨 있었을지는 여러분도 충분히 짐작할 수 있을 것이다.

지금 당장이라도 여러분에게는 누군가가 어떤 일을 하도록 설득해야 할 상황이 일어날 수도 있다. 만약 그렇다면 말을 꺼내기 전에 잠시 호흡을 가다듬고 이렇게 생각해 보라. '어떻게 해야 저 사람이 그 일을 스스로 하고 싶게끔 만들 수 있을까?'

이 질문은 여러분이 아무 대책 없이 사람을 만나서 여러분의 욕망에 대해서만 구구절절 늘어놓다가 아무런 소득 없이 끝내고 마는 상황에 놓이지 않도록 도와줄 것이다.

나는 매 시즌 강연을 위해 뉴욕에 있는 어느 호텔 연회장을 저녁 시간만 20일 정도 예약한다. 어느 날, 강연 일정이 얼마 남지 않았는데 갑자기 예전과는 달리 3배에 가까운 대여료를 내야 한다는 통보를 받았다. 나는 이미 강연 입장권을 제작하고 배포한 상태였고, 최종 공지가 이미 나가서 대여료 인상을 반영하지 못하는 상황이었다.

당연히 나는 인상된 금액으로 대여료를 지불하고 싶은 생각은 추호도 없었다. 하지만 내 바람이 무엇인지 이야기하는 것이 무슨 소용이 있겠는가? 그들은 분명히 자신들이 원하는 것에만 관심을 두고 있다. 그래서 이틀 정도 지난 다음, 나는 지배인을 찾아가 다음과 같이 말했다.

"편지 잘 받았습니다만, 내용을 보고는 사실 매우 당황했습니다. 하지만 당신을 탓할 생각은 전혀 없습니다. 제가 지배인님 처지였다고 해도 저 역시 비슷한 편지를 보냈을지도 모른다고 생각합니다. 이 호텔을 지배하는 사람으로서 당신은 가능한 한 이익을 많이 내야 하니까요. 그렇게 하지 않는 지배인이라면 해고되어야 하겠죠. 두말할 필요가 없을 겁니다. 그러면 이제 호텔 측에서 대여료를 인상하겠다는 입장을 바꾸지 않는다면, 호텔에 어떤 이익과 손해가 생기는지 구분해서 이야기해 볼까요?"

나는 이렇게 말한 후, 편지지 한 장을 꺼내서 중앙에 선을 긋고 왼쪽에는 '이익', 오른쪽에는 '손해'라는 단어를 적었다. 나는 '이익' 쪽에 '연회장 예약 없음'이라고도 적었다. 그러고 나서 다음과 같이 말을 이어나갔다.

"자, 연회장에 예약이 없으니 무도회나 회의를 유치하고 대여료를 받을 수 있을 것입니다. 매우 큰 수익이 되겠죠. 그런 모임은 강연 용도로 대여해 주는 것보다는 대여료를 훨씬 많이 받을 수 있으니까요. 내가 이번 시즌에만 20일 정도 저녁 시간을 장기로 예약하면 당신 입장에서는 꽤 짭짤한 수익을 거둘 수 있는 기회를 잃을 것이 분명하죠.

그러면 어떤 손해를 보게 될지도 살펴볼까요? 우선 나로 말미암아 발생하는 수입이 대폭 삭감될 겁니다. 솔직하게 말하자면, 인상된 대여료를 지불할 생각이 없으므로 수입이 0이 되겠죠. 나는 다른 장소를 찾아서 강연을 진행해야 할 테고요.

손해는 이것뿐만이 아닙니다. 교양 있고 세련된 사람들이 나의 강연을 듣기 위해 이 호텔로 몰려듭니다. 이것만으로도 광고 효과가 꽤 있지 않을까요? 사실 신문에 5,000달러짜리 광고를 게재해도 실제로는 내 강연에 오는 사람들보다 많이 모객하지는 못할 겁니다. 그러면 호텔도 상당한 가치를 누릴 수 있는 것 아닐까요?"

나는 이 말을 하면서 두 가지 '손해'를 오른쪽에 적었다. 그러고는 종이를 지배인에게 건네며 다음과 같이 말했다. "앞으로 발생할 이익과 손해가 무엇인지 꼼꼼히 잘 살펴보시고 나서 최종 통보해 주시기 바랍니다."

바로 그다음 날 편지가 도착했다. 편지에는 대여료를 3배 인상하는 대신 50%만 인상하겠다는 절충안이 적혀 있었다.

자, 이 대목에서 주목해야 할 것은 다음과 같다. 나는 내가 무엇을 원하는지 아무 말도 하지 않고도 내가 원하는 것을 얻어 냈다는 점이다. 나는 상대방이 원하는지에 대해서만 이야기했다. 그리고 그것을 어떻게 해야 얻을 수 있는지에 대해서만 줄기차게 이야기했다.

이것과는 달리 내가 인간적으로, 그리고 자연스럽게 반응했다고 생각해 보라. 지배인 사무실로 곧장 달려가서 다음과 같이 말했다고 떠올려 보라. "입장권은 이미 매진되었고, 최종 공지까지 나간 상황인데 대여료를 느닷없이 3배나 인상한다는 게 도대체 무슨 경우입니까? 3배라고요? 진짜 말도 안 되는 이야기입니다. 그렇게는 절대 지불할 수 없습니다!"

내가 만약 이렇게 말했다면 어떤 결과가 일어났겠는가? 논쟁이 계속 이어지면서 점차 뜨거워지고 격해졌다면? 이런 논쟁이 어떤 결말을 맺는지는 내가 굳이 이야기하지 않아도 여러분도 잘 알고 있을 것이다. 지배인은 자신이 틀렸다고 생각하더라도 자존심을 내세우면서 쉽사리 숙이고 들어오지 않았을 것이다.

헨리 포드는 인간관계라는 고난이도의 기술에 관해 귀중한 지침으로 삼을 만한 말을 했다. "성공을 위한 비결이 한 가지 존재한다면, 그것은 상대방의 관점을 이해하고, 나의 관점 외에도 상대방의 관점에서 사물을 바라보는 능력일 것이다."

너무나 중요한 말이므로 한 번 더 반복하겠다. "성공을 위한 비결이 한 가지 존재한다면, 그것은 상대방의 관점을 이해하고, 나의 관점 외에도 상대방의 관점에서 사물을 바라보는 능력일 것이다."

너무나 단순하고 명쾌한 이야기이기 때문에 누구라도 그 안에 담긴 진리의 정수를 단번에 알아챌 수 있다. 하지만 세상에 존재하는 사람 열 명 중 아홉 명은, 열 번 중 아홉 번은 이 진리를 반드시 무시한다.

실제 사례로 무엇을 들 수 있을까? 멀리 갈 것도 없다. 내일 아침 회사에 가서 여러분 앞으로 도착한 편지를 한번 살펴보라. 대부분 편지가 상식적이라고 할 수 있는 이 최선의 법칙을 어기고 있다는 것을 알게 될 것이다. 실제 사례를 보자. 다음 편지는 전국적인 영업망을 갖춘 광고 대행사의 라디오 광고국장이 보낸 것이다. 수신자는 전국의 지역 라디오 방송국의 국장들이다. 편지의 각 구절에 대한 나의 반응은 구절에 바로 이어서 적어 놓았다.

블랭크 국장 귀하

당사는 라디오 광고 분야를 주도하는 광고 대행사로서의 입지를 확실히 다지고자 합니다.

─당신네 회사가 원하는 것이 무엇인지 내가 알게 뭐야. 내 문제 하나 해결하는 것만 해도 머리가 땡한데. 은행에서는 집 매매할 때 받은 대출금 갚으라고 독촉하지, 화단에 있는 접시꽃에는 벌레가 가득하지, 주식은 어제도 폭락했지, 아침에는 버스를 놓쳐서 지각했지, 엊그제 저녁에는 나만 쏙 빼놓고 다들 회식하러 갔지, 병원에서는 내가 고혈압에, 신경통에, 비듬까지 있다고 하지를 않나! 그런데 도대체 지금 이게 뭐야. 아침 출근길부터 안 그래도 심란했는데, 뉴욕에 있다는 웬 건방진 녀석 하나가 자기네 회사가 뭘 어떻게 하겠다느니 주절거리는 편지나 보고 있고 말이지. 아, 진짜 짜증 제대로 나네! 나한테 보낸 이 편지가 어떤 인상을 주고 있는지 안다면, 이 친구 광고 회사 때려치우고 차라리 짜증날 때 씹는 껌이나 만들어서 파는 게 훨씬 낫겠어.

전국에 수많은 광고주를 고객으로 모시고 있는 당사는 최고의 네트워크를 자랑합니다. 그 결과 각 네트워크 방송사의 방송 스케줄에 대해서도 매우 철저하게 조사하고 있습니다. 따라서 당사는 매년 최고 광고 대행사의 위상을 잃지 않고 있습니다.

　—대기업이고, 돈도 많고, 실적도 좋다. 그래, 그래서 뭐가 어떻다고? 당신네 회사가 뭐? 그 회사가 GM이나 GE, 미 육군참모본부를 모두 합친 정도로 거대하다고 해도 내가 움찔할 것 같아? 당신이 조금이라도 눈치가 있다면 말이야, 이걸 알아야 할 거야. 당신네 회사가 얼마나 거대한지가 아니라 내가 얼마나 큰가가 중요하다는 것을 말이야. 당신네 회사가 그렇게 엄청나게 성공했다는 이야기만 자꾸 들으니까 내가 점점 작고 하찮은 존재로 느껴지잖아.

　당사는 광고주들에게 라디오 방송 편성과 관련한 최신 정보를 제공하고자 합니다.

　—그건 너희 바람이지, 너희 바람! 정말 고집불통이군. 나는 너희가 무엇을 원하는지, 아니면 무솔리니가 무엇을 원하는지, 아니면 크로스비가 무엇을 원하는지는 하나도 관심 없다니까. 마지막으로 딱 한 번만 더 이야기해 주지. 나는 내가 원하는 것에 관심이 있어. 그런데 너희가 보낸 이 웃기는 편지에는, 내가 원하는 것에 대해서는 단 한마디도 언급되어 있지 않군.

　따라서 당사를 귀사의 특별 관리 대상에 포함시켜 당사가 주간 편성표와 함께, 그리고 광고 대행사가 광고 시간을 현명하게 예약하는 것에 도움이 될 만한 상세한 내용들을 하나도 빠짐없이 받을 수 있도록 처리해 주십시오.

　—특별 관리 대상? 정말이지 낯짝도 두껍군. 자기네 회사가 크면 얼마나 크다고 자랑질해서 나를 하찮은 존재로 보이게 하는 거지? 게다가 이제는 특별 관리 대상에 넣어 달라고 요청을 해? 심지어 요청하는 주제에 '부탁합니다.'라는 말도 없고 여타 다른 정중한 말도 하나 없이!

　편지를 받으신 후에 즉각적인 답장과 더불어 귀사의 최신 정보를 제공해 주시면 두 회사 사이에 유익한 일이 될 것이라 믿습니다.

—뭐라는 거야? 문방구 아무데서나 구할 수 있는 저가 편지지에 대량 발송용 기계를 사용해서 편지를 보내 놓고는, 나한테는 자리에 앉아서 잘 받았다고 답장을 보내라고? 그것도 지금 즉시? 은행 대출이며 화단이며 고혈압 때문에 안 그래도 심란해 죽겠는데 '즉시' 답장을 보내라고? 이게 도대체 무슨 경우야? 정신이 있는 거야, 없는 거야? 나도 엄청 바쁜 사람이라는 걸 모르고 있나? 적어도 바쁜 척이라도 하고 싶은 사람이란 말이야. 그리고 일에 대해서도 그래, 도대체 누구에게 그런 권한을 얻었지? 나한테 이래라저래라 할 수 있는 권한 말이야. 끝부분을 보니 '두 회사 사이에 유익'할 것이라고 했더군. 하, 그제야 내 생각도 조금 해 주는 건가. 그래도 나에게 어떤 이득이 생기는지에 대해서는 조금도 뚜렷하게 이야기하고 있지 않잖아.

라디오 광고국장

존 도우 드림

추신: 관심을 가지실 것 같아서 〈블랭크빌 저널〉 사본을 함께 보냅니다. 필요하다면 언제든 방송에 활용하시기 바랍니다.

—편지 맨 끝에서야 내 문제를 해결하는 데 도움 좀 줄 수 있는 이야기를 하는군. 처음부터 그렇게 이야기할 것이지! 어휴, 말해 보아야 내 입만 아플 테지. 당신처럼 장광설만 늘어놓는 광고업자들은 분명 무슨 문제가 있는 것이 틀림없어. 당신은 우리 회사의 최근 정보를 필요로 하는 게 아니야. 당신에게 정말로 필요한 건, 갑상선 치료에 효과적인 요오드 한 통일 뿐이라니까!

광고업에 일평생을 바치고 사람들의 마음을 움직여 구매하게 만드는 기술 전문가로 자처하는 사람이 만약 이런 편지를 보냈다면, 정육점이나 제과점, 인테리어 가게에서 근무하는 사람들은 어떠하겠는가?

다른 편지 한 통을 더 보자. 이 편지는 대형 화물 터미널 소장이 카네기 강좌 수강생인 에드워드 버밀렌에게 보낸 것이다. 이 편지가 수신인에게 어떤 영향을 미쳤겠는가? 편지를 읽고 나서 내가 하는 말에 귀를 기울여 주기 바란다.

뉴욕 시 브루클린 프론트가 28번지

A. 제레가즈 선즈 주식회사

참조: 에드워드 버밀렌 부장

안녕하세요?

대부분 물량이 오후 늦게야 폐사에 도착하고 있습니다. 그래서 폐사 수출용 화물 터미널의 작업이 지연되고 있는 상황입니다. 그 결과 화물 체증, 연장 근무, 배차 지연 등의 문제가 발생하고 있습니다. 심한 경우에는 배송 지연까지 일어나고 있습니다. 지난 11월 10일에 귀사에서 발송한 화물 510여 개는 오후 4시 20분에 터미널에 도착했습니다.

화물 접수가 늦어져서 발생하는 문제를 해결하는 데 귀사가 협조해 주기를 바랍니다. 지난번처럼 대량 화물을 선적하는 날에는 트럭이 조금 일찍 터미널에 도착할 수 있도록 조치해 주십시오. 화물 일부를 오전 중에 터미널로 미리 운반하는 것도 좋은 방법이라 생각합니다.

이렇게 조치할 경우, 귀사의 트럭이 대기하는 시간이 줄어들 뿐만 아니라 귀사의 화물이 접수 당일 고객에게 발송되는 등의 이익이 발생할 것으로 보입니다.

그럼 이만 줄이도록 하겠습니다.

J. B. 소장 드림

A. 제레가즈 선즈에서 영업부장을 맡고 있는 버밀렌은 이 편지를 받은 후 나에게 다음과 같은 응답을 보내왔다.

"이 편지는 내가 의도한 것과는 전혀 다른 효과를 가져왔습니다. 이 편지는 터미널에서 겪는 어려움을 설명하는 것으로 시작합니다. 하지만 우리의 관심사는 그것이 아닙니다. 그리고 편지에서는 우리의 협조를 요청했는데, 그렇게 함으로써 우리가 얼마나 불편을 겪을지에 대해서는 전혀 고려하지 않고 있습니다. 결국 마지막에 가서야 우리가 협조하면 우리 트럭의 대기 시간이 줄어들고, 접수된 화물이 당일에 발송될 수 있다는 점을 이야기합니다. 다르게 말하자면, 가장 마지막에 가서야 우리가 관심을 두고 있는 내용이 나오기 때문에 결과적으로는 협조하고 싶다는 생각이 아니라 비협조하고 싶다는 반감만 불러일으킨 셈이죠."

이제는 이 편지를 어떻게 개선할 수 있을지 살펴보자. 우리의 문제를 이야기하면서 시간을 낭비하지 말고, 헨리 포드가 충고한 것처럼 "상대방의 관점을 이해하고, 나의 관점 외에도 상대방의 관점에서 사물을 바라보도록" 하자.

고친 편지를 예로 들어 보겠다. 최선은 아닐 수도 있지만, 분명히 훨씬 더 나은 편지로 보일 것이다.

뉴욕 시 브루클린 프론트가 28번지
A. 제레가즈 선즈 주식회사

친애하는 버밀렌 씨에게
지난 14년 동안 변함없이 저희에게 보여 주신 귀사의 성원에 깊이 감사드립니다. 저희는 귀사의 성원에 보답하고자 언제나 신속하고 효율적인 서비스를 제공하기 위해 부단히 노력하고 있습니다. 하지만 지난 11월 10일처럼 귀사의 대량 화물을 실은 트럭이 오후 늦게 터미널에 도착하는 경우, 만족할 만한 서비스를 제공해 드리지 못하는 점에 대해서는 저희도 참으로 안타까운 마음을 금할 수 없습니다. 다른 업체의 화물들 또한 오후 늦게 접수되기 때문입니다. 이 때문에 화물 체증이 발생하고, 귀사의 트럭이 부두에서 대기하며 낭비하는 시간이 늘어나게 됩니다. 심한 경우에는 화물 배송이 지연될 수도 있습니다.

이런 상황은 무척 유감스러운 일입니다. 따라서 예방 조치를 취하는 것이 현명한 방법이라고 생각합니다. 그중 한 가지 방법은, 가능하다면 귀사의 화물을 오전 중에 부두로 이동시키는 것입니다. 이렇게 한다면 트럭이 대기하는 시간이 줄어들고, 귀사의 화물은 즉시 처리될 것이며, 저희 직원들도 일찍 퇴근해 귀사에서 제조하는 파스타를 요리해 먹으며 가족들과 저녁이 있는 삶을 보낼 수 있을 것입니다.

저의 의견을 불평이나 귀사의 운영 방침을 간섭하는 것으로 여기지 않아 주셨으면 좋겠습니다. 이 편지는 전적으로 귀사에 보다 더 효율적인 서비스를 제공하려는 의도에서 작성된 것임을 알아주시기 바랍니다.

화물이 언제 도착하더라도 저희는 온 힘을 다해 귀사에 즉각적이고 효율적인 서비스를 제공할 것임을 약속드립니다.

바쁜 와중에 시간을 내어 읽어 주셔서 감사합니다. 답장은 주지 않으셔도 무방합니다.

그럼 이만 줄이겠습니다.

J. B. 소장 드림

거리를 보라. 오늘도 수천 명의 세일즈맨이 박봉에 허덕이면서 별다른 의욕 없이 피곤하게 거리를 누비고 있다. 그 이유는 무엇일까? 그들은 언제나 자신들이 원하는 것만 생각하고 있기 때문이다. 그들은 깨닫지 못하고 있다. 여러분이나 내가 아무것도 사고 싶지 않다는 것을 말이다. 사고 싶은 것이 있다면 쇼핑하러 가서 사 오면 그만이다.

고객인 우리가 언제나 관심을 쏟는 것은 우리에게 생긴 문제를 해결하는 데 있다. 만약 어떤 세일즈맨이 자신이 제공하는 서비스나 제품의 문제를 어떤 식으로든 해결해 줄 수 있다는 것을 우리에게 보여 준다면, 그는 굳이 팔려고 애쓸 필요가 없을 것이다. 그 이유는 간단하다. 우리가 그것을 살 것이기 때문이다. 고객은 자신이 판매의 대상이기를 원하지 않는다. 그들은 구매의 주체가 되고 싶어 한다.

이런 사실에도 불구하고 여전히 고객의 시각에서 사물을 바라보는 법을 깨닫지 못하고 평생을 보내는 사람들이 적지 않다. 예를 들어 보자. 나는 포리스트 힐즈라고 하는, 뉴욕 시 한복판에 있는 아담한 단독 주택 단지에 거주하고 있다. 어느 날, 나는 지하철을 타러 급히 가다가 롱아일랜드에서 오랫동안 일한 부동산 중개인을 길에서 만나게 되었다. 그는 포리스트 힐즈에 관해 잘 알고 있었다. 그래서 나는 그에게 내가 사는 집의 벽 내부에 철망을 넣었는지 안 넣었는지 재빨리 물어보았다. 그는 잘 모르겠다고 대답했다. 그러면서 내가 이미 알고 있는 것처럼 포리스트 힐즈 조경협회에 전화해 보라고 말했다.

그다음 날 아침, 그가 나에게 보낸 편지가 도착해 있었다. 그는 내가 필요한 정보를 편지에 썼을까? 전화 한 통이면 너무나 쉽게 알 수 있었을 테지만 그는 그렇게 하지 않았다. 내가 전화하면 정보를 얻을 수 있다는 사실을 다시 한번 상기시켜 주었을 뿐이다. 그러고는 내 보험을 자신에게 맡겨 달라고 요청했다. 그는 자신에게 도움이 되는 것에만 관심이 있었을 뿐, 나에게 도움이 되는 것에는 아무 관심도 두지 않았다.

나는 그에게 『나누는 기쁨』과 『함께 나누는 행운』이라는 두 권의 책을 선물했다. 바쉬 영이 쓴, 짧으면서도 매우 뛰어난 책이다. 만약에 그가 그 책들을 읽고 그 안에 담긴 철학대로 삶을 살았다면, 내 보험을 가져가는 것보다 셀 수 없이 많은 이익을 가져갈 수 있었을 것이다.

그렇다. 전문가라는 사람들도 같은 실수를 저지른다. 나는 몇 년 전, 필라델피아에서 유명한 이비인후과 의사에게 진료를 받으러 간 적이 있다. 그는 내 입안을 살펴보기 전에 나에게 직업이 무엇이냐고 물었다. 그는 나의 편도선이 어떤 상태인지는 관심이 없고, 내 급여가 얼마인지에 대해서만 관심이 있었다. 그는 나를 어떻게 도와야 할지에 대해서는 하나도 관심이 없었다. 그의 주된 관심은 오로지 진료비, 즉 나에게서 얼마나 뜯어낼 수 있을지에 있었다. 그 결과는 어떠했을까? 그는 단 한 푼도 벌지 못했다. 그의 인간성은 나에게 경멸의 대상이었다. 나는 그의 병원 문을 박차고 나왔다.

잊지 말자. 세상은 자기 욕심에 눈이 멀어 자신의 이득만 챙기려는 간신들로 가득 차 있다. 그런 까닭에 아무 사심도 없이 그저 다른 사람을 도와주려고 애쓰는 사람들은 매우 유리한 고지를 차지하고 있다. 경쟁자를 거의 찾아볼 수가 없는 것이다. 오웬 D. 영은 이렇게 말했다. "다른 사람의 사고방식을 이해하라. 그리고 그 사람의 입장에서 사물을 볼 줄 아는 사람은 미래를 전혀 걱정하지 않아도 된다."

나는 확신한다. 이 책을 읽은 여러분이 항상 다른 사람의 입장에서 생각하고 그 사람의 시각으로 사물을 바라보려고 한다면, 그것은 분명 여러분의 인생에 커다란 이정표가 될 것이다.

사람들은 대부분 대학에 가서 버질을 읽고 수학의 비밀이 무엇인지 탐구한다. 하지만 자신의 마음이 어떻게 움직이는지에 관해서는 깨닫지 못한다. 예를 들어 설명해 보겠다.

언젠가 나는 캐리어에 입사를 앞둔 대학 졸업생들에게 '효과적인 화술'이라는 주제로 강의를 한 적이 있다. 뉴저지주 뉴어크에 있는 캐리어는 오피스 빌딩과 극장용 공기 냉방 장치를 생산하는 회사다. 강의를 듣던 수강생 중 한 명이 다른 사람들에게 함께 농구를 하자고 설득하면서 다음과 같이 말했다. "나랑 같이 농구하러 가지 않겠어? 나는 농구를 좋아해서 농구장을 자주 찾는데, 최근에는 사람들이 거의 없어서 농구 게임을 하지 못했거든. 얼마 전에는 야간에 서너 명이 공을 주고받다가 공에 맞아서 눈에 멍도 들었어. 내일 밤에 몇 명만 나와 준다면 진짜 좋겠다. 농구가 정말 하고 싶거든."

그가 한 말 속에서 여러분이 원하는 것을 찾을 수 있는가? 다른 사람들이 가지 않는 농구장에 혼자 농구하러 가고 싶은 마음은 들지 않을 것이다. 그 친구가 원하는 것이 무엇인지는 상관없다. 눈에 멍이 들고 싶지도 않을 것이다.

그는 농구장을 이용해 여러분이 원하는 것을 얻을 수 있는 방법이 무엇인지 이야기할 수 있었을까? 당연히 그렇다. 활력이 생긴다, 식욕이 왕성해진다, 머리가 맑아진다, 재미있다, 승부를 즐긴다 등을 보여 줄 수 있었다.

오버스트릿 교수의 현명한 조언을 다시 한번 상기해 보자. "우선은 상대방의 가슴속에 강한 욕구를 불러일으켜라. 이렇게 할 수 있는 사람이라면 세상을 얻을 것이다. 그렇지 않은 사람이라면 홀로 외로운 길을 갈 수밖에 없다!"

카네기 강좌에서 내 강의를 듣는 청중 가운데 아들 문제로 고민에 빠진 사람이 있었다. 아들은 저체중이며 편식하는 습관도 있었다. 아이의 부모는 우리가 흔히 생각하는 것처럼 야단을 치고 잔소리를 했다. 사람들이 보통 하는 방식 그대로였다. "엄마는 우리 아들이 이것도 먹고 저것도 먹었으면 좋겠는데.", "아빠는 네가 무럭무럭 자랐으면 좋겠다."

부모는 이렇게 간절히 원했지만, 아이는 과연 눈길이라도 주었을까? 아이는 눈곱만큼도 신경 쓰지 않았다. 상식적으로 생각해 본다면, 세 살짜리 어린아이가 서른 살 된 아빠의 마음을 헤아리고 따를 수 있다고 기대하지는 않을 것이다. 하지만 아빠는 그것을 기대했다. 말도 안 되는 이야기였다. 결국 아빠도 그것을 깨닫게 되었다. 그래서 그는 이렇게 생각해 보았다. '아이가 원하는 것은 과연 무엇일까? 내가 원하는 것과 아이가 원하는 것을 어떻게 하나로 만들 수 있을까?'

아빠는 이렇게 생각하면서 생각보다 쉽게 문제를 해결했다. 브루클린에 살던 그 아이는 세발자전거를 타고 집 앞에서 왔다 갔다 하는 것에 재미를 느꼈다. 그런데 그 근처에 사는 커다란 덩치의 악동이 이따금 아이의 세발자전거를 빼앗아 타곤 했다. 자전거를 빼앗긴 아이는 눈물을 펑펑 쏟으면서 엄마에게 달려왔다. 그러면 엄마는 악동에게서 자전거를 되찾아 아이가 타게 했다. 이런 상황이 거의 매일같이 반복되었다.

아이는 과연 무엇을 원했을까? 여러분이 셜록 홈스가 아니라고 해도 이 물음에 대한 답을 내기는 식은 죽 먹기일 것이다. 자존심, 분노, 인정받고 싶은 욕망 등 그의 기질 가운데 가장 강력하게 나타나는 감정. 그것들이 그 악동의 콧대를 납작하게 눌러 버리라며 아이를 재촉하고 있었다. 그래서 아빠는 아이에게 이렇게 말했다. "엄마가 먹으라고 하는 걸 잘 먹기만 하면, 나중에 저 덩치 큰 녀석보다 훨씬 더 크게 자랄 수 있어. 아빠가 약속해." 그렇게 말하고 나자 편식 문제는 감쪽같이 해결되었다. 아이는 무엇이든 먹어 치웠을 것이다. 자기를 그렇게나 괴롭히는 그 나쁜 녀석을 혼내 줄 수 있을 만큼 덩치가 커질 수만 있다면, 시금치든 김치든 고등어든 가리지 않았을 것이다.

이 문제를 해결한 아빠는 또 다른 문제에 봉착했다. 아이에게는 밤이 되면 오줌을 가리지 못하는 버릇이 있었다. 아이는 할머니와 함께 잠을

잤는데, 아침에 침대가 젖어 있는 것을 보고 할머니가 "이런, 이런. 존, 간밤에 또 쉬 했구나." 하면, 아이는 "아니요, 제가 안 그랬어요. 할머니가 그런 거예요."라고 맞받아치곤 했다.

아무리 야단을 치고, 회초리를 들고, 창피를 주면서 다시는 그러지 말라고 해도 고칠 수 없는 아이의 버릇 때문에 엄마는 골머리를 앓았다. 그래서 아이의 부모는 다른 방식으로 생각해 보았다. '어떻게 해야 아이가 침대에 오줌을 싸지 않게 할 수 있을까? 어떻게 해야 아이 스스로 그렇게 하기를 원할까?'

아이가 바라는 것은 과연 무엇이었을까? 우선 아이는 할머니처럼 나이트가운을 입지 않고, 아빠처럼 파자마를 입고 싶어 했다. 그러다가 할머니가 손자에게 '버릇을 고치기만 하면 기꺼이 파자마를 사 주겠다.'라며 나섰다. 매일 밤마다 침대에 오줌을 싸는 손자에게 지친 나머지 택한 방법이었다. 그다음으로 아이가 원한 건 자기만의 침대였다. 할머니는 서운해하는 눈치를 보였지만 반대하지는 않았다.

엄마는 브루클린에 있는 한 백화점으로 아이를 데려갔다. 엄마는 침대 매장의 여직원에게 살며시 윙크를 건네며 "이 어린 신사께서 사고 싶은 게 있다네요." 하고 말을 걸었다.

여직원도 아이가 뿌듯해할 수 있도록 말을 건네받았다. "어서 오세요, 꼬마 신사님. 어떤 걸 보여 드리면 좋을까요?"

아이는 조금이라도 키가 커 보이려고 애쓰며 말했다. "저만 쓸 침대를 사러 왔어요."

엄마는 아이에게 사 주고 싶은 침대를 보여 줄 때가 되자 점원에게 눈짓을 보냈다. 그 뜻을 알아챈 점원이 아이를 설득하자 아이는 그 침대를 사기로 결정했다.

다음 날 침대가 배송되었다. 그날 밤 아빠가 집에 돌아오자 아이는 문으로 달려가며 이렇게 외쳤다. "아빠, 아빠, 왜 이제 와요? 빨리 올라와서 '제가' 고른 '제' 침대를 보세요." 아들의 침대를 본 아빠는 찰스 슈워브가 이야기한 대로 그를 진심으로 인정하며 아낌없이 칭찬해 주었다.

"아들, 이 침대를 적실 생각을 하는 건 아니지?" 아빠가 이렇게 물었다.

"네, 절대로요. 절대로 이 침대를 적시지 않을 거예요." 그렇게 말한 아이는 약속을 잘 지켜 냈다. 자신의 자존심이 걸린 문제였기 때문이다. 그 침대는 '자신이' 고른 '자신만의' 침대였다. 게다가 아이는 이제 어른들과 같이 파자마도 입고 있었다. 그렇기 때문에 어른인 마냥 행동하고 싶었다. 그리고 실제로도 그렇게 행동했다.

내 강의를 듣는 수강생 가운데 또 다른 아빠인 K. T. 더치만은 세 살배기 딸이 아침밥을 먹지 않는 문제로 고민하고 있었다. 그는 남들이 하는 대로 야단도 쳐 보고 애원도 해 보았다. 살살 달래 보기도 했지만 아무 효과가 없었다. 그래서 아이의 부모는 이렇게 생각해 보았다. '어떻게 해야 아이가 아침밥을 먹고 싶다고 생각하게 할 수 있을까?'

아이는 엄마 흉내를 내서 자신이 어른이 된 마냥 느끼는 것을 즐거워했다. 그래서 어느 날 아침, 엄마는 아이를 부엌으로 데리고 가 아침에 먹을 음식을 직접 만들어 보게 했다. 아이의 기분이 최고조에 이른 순간, 아빠가 부엌에 나타났다. 아이는 아침 식사를 준비하다가 아빠를 보고는 "앗, 아빠! 이것 좀 보세요. 제가 우리 가족이 먹을 아침 식사를 직접 만들고 있어요."라고 말했다.

신기한 일이 벌어졌다. 아이는 먹으라고 말하지 않았는데도 그날 아침 자신의 손으로 직접 만든 시리얼을 무려 두 그릇이나 먹어 치웠다. 아침 식사에 흥미를 느꼈기 때문이다. 아이는 자신이 인정받았다고 느꼈다. 아침 식사를 준비하는 데서 자신의 존재 가치를 표현할 수 있는 방법을 찾았던 것이다.

윌리엄 윈터는 이렇게 말했다. "자기를 표현하고자 하는 욕구는 인간의 본성에 중요한 필수 요소다." 이와 같은 심리를 사업에 활용하면 안 되는 이유가 있을까? 정말로 멋지고 훌륭한 아이디어가 떠올랐을 때, 내가 생각해 낸 것이라고 하지 말자. 다른 사람이 그 아이디어를 마음대로 변형해 볼 수 있도록 권한을 주는 것은 어떤가? 그럴 경우 그는 자신이 그 아이디어를 낸 기획자라고 생각할 것이고, 그 결과 그 아이디어를 좋아하게 되는 것은 물론이거니와 나아가서는 그것을 자신의 것으로 삼켜 버릴지도 모를 일이다.

반드시 기억하자. "우선은 상대방의 가슴속에 강한 욕구를 불러일으켜라. 이렇게 할 수 있는 사람이라면 세상을 얻을 것이다. 그렇지 않은 사람이라면 홀로 외로운 길을 갈 수밖에 없다!"

사람을 대하는 기본 원칙 3

상대방에게 열렬한 욕구를 불러일으켜라.

Arouse in the other person an eager want.

사람을 대하는 기본 원칙

****

1 사람들을 비판하고 비난하고 불평하지 말라.

2 솔직하고 진실한 마음으로 칭찬하라.

3 상대방에게 열렬한 욕구를 불러일으켜라.

PART 2

사람의 호감을 사는 6가지 방법

Six Ways To Make People Like You

관심을 끌고 싶다면
먼저 관심을 가지면 된다.
To be interesting, be interested.

1

당신도 어디서나 환영받을 수 있다

Do This and You'll Be Welcome Anywhere

혹시 지금 이 책을 읽고 있는 이유가 친구를 사귀는 방법을 알기 위해서인가? 그렇다면 도대체 '그'는 어떻게 친구를 잘 사귀는 기술을 습득하게 되었는지를 여러분은 왜 연구하지 않고 있는가? 그는 누구일까? 여러분은 지금이라도 길을 걷다 그를 만나게 될 수도 있다. 그와 어느 정도 거리가 가까워지면, 그는 꼬리를 살랑살랑 흔들기 시작할 것이다. 여러분이 멈추어 서서 등을 두드려 주기라도 한다면, 그는 자신이 여러분을 얼마나 좋아하는지 알려 주기 위해 기뻐 날뛸지도 모른다. 여러분은 알고 있다. 그가 보이는 이러한 애정 표현 뒤에는 그 어떤 거짓이나 속셈이 없다는 것을 말이다. 그는 여러분에게 부동산을 팔려고 애쓰는 것도 아니고, 결혼하자고 수작을 부리는 것은 더더욱 아니다.

여러분은 혹시 이런 생각을 해 본 적이 있는가? 먹고살기 위해 일하지 않아도 되는 동물이 오직 개뿐이라는 것을 말이다. 암탉은 알을 낳아야 한다. 젖소는 우유를 만들어야 한다. 카나리아는 노래를 불러야 한다. 그렇지만 개는 사람들에게 사랑을 주는 것만으로 먹고산다. 단지 그것뿐이다.

내가 다섯 살이었을 때다. 아버지는 50센트를 지불하고 노란빛의 털북숭이 강아지를 한 마리 사 왔다. 어린 시절 나에게 그 강아지는 빛이었고 즐거움이었다. 매일 오후 4시 30분이 되면 강아지는 앞마당에 나와서는 예쁘장한 눈으로 거리를 바라보다가 내 목소리가 들리거나 혹은 나무 사이로 도시락 가방을 흔들며 오는 내 모습이 눈에 들어오기만 하면 너무나 기뻐하며 멍멍 짖곤 했다. 마치 총알처럼 단숨에 언덕 위로 달려와서 나를 반기며 펄쩍펄쩍 뛰는 것이었다.

티피는 5년 동안 내 친한 짝꿍이었다. 그러던 어느 날 밤, 영원히 잊지 못할 그날 밤에 티피는 내 주위에서 놀다가 벼락을 맞아 갑자기 목숨을 잃었다. 티피의 그 끔찍한 죽음은 내가 유년 시절에 겪은 최고의 비극이라 해도 과언은 아니었다.

'티피야, 너는 심리학에 관한 책은 본 적도 없지. 그래, 그럴 필요가 없었어. 너는 알고 있었어. 타고난 본능으로 알았던 거겠지. 다른 사람에게 진심으로 관심을 가진다면, 다른 사람에게 관심을 받으려고 애쓰는 사람들이 2년 동안 사귈 수 있는 사람보다 훨씬 더 많은 사람을 두 달 안에도 사귈 수 있다는 걸 너는 알고 있었던 거야.'

하지만 나와 여러분은 다른 사람들의 관심을 끌려고 이런저런 노력은 다 하면서도 실수를 반복하는 사람들이 있다는 사실 또한 알고 있다.

그렇다. 물론 그런 방법은 전혀 통하지 않는다. 다른 사람들은 여러분이든 나든 전혀 관심을 두지 않는다. 그들은 아침이든 점심이든 저녁이든 그 언제든 오로지 자기 자신에게만 관심이 있다. 자기 자신에게만.

뉴욕 전화 회사에서 재미있는 연구를 했다. 전화 통화에서 가장 빈번하게 사용되는 단어가 무엇일지 찾아보았더니, 우리의 생각대로 그 단어는 바로 1인칭 대명사 '나'였다. 나, 나, 나, 라는 말은 500번의 통화에서 무려 3,990번이나 사용되었다. 나, 나, 나, 나, 나.

이렇게 질문해 보고 싶다. 여러분은 당신이 같이 나와 있는 단체 사진을 볼 때 가장 먼저 누구의 얼굴을 찾아보는가? 만약에 다른 사람이 여러분에게 관심을 두고 있다고 생각해 본다면, 다음 질문에 답해 보라. 오늘 밤 여러분이 세상을 떠난다면, 당신의 장례식장에는 몇 명이나 조문하러 올 것 같은가?

당신이 먼저 다른 사람에게 관심을 두지 않는 상황에서 도대체 왜 그 사람이 당신에게 관심을 가져야 한다고 생각하는가? 곰곰이 생각해 보고 괄호 안에 여러분의 생각을 적어 보라.

(   )

만약 나에게 관심을 두게 하기 위해서 다른 사람에게 어떻게 하면 깊은 인상을 남길 수 있을지를 고민하고 있다면, 단언컨대 여러분은 절대로 진정한 친구를 사귈 수 없다. 친구는, 진정한 친구는 그런 방식을 통해 사귈 수 없다.

우리가 잘 아는 나폴레옹이 그러려고 했다. 그는 조세핀을 마지막으로 만난 자리에서 다음과 같이 말했다. "조세핀, 이 세상 그 누구보다 운이 좋은 사람이 바로 나였소. 하지만 지금 이 순간 내가 믿을 수 있는 사람은 오로지 조세핀 당신뿐이오." 하지만 역사가들은 나폴레옹이 정말로 조세핀이라도 믿을 수 있었는지에 대해 물음표를 가지기 시작했다.

빈 출신의 권위 있는 심리학자 알프레드 아들러는 저서 『당신 인생의 의미는 무엇인가』에서 말했다. "인생에서 가장 큰 고난을 겪는 사람들은 다른 사람에게 관심을 가지지 않는 사람들이며, 그들이 바로 다른 사람에게 가장 커다란 상처를 남긴다. 인간이 겪는 실패는 모두 이런 유형의 사람들 때문에 발생한다."

심리학을 다룬 현학적인 책들을 수십 권 읽는다 하더라도 이만큼 의미 있는 구절을 찾는 것은 무척 어려울 것이다. 적어도 나에게는 그렇다. 내가 반복을 좋아하지는 않지만, 아들러의 말은 다양한 의미를 풍부하게 담고 있기에 다시 한번 특별히 강조해 두고자 한다.

"인생에서 가장 큰 고난을 겪는 사람들은 다른 사람에게 관심을 가지지 않는 사람들이며, 그들이 바로 다른 사람에게 가장 커다란 상처를 남긴다. 인간이 겪는 실패는 모두 이런 유형의 사람들 때문에 발생한다."

예전에 뉴욕대에서 단편 소설 창작에 관한 강의를 들었던 적이 있는데, 초청 강사로 〈콜리어스〉 편집장이 왔었다. 그의 책상에는 수십 편의 소설이 매일 굴러다니고 있는데, 그는 그중에 어떤 것이든 집어 들고는 처음 몇 구절만 읽어 보면 작가가 사람들에게 애정을 가지고 있는지 아닌지를 알 수 있다고 말했다. 그러고 나서는 이렇게 덧붙였다. "작가가 사람들에게 애정을 가지고 있지 않으면, 사람들도 마찬가지로 그 사람의 작품에 애정을 주지 않습니다."

이 무미건조해 보이는 편집장은 소설 작법에 관한 강의를 진행하다가 중간에 두 번이나 중단하고는 "너무 설교하는 것처럼 이야기해서 죄송합니다."라고 말하면서 이렇게 덧붙였다. "제가 지금 여러분께 전하고 있는 이야기는, 설교 시간에 듣는 이야기와 하나도 다를 바가 없습니다. 하지만 잊지 마십시오. 소설 작가로서 성공 궤도에 오르고 싶다면, 사람들에게 반드시 관심을 가져야 합니다."

소설을 쓸 때 이 말이 필요한 것이라면, 얼굴을 맞대고 만나는 사람들을 다루는 것은 적어도 3배는 더 맞는 말일 것이다.

브로드웨이에서 열리는 하워드 서스턴의 공연 마지막 날 밤, 나는 그의 분장실에서 시간을 보냈다. 서스턴은 누구나 인정하는 마술계의 대가다. 또 무엇보다 손을 사용한 마술에 있어서는 타의 추종을 불허하는 마술사다. 그는 지난 40년 동안 몇 번이나 지구 전역을 바쁘게 누비며 관객을 매혹시켰고, 숨이 멎을 것 같은 충격을 주는 장면을 선보였다. 유료로 진행되는 그의 공연을 보러 온 누적 관객 수만 해도 6,000만 명을 훌쩍 뛰어넘었다. 공연 수익만 해도 거의 200만 달러에 달한다.

"성공의 비밀은 도대체 무엇인가요?" 나는 서스턴에게 물어보았다. 그가 대답하기로는 확실히 학교 교육은 성공의 비밀과는 아무런 상관이 없었다. 그는 어린 시절에 가출해서 거리를 떠돌아다녔다. 건초 더미에서 잠을 자려고 화차에 몰래 숨기도 했고, 이 집 저 집을 전전하며 끼니를 해결했다. 글자는 철길을 따라 서 있는 기차역의 표지판을 보면서 간신히 읽는 방법을 터득했을 뿐이다.

그는 마술에 대한 뛰어난 지식을 가지고 있었을까? 물론 그렇지도 않다. 그는 나에게 손 마술을 설명하는 책만 해도 이미 수백 권이 시중에 나와 있고, 자기만큼 손 마술을 잘 아는 사람은 적어도 10여 명은 될 것이라고 말했다. 하지만 그에게는 다른 점이 있었다. 그는 다른 사람이 가지지 못한 두 가지 자질을 소유하고 있었다. 첫째, 그는 무대에서 자신의 개성을 마음껏 펼칠 수 있는 능력을 가지고 있었다. 한마디로 그는 쇼의 거장이었다. 둘째, 그는 인간의 본성이 무엇인지 잘 알고 있었다. 동작과 억양, 심지어는 눈썹의 움직임 하나하나까지 그가 하는 것들은 사전에 치밀하게 연습하고 준비한 것들이었다. 그의 움직임들은 몇 분의 1까지 구체적으로 계획된 것이었다.

여기서 끝이 아니었다. 서스턴은 사람들에게 진정한 관심을 두고 있는 마술사였다. 서스턴의 말을 빌리자면, 많은 마술사가 관객을 보면서 대부분 이렇게 생각한다고 한다. '좋아. 오늘 온 사람들도 대부분 얼뜨기 아니면 촌뜨기들이군. 이런 녀석들 속이는 거야 일도 아니지.' 하지만 서스턴은 이들과는 다르게 생각하는 사람이었다. 그는 무대에 설 때마다 속으로 이렇게 다짐한다고 이야기해 주었다. '내 공연을 보기 위해 여기까지 시간을 내어 와 주다니, 이분들은 정말로 고마운 분들이다. 그래, 이분들이 있어서 내가 이렇게 편안한 삶을 누릴 수 있는 것이다. 그러니 이분들에게 내가 할 수 있는 최고의 마술 쇼를 보여 드리겠다.'

그는 조명 앞으로 나아가기 전에 속으로 이렇게 몇 번이나 거듭해 되뇐다고 한다. '나는 관객을 사랑한다. 나는 관객을 사랑한다.' 좀 우스워 보이는가? 이상하다고 생각되는가? 어떻게 생각하든 좋다. 아무 상관이 없다. 나는 그저 역대 최고로 이름을 날렸던 마술사가 사용하던 방법을 아무 부연 설명 없이 여러분에게 이야기하고 있을 뿐이다.

슈만 하이크 부인도 이와 비슷한 이야기를 전해 주었다. 배고픔과 슬픔으로 가득했던 인생, 아이들과 함께 자살을 시도하려고 했을 정도로 괴롭고 참혹했던 비극적 인생. 그녀는 이 모든 고난 속에서도 노래하기를 멈추지 않았고, 마침내 청중에게 최고의 감동을 선사하는 가수가 되었다. 사람들에게 깊은 관심을 가지고 있었다는 것, 그것이 바로 그녀도 이야기했던 자신의 '성공 비결'이었다.

그것은 시어도어 루스벨트 대통령이 엄청난 인기를 누린 비결이기도 하다. 하인에게는 존경할 만한 위인이 없다고들 하는데, 그는 하인들조차 그에게 애정을 가지고 있었다. 그의 하인이었던 제임스 E. 아모스는 『시종의 영웅인 루스벨트 대통령』에서 한 편의 감동적인 일화를 소개했다.

언젠가 아내가 대통령께 메추라기에 대해 여쭈어 보았다. 아내는 메추라기를 본 적이 단 한 번도 없었기 때문에 대통령께서는 매우 자세하게 설명해 주셨다. 얼마 후, 우리가 사는 오두막으로 전화가 걸려 왔다(아모스와 그의 아내는 오이스터 만에 있는 대통령 관저 내 작은 집에 살고 있었다). 아내가 받아 보니, 대통령께서 직접 건 전화였다. 대통령께서는, 지금 우리가 살고 있는 집 바깥에 메추라기가 있으니 혹시라도 메추라기를 직접 보고 싶으면 창밖을 보면 된다고 말씀하셨다. 그렇다. 대통령께서는 이렇게 자상하고 섬세하게 우리를 챙겨 주시는 분이셨다. 대통령께서는 우리 집 부근을 지나가실 때면 우리가 보이지 않더라도 이렇게 친근하고 상냥하게 우리를 불러 주곤 하셨다. "어이, 애니! 제임스!"

생각해 보자. 고용인들이 어떻게 이런 사람을 싫어할 수 있겠는가? 이런 사람을 나쁘게 여길 사람이 과연 어디에 있겠는가?

어느 날, 루스벨트는 백악관에 들렀다. 마침 대통령 내외는 부재중이었다. 그는 예전에 자기를 모셨던 하인들 한 사람 한 사람의 이름을 불러가며 반갑게 인사했다. 그중에는 부엌에서 식기를 닦는 하녀도 있었다. 이러한 행동은 루스벨트가 평범한 사람들에게 보인 애정이 얼마나 진실하고 아름다운지를 여실히 보여 준다. 아치 버트는 이때의 일을 다음과 같이 기록했다.

부엌에서 일하고 있던 하녀 앨리스를 본 루스벨트는 "아직도 옥수수빵을 만드는가?"라고 물었다. 앨리스는 "아직도 빵을 만들기는 합니다만, 먹는 사람은 시종들뿐 다른 분들은 입에 대지 않습니다."라고 대답했다. 그 대답을 들은 루스벨트가 큰 소리로 이렇게 말했다. "아이고, 그 사람들 맛있는 빵이라는 게 뭔지 도무지 모르는 사람들이군그래. 대통령을 만나면 내가 그렇게 이야기하겠네." 루스벨트가 사무실로 가려고 할 때 앨리스가 급히 빵 한 조각을 쟁반에 담아 가져왔다. 루스벨트는 빵을 먹으며 사무실로 갔다. 가는 길에 만난 정원사와 일꾼들에게도 살갑게 인사를 건네는 건 마찬가지였다.

루스벨트는 사람들에게 이전에 하던 것과 조금도 다르지 않게 말하고 행동했다. 그들은 아직도 그 일을 잊지 않고 종종 이야기한다. 아이크 후버는 올먹거리면서 이렇게 말했다. "최근 2년 동안 유일하게 행복했던 날이 바로 그날이었습니다. 일확천금을 얻는다 해도 절대 그날과 바꿀 수는 없을 것입니다."

찰스 W. 엘리엇 박사 역시 다른 사람의 문제에 깊이 관심을 가져서 인류 역사상 가장 성공한 대학 총장이 될 수 있었다. 엘리엇 박사는 1869년부터 1909년까지 하버드 대학에서 총장을 역임했다. 엘리엇 박사가 사용하던 방식을 알 수 있는 사례를 살펴보자. 하루는 L. R. G. 크랜던이라는 신입생이 총장실로 찾아와서 학자금 50달러를 대출받으려 한다고 말했다. 대출은 처리되었다.

"저는 진심으로 감사하다는 말씀을 드리고 자리에서 일어나려 했습니다. 바로 그때였습니다. '잠깐 앉아 보게.' 하고 총장님이 저를 부르시더군요. 그러시고는 놀랍게도 이런 말씀을 해 주셨습니다. '듣기로는 자네 혼자 자취하고 있다고 하던데, 음식을 제시간에 잘 챙겨 먹기만 하면 그것도 그리 나쁘지는 않아. 대학 다닐 때 나 역시도 자취를 했었네. 자네 혹시 쇠고기를 요리해서 먹어 본 적 있는가? 잘 숙성된 쇠고기를 사다가 요리만 제대로 해서 먹는다면, 그거야말로 자네에게 최고의 음식이 될 것이네. 버릴 게 정말이지 하나도 없거든. 내가 예전에 해 먹던 요리법을 알려 주도록 하지.' 그러시더니 총장님은 쇠고기를 잘 골라야 한다, 젤리가 될 만큼 국물을 조리면서 천천히 요리해야 한다, 잘게 자르고 싶다면 이렇게 하면 된다, 누를 때는 냄비 안에 작은 냄비를 넣고 눌러라, 식혀서 먹어라 같은 이야기를 해 주셨습니다."

나는 개인적인 경험을 통해 세상에서 가장 바쁜 사람이라고 해도 진정으로 그 사람에게 관심을 보이면, 그 사람으로부터 관심과 시간, 협력을 이끌어 낼 수 있다는 사실을 분명히 깨달았다. 지금부터 그 경험에 관해 이야기해 보겠다.

몇 해 전, 나는 브루클린 예술과학재단에서 소설 작법에 관한 강의를 열었다. 나와 학생들은 작가들의 경험에서 어떤 교훈을 찾고자 캐서린 노리스, 페니 허스트, 아이다 타벨, 앨버트 페이슨 터훈, 루퍼트 휴스 등 당대 최고의 작가들을 브루클린으로 초대하기로 했다. 그래서 우리는 작가들에게 정성을 담아 편지를 보냈다. 당신의 작품을 좋아하는 우리는, 당신이 들려주는 충고를 듣고 성공의 비결이 무엇인지를 알고 싶으니 꼭 함께해 달라는 내용이 담긴 편지였다.

작가들에게 보낸 편지에는 150명의 학생 모두가 빠짐없이 서명했다. 또한 당신이 워낙 바쁘기 때문에 강의 준비에 시간을 할애하기 힘들다는 것을 잘 알고 있고, 그런 연유로 당신과 당신의 창작 방식에 관한 설문지를 동봉했으니 꼭 답변해 주기를 바란다고 적었다. 그들은 이 부분을 매우 흡족해했다. 생각해 보라. 누가 이렇게 보낸 편지를 싫어할 수 있겠는가? 결국 그들은 시간을 내어 브루클린으로 왔고, 성실하게 강의를 진행해 주었다.

대중 연설에 관한 강의 시간에도 동일한 방법을 사용했다. 우리는 루스벨트 대통령 정부 때 재무장관을 역임한 레슬리 M. 쇼, 태프트 대통령 시절 법무장관직을 수행했던 조지 W. 위커샴, 윌리엄 제닝스 브라이언, 프랭클린 D. 루스벨트 등 유명 인사들에게 강의를 부탁했다.

사람들은 어떤 사람을 좋아하는가? 사람들은 정육점에서 일하든 빵집에서 일하든, 혹은 왕좌를 차지하고 있든 상관없이 누구든 자신을 존경해 주는 사람을 좋아하게 마련이다. 독일 황제 빌헬름의 사례를 보자. 제1차 세계 대전이 끝날 무렵, 그는 이 세상 그 누구보다 많은 경멸을 받았다고 해도 과언은 아니었을 것이다. 그는 목숨을 잃지 않으려고 네덜란드로 망명했는데, 그 결과 국민들까지도 그에게 등을 돌렸다. 얼마나 심했는지 모른다. 사람들은 증오심이 타오를 때로 타올라서 그를 참형에 처하거나 뜨거운 불에 태워 죽이고 싶어 할 정도였다. 온 세상이 빌헬름을 향한 분노로 들끓는 가운데 어떤 소년이 그에게 친근함과 존경심이 담긴, 짧지만 정성 가득한 편지를 써서 보냈다. 소년은 다른 사람들이 황제에 대해 안 좋은 말을 한다고 해도 자신의 마음은 변하지 않는다고, 자신은 언제나 당신을 황제로 여기고 사랑하겠다고 이야기했다. 황제는 소년의 편지에 깊이 감동받았고, 소년을 자신의 집으로 초대했다. 소년은 어머니와 함께 황제를 영접했는데, 그 이후 황제는 소년의 어머니와 혼인했다. 소년은 친구를 사귀는 법, 사람들의 마음을 얻는 법에 관한 책을 읽지 않아도 되었다. 그것을 본능적으로 알고 있었기 때문이다.

만약 친구를 사귀고 싶다면 다른 사람을 위해 무언가 해 주려는 노력을 해야만 한다. 그러기 위해서는 시간과 노력, 이타심과 신중함 등이 필요하다. 영국의 왕세자였던 윈저 공은 남미 순방을 계획하면서 상대방의 언어로 의사소통하기 위해 몇 달 전부터 스페인어를 공부했다. 남미 사람들은 윈저 공의 노력에 감동받아서 당연히 그를 좋아하게 되었다.

나는 친구들의 생일을 알아내려고 몇 년 동안이나 열심히 공을 들였다. 내가 어떻게 했을 것 같은가? 점성학에 대해서는 아무것도 알지 못하지만, 일단 상대방에게 질문을 던진다. 생일이 성격이나 기질과 관련 있다는 것을 믿는지에 대해서 말이다. 그러고 나서 상대방에게 자신이 태어난 날을 알려 달라고 이야기한다. 상대방의 생일이 11월 24일이라고 하면, 그때부터 나는 속으로 '11월 24일, 11월 24일' 이렇게 반복해서 되뇐다. 그러고 나서 나는 상대방이 자리를 잠시 비운 틈을 타서 수

첩을 꺼내 이름과 생일을 기록해 놓고, 나중에 생일 기록장에 옮겨 적는다. 매년 초가 되면 사람들의 생일을 달력에 표시하기 때문에 그들의 생일이 도래하게 되면 자동적으로 알 수밖에 없게 된다. 생일이 다가오고, 상대방은 나에게 축하 편지를 받는다. 효과 만점이지 않겠는가? 세상에서 자신의 생일을 기억하고 축하해 주는 사람이 나만 있는 경우가 흔하지 않으니 말이다.

자, 친구를 사귀고 싶다면 이렇게 하라. 활기가 넘치는 태도와 적극적인 태도로 사람들을 환영하라. 전화를 받는 경우에도 이 방법은 동일하게 적용된다. "여보세요." 한마디에 드러나야 한다. 상대방의 전화를 받게 되어 당신이 얼마만큼 기뻐하는지가 말이다. 뉴욕 전화 회사는 교환원들이 "번호를 말씀해 주시겠어요?"라는 말을 할 때 "안녕하세요? 연락해 주셔서 감사합니다."라는 어감을 고객에게 전달할 수 있게 하는 훈련 과정을 열고 반드시 이수하게끔 하고 있다. 우리도 앞으로 전화를 받을 때 그렇게 하려고 힘써 보자. 이런 원리가 사업에도 적용될 수 있을지 궁금할 것이다. 셀 수도 없을 만큼 다양한 사례를 들 수 있지만, 지면의 한계가 있으니 다음 두 가지 사례만 들어 보기로 하겠다.

뉴욕에 있는 대형 은행에서 근무하는 찰스 R. 월터스에게 중요한 임무가 떨어졌다. 그 임무는 어떤 회사에 대한 비밀 보고서를 작성하라는 것이었다. 그는 당시 긴급하게 필요한 정보를 가지고 있는 사람은 단 한 명뿐이라고 알고 있었다. 월터스는 제조업을 경영하는 대기업의 사장인 그 사람을 찾아갔다. 월터스가 사장실로 들어가려는 찰나, 비서가 문틈으로 머리를 들이밀더니 "오늘은 가져다드릴 우표가 없습니다."라고 보고했다.

"제 아들 녀석이 올해 열두 살인데, 아들을 위해 우표를 수집하고 있어요." 사장이 월터스에게 이야기했다.

월터스는 방문 목적을 이야기하고는 몇 가지 질문을 던졌다. 하지만 질문에 대한 사장의 답변은 모호할 뿐만 아니라 구체적인 내용도 하나 없고 두루뭉술하기만 했다. 사장은 질문에 답변해 줄 마음이 조금도 없었고, 대답을 이끌어 낼 만한 묘수도 딱히 없어 보였다. 그렇게 아무것도 얻지 못한 채 면담은 짧게 끝났다.

그날이 지나고 열린 카네기 강좌에서 그는 다음과 같이 이야기했다.

"사실 어떻게 하면 좋을지 많이 고민했고 막막했습니다. 그런데 그때 떠오른 말이 있었어요. 비서가 한 말이었습니다. 우표, 열두 살 난 아들, 그리고 우리 은행 외환 파트에서 우표를 수집한다는 사실이 문득 떠올랐습니다. 전 세계 각국에서 날아오는 편지에 붙어 있는 우표들이죠.

그다음 날 오후, 그 사람을 다시 찾아갔습니다. 아드님께 드릴 우표를 조금 챙겨 왔다는 메모를 남겼습니다. 곧장 면담이 이루어졌는지 궁금하다고요? 두말하면 잔소리죠. 그는 국회 의원 선거에 출마하는 사람보다 훨씬 더 열렬하게 내 손을 잡고는 위아래로 흔들어 댔습니다. 얼굴에는 웃음기가 가득했고, 무엇이든 다 해 줄 것처럼 이야기하더군요. 그는 내가 가져온 우표를 마치 보물 다루듯 조심히 들여다보면서 이렇게 말했습니다. '우리 아들이 무척이나 좋아하겠어. 이것 좀 봐, 이건 정말 엄청난 보물이야.'

우표 이야기도 하고 그의 아들 사진도 보다 보니 30분이 훌쩍 지나갔습니다. 그런 다음 그는 한 시간 이상을 할애해 내가 필요한 정보를 하나도 빠뜨리지 않고 자세하게 이야기해 주었습니다. 그렇게 해 달라고 부탁한 것도 아닌 상황에서 말입니다. 그는 자신이 알려 줄 수 있는 것을 모두 이야기해 주고는 부하 직원을 불러서 물어보기도 했습니다. 자신의 동료들에게 연락해서 질문하기도 했고요. 그는 나에게 여러 사실들, 숫자, 보고서, 공문 등 도움이 될 만한 정보들을 한가득 안겨 주었습니다. 언론에서 사용하는 용어로 말한다면, 한마디로 특종을 잡은 것이나 다름없었죠."

자, 이제 또 다른 사례도 살펴보자.

필라델피아에 거주하는 C. M. 크나플 주니어라는 사람이 있었다. 그는 몇 년 동안 대형 체인점에 연료를 공급하기 위해 부단히 애썼다. 그가 기대한 것과는 달리 그 체인점은 다른 지역의 공급업자로부터 연료를 계속 구입했고, 연료 트럭들은 대놓고 그의 사무실 앞을 지나다녔다. 카네기 강좌에 다니던 그는 어느 날 밤, 수강생들 앞에 서서 체인점에 대한 온갖 악담과 비난의 말들을 쏟아 냈다. 체인점은 국가적인 재앙이라고 재단하며 자신이 할 수 있는 모든 부정의 말을 사람들에게 외쳤다. 하지만 여전히 풀리지 않는 의문이 있었다. 바로 자신이 왜 연료를 공급하지 못하는지에 대한 것이었다.

이 이야기를 들은 나는 그에게 다른 전략을 취해 볼 것을 권유했다. 압축해서 이야기하자면 이와 같다. 나는 강좌 수강생들을 두 부류로 나누어 '체인점의 확장은 국가적으로 이익을 가져오기보다는 손실을 더 가져온다'는 주제로 찬반 토론을 진행하게 했다. 나는 크나플에게 이 주제에 반대하는 노선에서 토론할 것을 제안했다. 체인점을 옹호하는 입장을 취하는 데에 동의한 크나플은 자신이 그토록 악담을 퍼붓던 체인점의 임원을 찾아가 다음과 같이 이야기했다. "오늘 온 건 연료를 구매해 달라는 말을 하기 위함이 아닙니다. 부탁드릴 일이 있어서 온 것입니다." 그렇게 말하고는 토론에 관해 설명한 후에 "내가 알고 싶은 사실에 대해 당신보다 잘 알고 있는 사람은 한 명도 없다고 생각하기 때문에 도움을 요청하러 이곳에 왔습니다. 이번 토론에서 기필코 이겨 보고 싶습니다. 아주 작은 도움이라도 좋습니다. 도와주신다면 정말로 감사하겠습니다."라고 이야기했다.

그 이후에 일어난 일에 대해서는 크나플이 직접 한 이야기를 들어 보도록 하자.

"나는 그에게 1분만 시간을 내 달라고 부탁했습니다. 그가 나를 만나 준 것도 1분이라는 조건 때문에 가능했습니다. 상황을 설명하니 그는 나를 자리에 앉게 하고는 정확히 1시간 47분 동안 쉬지 않고 이야기하더군요. 그는 체인점에 관한 책을 집필한 다른 임원을 불렀습니다. 또한 동일한 주제로 벌였던 토론에 대한 자료를 얻을 수 있도록 전국체인점 협회에 공문을 보내 주기도 했습니다. 그는 체인점이 사람들에게 진정한 봉사를 하고 있다고 믿어 의심치 않았고, 자신이 하는 일이 수백 개가 넘는 공동체에 얼마나 많은 기여를 하는지 생각하면 자부심이 느껴진다고 말했습니다. 그는 이야기하는 동안 계속 눈이 반짝거렸습니다. 그로 말미암아 나는 그동안 꿈도 꾸지 못하던 것들을 바라볼 수 있는 눈을 가지게 되었다고 고백할 수밖에 없었습니다. 그렇습니다. 그는 나의 정신과 태도를 송두리째 바꾸어 놓았습니다.

나는 대화를 끝내고 자리에서 일어섰습니다. 그는 문까지 나를 배웅하며 내 어깨에 손을 올리고는 토론을 잘하기를 바라고, 나중에 다시 한번 이곳에 들러서 토론 결과를 알려 달라고 하더군요. 그러고는 이렇게 덧붙였습니다. '봄이 되면 한번 들러 주세요. 연료를 구매하게 될 수도 있으니까요.'

뭐랄까요, 기적이 일어난 것 같았습니다. 요청하지도 않았는데 그가 연료를 구매하겠다고 먼저 이야기를 꺼낸 겁니다. 그와 그의 문제에 관심을 기울였던 두 시간이 만들어 낸 것입니다. 나와 연료에 대해 그의 관심을 사려고 했던 10년보다 더 나은 결과를요.

당신이 새로운 진리를 발견한 것이 아닙니다. 아주 오래전에, 예수가 이 땅에 태어나기 100여 년 전에 로마의 유명한 시인이었던 푸블릴리

우스 시루스가 이렇게 말했습니다. '우리는 우리에게 관심을 가지는 사람들에게 관심을 가진다.'라고요."

사람들로부터 호감을 사고 싶은가? 그렇다면 다음 방법을 똑같이 따라 해 보라!

사람의 호감을 사는 방법 1
상대방에게 진정한 관심을 가져라.
Become genuinely interested in other people.

호감이 많이 가는 성격을 가지고 싶다면, 그리고 인간관계에서 월등히 뛰어나고 싶다면, 그런 기술이 필요하다면, 헨리 링크 박사가 쓴 『종교에의 귀의』라는 책을 읽어 보기를 추천한다. 제목을 보고 선입견에 빠지지 말라. 이 책은 착한 사람이 되기를 종용하는 단순 종교 서적이 아니다. 저명한 심리학자인 이 책의 저자 링크 박사가 사람들의 성격 문제에 관해 상담을 진행한 사람만 해도 무려 3,000명이 넘는다. 링크 박사는 자신의 책 제목을 '성격 개선의 방법'이라고 하는 것이 나았을 것이라고도 말했다. 책에서 다루고 있는 주제가 바로 그것이기 때문이다. 이 책은 매우 흥미로우면서 독자에게 깨우침을 주는 내용으로 가득하다. 이 책을 읽고 그 제안대로 실천한다면, 당신이 사람을 대하는 기술은 틀림없이 더 나아질 것이다.

2

좋은 인상을 주는 방법, 의외로 간단하다
A Simple Way to Make a Good Impression

최근에 뉴욕에서 어떤 저녁 모임에 참석할 기회가 있었다. 손님 가운데 꽤나 많은 재산을 상속받은 여자가 한 명 있었다. 그녀는 모든 사람에게 좋은 인상을 남기려고 부단히 애쓰고 있었다. 그리고 검은 모피 코트와 다이아몬드, 진주 등의 장신구로 온몸을 두르고 있었다. 하지만 얼굴에는 전혀 신경을 쓰지 않은 것처럼 보였다. 화려한 옷차림에 비해 얼굴은 심술과 이기심으로 뒤덮여 있었다. 그녀는 다른 사람들이 모두 아는 사실, 즉 여인의 표정이 몸에 걸치고 있는 옷이나 장신구보다 몇 배는 더 중요하다는 점을 알지 못하는 것 같았다.

찰스 슈워브는 나에게 자신의 미소는 100만 불짜리라고 말했다. 믿기 어렵겠지만, 그것은 사실이었다. 그가 그렇게 엄청난 성공을 이룰 수 있었던 것은 오로지 그의 인격과 매력, 자신을 좋아하게 만드는 능력에 있었기 때문이다. 그리고 그가 가진 개성 가운데서도 매혹적인 미소는 가장 매력이 넘쳤다.

언젠가 유명 가수이자 배우인 모리스 슈발리에와 시간을 보낸 적이 있었다. 사실 처음에는 적잖이 실망한 게 사실이었다. 그는 무뚝뚝한 데다가 말수도 적어서 내가 기대한 바와는 달라도 너무 달랐기 때문이다. 하지만 그가 미소를 지어 보이고 나서 모든 것이 달라졌다. 뭐랄까, 마치 구름이 걷히고 그 사이로 햇살이 비치는 것 같았다. 나는 이 미소 덕분에 모리스 슈발리에가 아버지와 형제들과는 달리 가구를 만드는 신세를 면할 수 있었다고 생각한다.

행동은 때로는 말보다 더 많은 것을 전해 준다. 그중에서도 미소는 다음과 같은 의미를 전달한다. '나는 당신을 좋아한다. 당신은 나를 행복하게 하는 사람이다. 당신을 만나게 되어 정말 기쁘다.'

바로 이것이 개들이 그렇게 사랑을 받는 이유다. 개들은 우리를 보면 이리 뛰고 저리 뛰면서 자신의 반가움을 표현한다. 그러니 우리 역시 개들을 보면 반가운 마음이 드는 것은 너무나 자연스러운 일이다.

거짓 웃음으로는 아무것도 할 수 없다. 거짓 웃음에 넘어갈 사람은 결코 없다. 그 이유는 무엇인가? 우리는 그것이 기계적이라는 것을 알고 있다. 그렇기 때문에 조금도 반갑게 느껴지지 않는다. 지금 내가 이야기하는 미소는 진짜 미소다. 마음을 따뜻하게 데워 주는 미소다. 마음속에서 진정으로 우러나오는 미소다. 순도가 높고 순정하기 그지없는 미소다.

뉴욕의 대형 백화점에서 인사 업무를 담당하는 사람은 나에게 이렇게 말했다. "나는 무뚝뚝한 표정을 짓는 철학 박사보다는 아름다운 미소를 짓는 중졸 학력의 판매직 사원을 동료로 맞이할 것이다."

미국 유수 고무 제조 기업의 회장은 언젠가 그동안 자신이 계속 관찰해 온 경험담을 나에게 말했다. 그가 한 말에 따르면, 성공하지 못하는 사람은 자신이 하는 일에 재미를 느끼지 못하는 사람이라고 한다. 이 산업계 지도자는 우리가 잘 알고 있는 오래된 격언, 즉 열심히 일하는 것만이 우리가 가진 욕망의 문을 여는 열쇠가 된다는 것을 그다지 좋아하지 않는 듯했다. 그는 이렇게 말했다. "나는 마치 파도를 타는 것처럼 사업을 신나게 즐겨서 성공 가도를 달린 몇 사람을 알고 있네. 나중에 보니 그 사람들 역시 '일'을 대할 때 직업적으로 시작하더군. 권태를 느낀 것이지. 사업에 재미를 느끼지 못하니 그대로 무너지고 말더군."

다른 사람들이 여러분을 만났을 때 좋은 시간을 보내기를 원하는가? 그렇다면 이렇게 하면 된다. 여러분 스스로가 사람들을 만났을 때 좋은 시간을 가져야 한다.

예전에 수천 명의 사업가들에게 요청한 적이 있다. 한 사람을 정해서 그 사람에게 일주일 내내 미소를 지어 보인 후 강의에 와서 그 결과가 어떠했는지를 말해 달라는 것이었다. 결과가 어떠했는지 함께 살펴보자. 먼저 뉴욕에 사는 증권 중개인 윌리엄 B. 스타인하트의 편지를 공개하겠다. 예외적인 사례는 아니다. 오히려 수많은 사람에게 일반적으로 보이는 사례라고 정의할 수 있다.

결혼한 지도 어느덧 18년이 넘었습니다. 그사이 아내에게 미소 지어 보인 적은 거의 없고, 아침에 일어나서 출근할 때까지 아내에게는 몇 마디 말도 건네지 않았습니다. 뉴욕에 사는 사람들 가운데 가장 무뚝뚝한 남자가 바로 나일 겁니다.

이 강의에서 미소 지은 후의 결과를 발표해 달라는 요청을 받고 나서 한 일주일 정도만 노력해 보자고 생각했습니다. 그래서 그다음 날 아침에 머리를 빗으면서 거울 속에 비친 무뚝뚝한 한 남자의 얼굴을 보면서 속으로 이렇게 생각했습니다. '빌, 오늘은 저 짜증으로 가득한 얼굴 좀 날려 버리자. 자, 너는 이제 활짝 웃을 거야. 그래, 바로 지금부터 그럴 수 있다고.' 그러고는 아침 식탁에 앉으면서 아내에게 "잘 잤어, 여보?" 하고 한마디 했습니다. 그러고는 살며시 미소 지어 보였습니다.

아내가 놀라 자빠질지도 모른다고 경고하셨죠? 그런데 그 정도로 놀란 것이 아니었습니다. 거의 실신 직전까지 가더군요. 망치로 머리를 쾅 하고 맞은 것처럼 크게 충격받은 듯했어요. 나는 아내에게 앞으로도 계속 이렇게 할 것이라고 이야기했습니다. 그러고 나서 이제 두 달이 지났습니다. 계속 그렇게 아침을 보내고 있어요.

아내에 대한 태도가 이렇게 바뀌고 나니, 지난 한 해 동안 느낀 행복은 지금 내가 두 달 동안 느낀 행복보다 적었다는 것을 알 수 있었습니다. 두 달간의 행복이 훨씬 더 크고 값졌던 것이죠. 일상생활도 조금 달라졌습니다. 지금은 출근하면서 아파트 승강기를 타는 소년에게도 활짝 웃으면서 "안녕! 좋은 아침이야." 하며 인사하고, 도어맨에게도 반갑게 인사를 건넵니다. 지하철에서 표를 구입할 때는 매표소 직원에게도 미소를 지어 보입니다. 객장에서 근무할 경우에는 내가 웃는 모습을 한 번도 보지 못했던 사람들에게도 미소로 다가갑니다. 나는 곧 내가 웃음을 보낸 사람들 역시 웃음으로 나를 대해 준다는 사실을 깨닫게 되었습니다. 불평하거나 고충을 털어놓고자 나를 찾아오는 모든 사람들에게 나는 밝은 얼굴로 인사했습니다. 웃으면서 이야기에 귀를 기울여 주면 해결 방안이 훨씬 수월하게 나온다는 사실도 알 수 있었습니다. 웃음만큼 매일 더 많은 돈을 벌어 주는 것도 없다는 사실도 깨달았습니다.

지금 현재 나는 사무실을 다른 중개인과 공동으로 사용하고 있습니다. 그런데 그 중개인의 젊은 직원 한 명에게 호감이 가더군요. 그동안 거둔 성과에 기분이 날아갈 듯했던 나는 그 젊은 친구에게 인간관계에 대한 나의 새로운 철학을 말해 주었습니다. 그랬더니 그 친구는 내가 이 사무실에 처음 왔을 때는 무척이나 퉁명하고 뾰족한 사람이라고 생각했는데, 최근에 그 생각을 거두었다고 이야기하더군요. 미소를 짓는 내 모습을 보면 그렇게 인간적이지 않을 수 없다고 말입니다.

또 다른 변화는 남을 비판하던 나쁜 습관도 버렸다는 것입니다. 나는 다른 사람을 비난하지 않고 인정하며 칭찬해 주기로 마음을 먹었습니다. 내가 원하는 것에 대해 이야기하는 것도 멈추었습니다. 이제는 다른 사람의 관점이 무엇인지를 헤아려 보고자 애쓰고 있습니다. 이 간단해 보이는 일들을 통해 혁명 같은 일들이 일어났습니다. 나는 이제 전혀 다른 사람으로 변했습니다. 더 행복해졌습니다. 더 부유해졌습니다. 친구들도 훨씬 더 늘어났습니다. 삶을 살아가는 데 있어 가장 중요한 부분에서 분명한 성취를 이루었다고나 할까요?

유의해야 할 점은, 이 편지를 쓴 사람이 뉴욕 증권 시장에서 주식을 사고파는, 세상 물정에 눈 밝은 주식 중개인이라는 것이다. 주식 중개업은 100명 중에 1명 정도 성공할까 말까 할 정도로 어려운 직업에 속한다.

문득 웃고 싶다고 생각될 때가 있다. 그럴 때 우리는 어떻게 해야 할까? 방법은 두 가지다. 하나, 억지스럽더라도 웃으려고 노력하라. 주변에 아무도 없이 혼자만 있다면 콧노래를 흥얼거리거나 휘파람 소리라도 내 보라. 둘, 여러분이 이미 행복한 사람이라고 생각하며 행동하라. 그러면 행복은 저절로 찾아올 것이다. 하버드 대학 교수였던 윌리엄 제임스는 이렇게 말한다.

"감정을 따라오는 건 행동인 것 같지만, 실제로는 그렇지 않다. 행동과 감정은 서로 동시에 일어난다. 따라서 보다 더 직접적으로 의지로부터 통제받는 행동을 조절하게 되면, 통제 불가능한 감정을 의지를 통해 간접적으로 조절할 수 있게 된다.

그러므로 유쾌함이 사라졌을 때 유쾌해지기 위한 최고의 자발적 방법이 있다면, 그것은 유쾌한 마음을 가지고 이미 유쾌한 것처럼 행동하고 이야기하는 것밖에 없다. 오직 이것뿐이다."

세상에 존재하는 사람 가운데 행복을 추구하지 않는 사람은 없다. 모두가 행복을 추구하고 열망한다. 확실하게 행복을 발견하는 방법은 바로 자신의 사고를 통제하는 것이다. 행복은 외적 조건이 아닌 내적 조건에 달려 있다.

인간을 행복하게 만드는 것은, 혹은 불행하게 만드는 것은 무엇일까? 재산? 지위? 직업? 모두 아니다. 인간의 행복과 불행은, 행복에 대해 어떻게 생각하고 있는지에 따라 결정된다. 한 회사에서 같은 일을 하는 직원이 두 사람 있다고 가정해 보자. 두 사람의 급여나 사회적 신분은 크게 다르지 않을 것이다. 하지만 한 사람은 불행해 보이는데, 다른 한 사람은 행복해 보일 경우가 있다. 왜 그런 것일까? 그 이유는 두 사람의 정신 자세가 다르기 때문이다. 나는 뙤약볕 아래에서 구슬땀을 흘리며 일하는 중국인 노동자들이 일당 7센트를 벌기 위해 그렇게 고생해도 뉴욕 중심가인 파크 애비뉴에 있는 사람들만큼 행복할 수 있다는 것을 직접 보았다.

셰익스피어는 이렇게 말했다. "사물에는 선과 악이 없다. 선과 악은 우리들이 어떻게 생각하는가에 따라 구분될 뿐이다."

에이브러햄 링컨은 "사람들이 행복을 느끼는 것은 자신이 행복하고자 마음먹는 만큼이다."라고 했다. 나는 최근 그의 말을 증명해 주는 사례를 보게 되었다.

뉴욕 롱아일랜드 역에서 계단을 오르고 있을 때 일어난 일이다. 지체장애를 겪는 소년 3~40명이 지팡이와 목발에 의지한 채 내 바로 앞에서 계단을 올라가려고 애쓰고 있었다. 개중에 어떤 아이는 업혀서 가고 있기도 했다. 나는 그 모습들을 보면서 너무나 놀랐다. 왜냐하면 그 아이들은 불편한 상황 가운데서도 웃고 떠들며 즐거워하고 있었기 때문이다. 그 모습을 본 나는 아이들의 인솔자에게 내가 느낀 점을 이야기했다. 이야기를 듣고 난 인솔자는 나에게 이렇게 반응했다. "맞습니다. 지체 장애를 겪는 아이들은 이렇게 평생을 장애와 함께 살아야 한다는 사실을 알게 되면 너무나 큰 충격을 받습니다. 하지만 충격에서 벗어나게 되면 대부분은 운명을 겸허히 받아들이는데, 침울해지지 않고 오히려 더 쾌활해집니다. 다른 보통의 아이들과는 다르게 말이죠."

그 이야기를 듣고 나는 아이들에게 존경의 마음이 들었다. 그 아이들로부터 일평생 잊지 못할 커다란 교훈을 받은 것이다.

예전에 메리 픽포드와 한나절 가량을 함께 보낸 적이 있었다. 픽포드는 당시 더글러스 페어뱅크스와 이혼 절차를 밟는 중이었다. 사람들은 그녀가 슬픔에 빠져 남은 날들을 불행하게 보낼 것이라고 생각했다. 하지만 그녀는 달랐다. 나는 이렇게 차분하면서도 당당해 보이는 여인을 처음 보았다. 그녀는 세상 그 누구보다 행복해 보였다. 그녀의 행복 비결은 어디에 있었을까? 그녀는 자신이 쓴 35쪽짜리 짤막한 책에 자신의 비결을 기록해 두었다. 메리 픽포드의 『신에 의지하여』를 찾아 읽어 보기를 권한다.

프랭클린 배트거는 세인트루이스 카디널스의 3루수였는데, 지금은 보험 판매원으로서 미국에서 가장 성공 가도를 달리고 있는 사람이다. 웃는 사람은 항상 환영받는다는 사실을 그는 오래전에 깨달았다고 이야기해 주었다. 그는 다른 사람의 사무실을 방문할 때면 문 앞에 잠시 멈추어 서서 어떤 것을 감사해야 할지 떠올리며 진심 어린 웃음을 크게 지었다고 한다. 그리고 나서 웃음이 사라지기 전에 사무실 문을 열고 안으로 들어갔다. 그는 이렇게 간단한 기술이 보험 판매 분야에서 크나큰 도움을 주었다고 여긴다.

앨버트 허버드라는 철학자는 유명한 격언을 많이 남겼는데, 그가 남긴 격언 한 구절을 읽어 보기를 권한다. 다만 단순히 읽기만 하면 아무

도움이 되지 않으니, 반드시 읽은 대로 실행에 옮기기 바란다.

문을 나설 때는 턱을 당기고 고개를 높이 들고 숨을 크게 들이마셔라. 햇살을 마음껏 즐겨라. 친구에게는 웃는 얼굴로 대하고, 내미는 손에는 마음을 담아라. 오해를 받을까 봐 두려워하지 말고, 적을 생각하는 데 시간을 허비하지 말라. 하고 싶은 일은 마음속에 분명하게 담아 놓기 위해 노력하라. 그러면 헤매는 일 하나 없이 목표를 이루기 위해 곧장 나아갈 수 있을 것이다. 자신이 하고 싶은 일은 원대하고 빛나는 일이라고 믿고 포부를 가져라. 그렇다면, 자신도 모르게 꿈을 이루기 위해 기회를 포착하고 있는 자신의 모습을 발견하게 될 것이다.

당신이 되고자 하는 사람의 이미지를 머릿속에 선명하게 그려 보라. 유능하고 성실하고 쓸모 있는 사람의 이미지를 말이다. 그렇게 한다면 당신이 품은 생각이 당신을 그 모습으로 변화시킬 것이다. 조금씩, 순간순간마다. 생각은 모든 것을 지배한다. 바른 정신 자세를 굳게 지켜가라. 용기와 솔직함, 쾌활함이 바른 정신 자세다. 바르게 생각하는 것이야말로 창조하는 것이다. 세상에 존재하는 것은 사람에게 욕망이 있기 때문에 생긴 것이며, 우리가 응답을 받는 기도는 하나같이 진정한 기도다. 우리는 우리의 마음을 따라 변해 간다. 다시 한번 강조한다. 턱을 당기고 고개를 높이 들어라.

옛날 중국인들은 사물의 이치를 빠르게 깨달았다. 사람과 사귀는 방법에 대해서도 훤했다. 그들의 오랜 속담 중에 귀담아들어야 할 것이 하나 있다. "웃는 얼굴이 아니라면 가게를 열지 말아야 한다."

장사 이야기가 나온 김에 덧붙일 이야기가 하나 있다. 프랭크 어빙 플레처는 오펜하임 콜린스의 광고에서 소박한 철학이 담긴 문구를 담아냈다.

크리스마스에 보내는 미소의 가치

미소는 돈이 들지 않습니다. 하지만 많은 일을 해냅니다.

미소는 받으면 부유해집니다. 하지만 준다고 해서 가난해지는 것은 아닙니다.

미소는 순간적으로 일어나는 일입니다. 하지만 평생 잊히지 않습니다.

미소가 없어도 될 정도로 부유한 사람은 없습니다. 그 혜택을 누리지 못할 만큼 가난한 사람도 없습니다.

미소는 가정에서는 행복을 만들어 냅니다. 사업에서는 호의를 가져옵니다. 친구 사이에서는 우정의 징표가 됩니다.

미소는 피곤한 이에게는 안식입니다. 실망한 이에게는 새날입니다. 슬픔을 간직한 이에게는 햇살입니다. 곤경에 빠진 이에게는 자연이 선물로 준 최고의 처방입니다.

하지만 미소는 살 수 있는 것이 아닙니다. 구걸해서 받을 수도 없습니다. 빌릴 수도 없습니다. 훔칠 수도 없습니다. 미소는 다른 이에게 보내기 전까지는 아무 쓸모도 없는 것이기 때문입니다.

그렇기 때문에 여러분께서 먼저 미소를 지어 주지 않으시겠습니까? 크리스마스 선물을 사는데 저희 직원이 일에 너무 치여서 미소를 짓지 않는다면 말입니다. 더 이상 미소를 지을 기운이 남아 있지 않은 사람이야말로 그 누구보다 미소가 가장 필요한 사람이기 때문입니다.

사람들로부터 호감을 사고 싶은가? 그렇다면 다음 방법을 똑같이 따라 해 보라!

다른 사람의 호감을 사는 방법 2

미소를 지어라.
Smile.

3

상대방의 이름을 기억하지 못하면
문제가 생긴다

If You Don't Do This, You Are Headed for Trouble

1898년, 뉴욕 주의 로클랜드에서 비극적인 일이 벌어졌다. 마을 사람들은 한 아이의 장례식에 참석하기 위해 준비를 하고 있었다. 짐 팔리는 마구간에서 말을 끌어내 마차에 매려고 분주하게 움직이고 있었다. 새하얀 눈이 땅을 덮고 있었고, 바람은 너무나 차가워서 살을 베는 것 같았다. 그러다 일이 터졌다. 며칠째 마구간에 묶여 있어서 답답했던지 말이 물통 쪽으로 가다가 느닷없이 펄쩍펄쩍 뛰면서 뒷발을 하늘 높이 차올렸는데, 짐 팔리가 말의 발에 맞아 목숨을 잃고 말았다. 스토니 포인트라고 하는 그 작은 마을은 그 주에만 장례식을 두 차례나 치르게 되었다.

짐 팔리의 죽음으로 아내와 세 자녀에게 남겨진 것은 보험금 몇 백 달러밖에 없었다.

아버지의 이름을 물려받은 큰아들 짐은 벽돌 공장에서 일했다. 그 당시 열 살밖에 안 된 아이였는데도 말이다. 짐은 모래를 이겨 틀에 넣은 후 벽돌을 만들었다. 또한 이렇게 만든 벽돌을 쉬지 않고 이리저리 돌려서 햇볕에 말리는 일을 맡았다. 짐은 교육을 받을 기회를 얻지 못했다. 하지만 그는 아일랜드 사람 특유의 쾌활함을 통해 사람들이 자신을 좋아하도록 만드는 재능을 가지고 있었고, 이 재능을 발판삼아 이후 정치에 입문했다. 짐은 세월이 흐르면서 사람들의 이름을 기억하는 능력이 다른 사람들에 비해 월등히 높아 점점 두각을 나타내기 시작했다.

그는 고등학교 문턱에도 가 본 적이 없었다. 하지만 짐은 마흔여섯이 되기 전에 대학교 네 군데에서 명예박사 학위를 받았다. 그리고 민주당 전국 위원회 의장과 미국 우정공사 총재를 역임했다.

일전에 짐 팔리를 인터뷰할 기회가 있었다. 그에게 성공 비결이 어디에 있느냐고 물었더니 "열심히 일한 것입니다."라고 말해서 나는 "농담하지 마시고요."라고 이야기했다.

그러자 그의 반응이 재미있었다. 그는 나에게 자신의 성공 비결이 어디에 있는 것 같은지 오히려 되물어 왔다. "당신이 외우고 있는 사람의 이름만 해도 무려 1만 명 정도 된다고 들었습니다."라고 내가 대답했다.

"아니요, 그렇지 않습니다. 잘못 알고 계시네요. 1만 명이 아니라 5만 명입니다." 그가 대답했다.

이것을 꼭 기억해 두기 바란다. 프랭클린 D. 루스벨트가 대통령이 될 수 있었던 이유는 짐 팔리가 지닌 이런 능력에 있었다. 그의 능력 덕분에 루스벨트는 큰 도움을 받을 수 있었다.

석고 제품을 판매하려고 거리를 돌아다니던 시절, 그리고 스토니 포인트 마을에서 관공서 직원으로 근무하던 시절에 짐 팔리는 어떻게 하면 사람들의 이름을 기억할 수 있을지를 고민하다가 효과적인 방법을 하나 찾았다.

처음에는 무척이나 쉽고 간단한 방법이었다. 그는 새로운 사람을 만날 때면 그 사람의 이름과 가족 관계, 직업, 정치 성향 등을 파악해서 이를 얼굴과 잘 기억해 두었다. 그 결과 그는 1년이 지난 후에 그 사람을 다시 만나도 등을 툭 치면서 부인과 자녀들은 별일이 없는지, 뒷마당에 있는 꽃은 시들지 않고 잘 있는지 등을 물어볼 수 있었다. 그를 지지하는 사람들이 늘어나는 것은 불 보듯 빤한 일이었다.

루스벨트의 대통령 선거 유세가 시작되기 전, 짐 팔리는 미국 서부와 북서부에 있는 사람들에게 하루에도 편지를 수백 통씩 보냈다. 몇 개월 동안 그렇게 편지를 보낸 후, 본격적인 선거 유세를 위해 마차와 기차, 자동차, 배 등 어떤 교통수단이든 닥치는 대로 이용하면서 19일 동안 20개 주, 거리로는 1만 2,000마일을 순회하는 저력을 보여 주었다. 그동안 이 마을 저 마을을 찾아다니며 아는 사람을 만나 차를 마시거나 식사하면서 진솔한 대화의 시간을 가졌다. 그러고 나서 그다음 여정을 위해 빠르게 움직였다.

순회를 마치고 돌아온 짐 팔리는 자신이 방문했던 마을마다 편지를 한 통씩 한 명에게 보냈다. 자신이 만났던 사람 전체 명단을 보내 달라고 부탁하는 내용이었다. 회신으로 받은 명단에는 수천 명의 이름이 적혀 있었다. 하지만 짐 팔리는 수천 명인 그들에게 한 사람도 빠짐없이 친근한 호칭을 사용하며 정성스럽게 편지를 써서 보냈다. 편지는 '친애하는 빌'이나 '친애하는 조'라는 인사로 시작되었고, 언제나 그의 서명이 포함되어 있었다.

짐 팔리가 일찍부터 간파한 사실이 있었다. 그것은 대부분 사람은 이 세상 모든 사람의 이름을 합친 것보다 자신의 이름에 더욱 관심을 기울인다는 점이다. 따라서 다른 사람의 이름을 잊지 않고 기억해 주는 것, 그리고 그 이름을 편안하고 정겹게 불러 주는 것은 그 이름의 주인공에게 부담스럽지 않으면서도 매우 효과 있는 찬사를 보내는 것이 된다. 하지만 우리는 정반대의 결과에 대해서도 명심해야 한다. 이름을 잊어버리거나 다르게 기억했을 때 생길 결과 말이다.

예를 들어 보겠다. 언젠가 나는 프랑스 파리에서 대중 연설 관련 강의를 진행할 때가 있었는데, 파리에 있는 모든 미국인에게 동일한 내용의 편지를 보냈다. 그런데 영어에 서투른 프랑스인 타이퍼가 이름을 입력하면서 실수를 많이 했다. 결국에는 파리에 있는 미국계 대형 은행 지점장으로부터 꽤나 격한 항의를 받기도 했다. 어떻게 자기 이름의 스펠링을 틀릴 수가 있느냐는 것이 골자였다.

앤드루 카네기가 성공한 이유는 어디에 있을까? 사람들은 그를 '강철왕'이라고 불렀다. 하지만 그는 제강업에 대해서는 문외한이라고 했다. 그의 회사에는 그보다 강철에 대한 지식이 많고, 감각도 좋은 수백 명의 사람이 근무하고 있었다.

하지만 그는 사람들을 자신이 원하는 방향으로 이끌 수 있었다. 이러한 점 때문에 그는 부자가 될 수 있었다. 그는 어릴 때부터 사람을 조직하고 통솔하는 리더십에 강점을 보였다. 열 살 때쯤 그는 사람들이 심할 정도로 이름을 중요하게 여긴다는 사실을 깨닫고, 어떤 일을 하거나 사람들에게 협력을 구할 때 이 점을 매우 적극적으로 활용했다.

예를 들어 보자. 그가 스코틀랜드에서 보낸 어린 시절, 하루는 토끼 한 마리를 잡았는데 하필 임신 중인 암토끼였다. 얼마 지나지 않아 토끼는 새끼 한 무리를 출산했다. 하지만 새끼에게 줄 먹을거리가 없다는 것이 문제였다. 이 문제에 직면한 앤드루 카네기는 너무나 훌륭한 아이디어를 떠올렸다. 그는 동네 친구들에게 토끼풀이나 민들레를 뜯어서 토끼에게 먹이로 주면 그 토끼에게 친구의 이름을 붙이겠다고 제안했다. 그 아이디어는 너무나 좋은 반향을 일으켰다. 카네기는 그 일을 절대로 잊지 못했다.

몇 년이 지났다. 카네기는 동일한 심리를 사업에 활용해 수백만 달러의 이윤을 얻었다. 펜실베이니아 철도 회사에 강철 레일을 납품하려 할 때의 일이다. 당시 펜실베이니아 철도 회사 사장은 J. 에드가 톰슨이라는 사람이었다. 그래서 카네기는 펜실베이니아주의 피츠버그에 대형 제철 공장을 세우고 '에드가 톰슨 철강 회사'라고 이름을 지었다.

재미있는 수수께끼가 하나 있다. 답을 한번 맞혀 보라. 펜실베이니아 철도 회사가 강철 레일을 구매할 때, 사장인 J. 에드가 톰슨은 어느 회사를 거래처로 선택할 것 같은가? 최대 규모를 자랑하는 유통업체 시어스 로벅을 선택했을까? 결과는 그렇지 않았다.

침대 열차 사업의 주도권을 잡으려고 조지 풀먼과 경합을 벌일 때, 이 강철왕은 토끼에 얽힌 교훈을 다시 떠올렸다.

당시 카네기가 운영하던 센트럴 철도 회사의 경쟁사는 풀먼의 회사였다. 두 회사는 유니언 퍼시픽 철도의 침대 열차 사업권을 얻는 과정에서 정면으로 맞서게 되었다. 입찰받기 위한 노력으로 가격을 하향 조정하는 등 서로 자기 살을 깎는 식의 경쟁을 이어 가고 있었다. 카네기와 풀먼 모두 유니언 퍼시픽의 회장을 만나러 뉴욕으로 갔다. 어느 날 밤에 두 사람이 호텔에서 마주쳤는데, 그때 카네기가 이렇게 이야기했다. "지금 우리 두 사람 다 미련한 짓을 하고 있는 건 아닐까요? 어떻게 생각하시는지요?"

"그게 무슨 말입니까?" 풀먼이 물었다.

그러자 카네기가 생각해 두었던 마음속의 복안을 꺼냈다. 두 회사가 공동으로 투자하자는 계획이었다. 그는 서로 경쟁하는 것이 아니라 협력하면 어떤 이익을 가져갈 수 있는지를 열정적으로 이야기했다. 풀먼은 열심히 듣기는 했지만, 그 계획에 대해 확신하지는 못했다. 마침내 그가 물었다. "새 회사의 이름은 어떻게 하실 건가요?" 그러자 카네기가 곧바로 이렇게 대답했다. "그야 당연히 '풀먼 회사'로 해야죠."

'풀먼 회사'라는 말을 들은 풀먼은 미소를 지으면서 이렇게 말했다. "내 방으로 가서 조금 더 이야기를 나누어 보죠." 이 대화는 이후 산업계의 역사를 이루는 시초가 되었다.

친구와 사업 파트너의 이름을 외우고 명예롭게 만들어 주는 정책, 바로 이 정책으로 카네기의 리더십은 빛을 발할 수 있었고, 자연스럽게 성공 가도를 달릴 수 있었다. 그는 수많은 직원의 이름을 하나하나 외우고 있는 자신의 능력을 매우 높이 평가했다. 그는 자신이 경영을 맡는 동안 그의 회사에서 단 한 번도 파업 사태가 발생하지 않은 점에 대해서도 자부심을 느꼈다.

한편 폴란드 출신의 피아니스트 파데레프스키는 풀먼 침대차의 흑인 요리사를 부를 때 '카퍼 씨'라는 호칭을 씀으로써 요리사의 자부심을 세워 주기도 했다.

파데레프스키는 무려 열다섯 번이나 미국을 방문해 전국 곳곳에서 연주하며 청중으로부터 열광적인 환호를 받았다. 연주할 때마다 전용 침대차를 이용한 그는 연주가 끝난 후에는 언제나 같은 요리사가 준비한 야식을 먹었다. 파데레프스키는 단 한 번도 그를 '조지'라고 부르며 하대한 적이 없었다. 유럽의 격식에 맞추어 그는 항상 '카퍼 씨'라고 부르며 요리사를 존중해 주었고, 카퍼 또한 그렇게 불리는 것을 좋아했다.

자신의 이름을 자랑스럽게 여기지 않는 사람은 단 한 명도 없다. 그렇기 때문에 어떤 대가를 치른다 하더라도 자신의 이름을 영원히 남기고자 노력한다. 허풍이 심하고 고집도 드셌던 당대 최고의 쇼맨 P.T. 바넘은 자신의 이름을 물려 줄 아들이 없어서 매우 우울해했다. 그래서 그는 외손자 C.H. 실리에게 2만 5,000달러를 상속하겠으니 '바넘 실리'라는 이름으로 개명하는 것이 어떻겠느냐고 제안했다.

지금으로부터 약 200년 전에 살던 부자들은 작가들을 후원하고, 그들에게 책을 헌정하게 했다.

오늘날 도서관과 박물관에 호화로운 소장품들이 보관되어 있는 것은, 자신의 이름이 사람들의 기억 속에서 잊히는 것을 용납할 수 없었던 사람들 덕분이다. 뉴욕 시립 도서관에는 애스터와 레녹스 소장품이 보관되어 있다. 메트로폴리탄 박물관에는 벤저민 알트먼과 J. P. 모건의 이름이 새겨져 있다. 성당을 아름답게 꾸며 주는 스테인드글라스에는 기증한 사람의 이름이 새겨져 있다.

사람들은 왜 이름을 기억하지 못하는 것일까? 이유는 단순하다. 정신을 집중하는 가운데 이름을 반복해서 부르면서 마음속 깊이 새기는 것에 시간과 열정을 충분히 쏟지 않기 때문이다. 사람들은 자신이 너무 바쁘다는 핑계로 자신을 합리화한다.

하지만 그들이 아무리 바쁘다고 하더라도 프랭클린 D. 루스벨트만큼 바쁘다고 할 수 있겠는가? 루스벨트는 아주 잠깐 만난 기계공의 이름까지도 잊지 않고 기억했다가 다시 생각해 낼 만큼 시간을 투자했다.

다른 사례도 살펴볼 수 있다. 하반신을 사용할 수 없었던 루스벨트는 일반 차량은 운전할 수 없었다. 그래서 크라이슬러는 그가 운전할 수 있도록 특별 차량 한 대를 제조했다. W. F. 체임벌린과 기계공 한 사람이 백악관으로 차를 전달하러 갔다. 체임벌린은 자신의 경험을 기록한 편지를 보내 주었다. 이제 그 편지의 내용을 옮겨 보도록 하겠다.

나는 루스벨트 대통령께 다양한 특수 장치가 설치되어 있는 자동차의 운전법을 가르쳐 드렸습니다. 하지만 대통령께서는 나에게 사람을 대하는 법이 무엇인지 가르쳐 주셨습니다.

백악관에 도착해 보니 대통령께서는 기분이 매우 좋아 보였습니다. 내 이름도 친근하게 불러 주었고, 내가 긴장하지 않도록 편안한 분위기를 만들어 주셨습니다. 무엇보다 대통령께 보여 드리고 알려 드려야 할 나의 일에 무척이나 관심을 보이고 있다는 점이 인상 깊었습니다. 그 차는 발을 사용하지 않고 손만으로도 운전할 수 있게 특별 제작된 차였습니다. 치를 구경하려는 사람들로 붐볐습니다. 대통령께서는 이렇게 말씀하셨습니다. "이거 정말 대단하군. 버튼을 누르기만 해도 차가 저절로 굴러가니 말이야. 별로 힘도 안 들 것 같은데 정말 대단해. 도대체 어떤 원리로 이렇게 움직이는 것인지 궁금하군. 할 수만 있다면 이 차를 분해해서 내부를 제대로 살펴보고 싶은걸."

차를 구경하려고 몰려든 백악관 사람들이 환호하던 그 자리에서 대통령께서는 이렇게 말씀해 주셨습니다. "저를 위해 이 차를 개발하느라 많은 시간과 노력을 쏟아 주셔서 진심으로 감사합니다. 정말로 대단한 차를 만나게 되었습니다." 대통령께서는 라디에이터와 백미러, 시계, 특수 조명등, 실내 장식, 운전자석의 의자 위치, 그리고 그의 이니셜을 새긴 정장 케이스가 들어 있는 트렁크에 대해 극찬해 주셨습니다.

다르게 표현하자면, 대통령께서 보시기에 내가 이 차에서 신경을 쏜 부분이라고 생각하는 곳은 너무나 작고 사소해 보이는 곳이라고 해도 하나도 빠뜨리지 않고 언급하며 칭찬해 주셨던 것이죠. 대통령께서는 영부인과 프랜시스 퍼킨스 노동부 장관, 그리고 비서에게도 그런 장치들에 주목해 보면 좋겠다고 말씀해 주셨습니다. 심지어 나이가 꽤 든 흑인 포터를 부르시고는 "조지, 이 가방들은 각별히 신경 써야 하네."라고 말씀하시더군요.

대통령께서는 운전 교습을 마친 후 나에게 "아이고, 운전 방법을 배우는 데 집중하다 보니 연방준비제도 이사회도 30분이나 기다리게 했네요. 아쉽지만 오늘은 여기서 헤어져야 할 것 같습니다."라고 말씀하셨습니다.

나는 백악관에 갈 때 혼자 가지 않고 기계공과 함께 갔습니다. 그는 대통령을 만나서 인사드린 이후로는 한마디도 이야기를 나눈 적이 없었습니다. 그래서 대통령께서는 그의 이름을 단 한 번밖에 듣지 못하셨습니다. 그는 부끄러움을 많이 타는 성격이어서 항상 뒤편에 서 있었습니다. 그런데 일정을 마칠 무렵, 대통령께서 기계공을 보시고는 그의 이름을 부르며 손을 내미셨습니다. 그러고는 "여기 워싱턴까지 거리도 먼데 와 주셔서 고맙습니다."라고 말씀하시더군요. 대통령께서 하신 인사는 진심으로 가득 차 있었습니다. 어떤 형식이나 거짓된 느낌은 전혀 들지 않았습니다. 곁에 있던 나에게도 그 진심이 고스란히 전해질 정도였으니까요.

뉴욕으로 돌아오고 나서 며칠이 지난 어느 날이었습니다. 우편으로 루스벨트 대통령의 사진이 도착했습니다. 사진에는 대통령의 친필 서명이 되어 있었고, 나를 도와주어서 진심으로 감사하다는 짤막한 메모가 적혀 있었습니다. 어떻게 그런 세심함이 있을 수 있는지 그저 경탄할 뿐이었습니다.

루스벨트는 사람들에게 호의를 얻기 위한 가장 단순하고 중요한 방법이 무엇인지 잘 알고 있었다. 그것은 바로 '상대방의 이름을 잊지 않고, 그가 인정받는 사람이라는 느낌으로 충만해지도록 하는 것'이었다.

우리의 모습을 되돌아보자. 우리는 루스벨트처럼 실천하고 있는가? 누군가를 만났을 때 깊이 이야기를 나누고도 막상 헤어져서는 상대방의 이름조차 새까맣게 잊어버리는 경우가 비일비재하다.

정치인이라면 이 교훈을 첫 번째로 배워야 한다. "유권자의 이름을 기억하는 것, 그것이 바로 정치인의 자격이다. 이름을 기억하지 못하는 정치인은 유권자들에게 반드시 잊힌다."

상대방의 이름을 기억하는 것은 사업이나 사교 분야에서도 정치 분야만큼 중요하다. 나폴레옹의 조카이며 프랑스의 황제인 나폴레옹 3세는 궁정의 일로 분주한 중에도 자신이 만나는 그 어떤 사람이든 이름을 기억할 수 있다고 목소리를 높였다.

그에게는 어떤 비결이 있었을까? 답은 매우 쉽다. 이름을 잘 듣지 못하면 그는 "미안하지만, 이름을 한 번 더 이야기해 줄 수 있겠는가?"라고 말했다. 이름이 조금 특이한 경우에는 "어떻게 쓰지?"라고 물어보았다. 또 그는 대화하는 사이에 그 사람의 이름을 몇 번 반복해 보고, 그 사람의 생김새나 말투, 전체적인 인상과 관련을 지어서 이름을 기억하려고 노력했다.

그는 상대방이 특별한 사람이라면 조금 더 공을 들였다. 상대방이 자리를 잠시 비워 혼자 있게 되면, 곧바로 종이에 그 사람의 이름을 써 놓고는 집중해서 그 이름을 바라보며 기억한 다음 종이를 북 찢어 버렸다. 이런 식으로 그는 이름을 청각적으로 익힐 뿐만 아니라 시각적으로 기억하는 방법을 터득했다.

이 모든 방법에는 절대적으로 시간이 필요하다. 하지만 에머슨이 말한 것을 기억하자. "예절은 작은 희생들이 모여 이룬 것이다."

사람들로부터 호감을 사고 싶은가? 그렇다면 다음 방법을 똑같이 따라 해 보라!

사람의 호감을 사는 방법 3
상대방에게는 자신의 이름이 가장 달콤하면서도
중요한 말임을 기억하라.
Remember that a man's name is to him the sweetest and most
important sound in the English language.

4

대화를 잘하는 사람이 되는 방법
An Easy Way to Become a Good Conversationalist

얼마 전에 한 브리지 게임(카드 게임의 일종) 파티에 초대를 받았다. 개인적으로 브리지 게임을 즐기는 편은 아닌데, 그 파티에는 나처럼 브리지 게임을 그다지 즐기지 않는 금발의 부인이 한 명 더 있었다. 나는 그녀와 대화하면서 '아라비아의 로렌스'로 유명한 로웰 토머스의 이전 매니저가 바로 나였다는 사실을 말했다. 또한 그가 당시 공연하던 여행 만담을 준비하기 위해 그를 도와서 유럽 여행을 자주 다녔다는 사실도 알려 주었다(그의 여행 만담은 매우 유명했다). "카네기 씨, 당신이 가 본 멋진 곳들과 아름다운 경치에 대해 이야기해 주시겠어요?" 그녀가 물었다.

그녀는 자리를 잡고 앉아 이야기를 나누면서 최근에 남편과 아프리카 여행을 마치고 돌아왔다고 말했다. "아프리카에 다녀오셨다고요?" 나는 놀라서 물었다. "정말 재미있었겠네요. 나도 항상 아프리카에 가 보고 싶어 했는데, 알제리의 수도 알제에 하루 정도 머문 게 전부이고 그 외에는 한 번도 가 보지 못했어요. 커다란 동물들이 사는 곳도 가 보셨나요? 아, 정말 좋았겠군요. 나도 가 보고 싶은데, 너무 부럽습니다.

조금 더 자세히 이야기해 주세요."

그때부터 45분 동안 부인은 이야기를 이어 나갔다. 그녀는 내가 어디에 갔었는지, 무엇을 보았는지, 어떤 것이 인상 깊었는지 등에 대해서는 두 번 다시 묻지 않았다. 그렇다. 그녀는 내 여행기를 듣고자 했던 것이 아니라 오직 자신을 드러내는 것에, 그리고 자신이 어디에 다녀왔고 무엇을 보았는지에 대해 이야기할 수 있도록 집중해서 들어 주는 사람을 원한 것이다.

그것이 비단 그녀에게만 해당하는 경우인가. 물론 그렇지 않다. 사람들은 대부분 그렇게 행동한다.

나는 최근에 뉴욕에서 출판 일을 하는 J. W. 그린버그가 주최한 만찬에서 권위 있는 식물학자를 만날 기회가 있었다. 식물학자와는 지금껏 한 번도 대화를 나누어 본 적이 없어서 그랬는지 모르지만, 대화하는 내내 나는 그에게 깊은 흥미를 느꼈다. 마취제나 마약으로 사용되는 해시시, 인기 있는 육종학자인 루터 버뱅크, 실내 정원 등에 관한 이야기와 감자 하나에도 신기한 사실들이 너무나 많이 숨어 있다는 이야기를 듣는 동안, 나는 숨을 죽이고 그에게로 깊이 빠져들었다. 우리 집에도 마침 작은 실내 정원이 있었는데, 이를 통해 그동안 해결하지 못했던 내 문제에 대한 답을 찾았다. 그의 이야기를 듣다 보니 예상하지 못한 수확을 얻었다.

앞서 이야기한 것처럼 그 자리는 만찬회였다. 열 명 정도 손님이 더 있었는데, 나는 사교술의 원칙에 벗어나는 행동을 하고 있었다. 다른 손님들에게는 눈길 한번 제대로 주지 않고 오로지 그 식물학자에게만 집중하며 대화를 나누고 있었던 것이다. 나는 밤이 깊어져서 모두에게 인사를 건네고 만찬회장을 빠져나왔다. 나중에 전해 들은 바로는 그 식물학자가 만찬 주최자에게 가서 나에 대해 칭찬을 늘어놓았다고 한다. 그는 내가 이야기를 매우 잘 이끌었다는 등 이런 저런 칭찬을 하더니 마지막에는 내가 "매우 재미있게 대화할 줄 아는 인상적인 사람"이었다는 말로 마무리 지었다고 한다.

내가 재미있게 대화를 할 줄 아는 사람이라고? 나는 이 말을 듣고 조금 황당했다. 그날 나는 거의 아무 말도 하지 않고 듣기만 했었다. 이야기하고 싶어도 화제를 전환하지 않고서는 아무 말도 할 수 없었다. 펭귄을 어떻게 해부하는지에 관해서 아무것도 모르는 것처럼, 식물학에 대해서도 마찬가지였기 때문에 내가 이야기를 한다는 것은 불가능했다. 하지만 한 가지는 확실히 했다. 나는 진심으로 그의 말에 열심히 귀를 기울였다. 그의 말에 관심이 있었기 때문이다. 그리고 그 역시 내가 그렇다는 것을 알고 있었다. 그의 기분이 당연히 좋을 수밖에 없었다.

경청하는 것은 우리가 다른 사람에게 줄 수 있는 찬사 중에서도 최고의 찬사라고 볼 수 있다. 잭 우드포드는 『사랑의 이방인』에서 다음과 같이 말했다. "상대방의 이야기를 귀 기울여 들어 주는 것은 그 누구든 좋아하지 않을 수 없는 은근한 아부다."

나는 열중해서 귀 기울여 들어 주는 것만 한 게 아니다. 그 이상의 일을 했다. 나는 '진심으로 인정'해 주고 '칭찬을 아끼지 않았던' 것이다. 나는 그 식물학자에게 너무나 즐거웠고 배운 것도 많아서 참으로 좋았던 시간이었다고 이야기했다. 사실이다. 나는 그에게 실제로 많은 것을 배웠다. 그리고 나는 그에게 당신처럼 앎의 깊이와 넓이가 나날이 커지기를 바란다고 말했다. 이 바람은 지금도 다르지 않다. 또한 나는 그에게 당신과 함께 들판을 다녀 보고 싶다고 이야기했다. 이 생각 역시 지금도 그대로다. 마지막으로 나는 그에게 나중에 다시 한번 만날 수 있기를 바란다고 말했다. 나는 반드시 그를 다시 만날 기회를 만들 것이다.

이런 대화가 있었기 때문에 그는 나를 대화를 잘하는 사람이라고 기억하게 된 것이다. 실제로는 잘 들어 준 것, 그가 이야기를 할 수 있게끔 분위기를 이끌어 준 것밖에 한 일이 없는데 말이다.

그렇다면 사업상의 필요로 진행한 상담을 성공으로 이끄는 비결은 어디에 있을까? 하버드 대학의 총장이었던 찰스 W. 엘리엇 교수는 이렇게 말했다. "사업 상담을 성공으로 이끄는 비결 같은 것은 없다. 중요한 것은 당신에게 말하고 있는 사람의 말에 귀 기울이는 것이다. 그것뿐이다. 그것이 상대방의 기분을 가장 좋게 만드는 방법이다."

식상하다는 생각이 드는가? 하버드 대학에서 4년을 투자해 공부하지 않더라도 이 정도는 누구나 충분히 알 수 있다. 하지만 우리는 사람들이 비싼 점포를 얻고 물건을 저렴하게 공급받고 창문은 화려하게 치장하고 광고를 위해서는 돈을 펑펑 쓰는 반면, 직원을 뽑을 때는 고객의 말에 귀 기울이지 않는 사람, 다시 말해 고객의 말을 막거나 잘못되었다고 반박하고, 고객의 감정을 상하게 해서 결국에는 쫓아내고 마는 사람을 합격시키는 경우를 종종 본다.

J. C. 우튼이 경험한 것을 예로 들어 보자. 그는 내가 하는 강의에서 이 이야기를 들려주었다. 그는 뉴저지주 뉴어크의 번화가에 있는 백화점에서 양복을 한 벌 구매했다. 그런데 집에 와서 양복을 살펴보니 상태가 썩 좋지 않았다. 양복에서 물이 빠져 와이셔츠 깃에 얼룩이 생긴 것이다.

그는 양복을 구매한 백화점에 가서 해당 점원에게 자초지종을 이야기했다. 내가 '이야기했다'고 했는가? 그건 조금 살을 붙인 것이다. 미안하다. 그는 이야기하려고 시도했다. 하지만 시도는 실패로 돌아갔다.

직원이 그의 말을 막고 이렇게 말했다. "이 양복을 수천 벌 팔았습니다만, 손님이 말씀하신 불만 사항 같은 것은 처음 듣습니다." 직원은 그에게 이렇게 말했고, 말투는 볼 것도 없었다. 도전적인 그의 말투는 이런 의미였다. '거짓말하지 마세요. 우리에게 꼼수를 부릴 수 있다고 생각하는 것 같은데, 어떤 결과가 나올지 두고 보면 아실 겁니다.'

이런 이야기를 나누는데, 다른 점원이 나섰다. "진한 색상의 양복은 처음에는 물이 살짝 빠집니다. 어쩔 수 없는 물 빠짐이죠. 그 가격대에 서는요. 염색에 문제가 있는 거니까요."

"이때쯤 되니 저도 화가 치밀어 오르더군요." 우튼이 말했다.

"첫 번째 점원은 내가 정직하지 못하다고 의심의 눈초리를 보냈습니다. 두 번째 점원은 내가 싸구려를 사서 그런 것이라고 말하는 게 아니겠습니까? 너무 화가 나고 분을 삭일 수가 없었습니다. 그래서 양복을 바닥에 던져 버리고 욕을 한 바가지 퍼붓고 나오려 했습니다.

그런데 그때였습니다. 백화점 지배인이 마침 그 근처를 지나갔습니다. 괜히 지배인을 하는 게 아니었습니다. 그는 내 태도를 완전히 바꾸어 놓았습니다. 화가 잔뜩 나서 분노에 찬 소비자인 나를 그는 만족스러운 얼굴로 돌아가는 고객으로 바꾸어 놓았습니다. 어떻게 했을까요? 많지도 않습니다. 딱 세 가지입니다.

첫째, 그는 내가 무슨 이야기를 하든지 처음부터 끝까지 한마디 말도 없이 집중해서 들어 주었습니다.

둘째, 내가 말을 마친 후 점원이 자신의 생각에 관해 장광설을 늘어놓으려고 하자, 그는 내 처지에 서서 그들과 이야기를 나누었습니다. 그는 와이셔츠에 얼룩이 진 것은 양복에 문제가 있기 때문이라는 점뿐만 아니라 그 백화점에서는 고객이 충분히 만족할 만한 물건만 판매해야 한다고 목소리를 높였습니다.

셋째, 그는 양복에서 발생한 결함을 잘 몰랐다는 점을 인정하고는 이렇게 말했습니다. '손님, 양복은 어떻게 처리해 드리면 좋으시겠습니까? 손님께서 원하시는 대로 진행해 드리겠습니다.'

불과 몇 분 전만 해도 나는 그들에게 이 빌어먹을 양복은 필요 없으니 가지고 가라고 말할 생각이었지만, 그때는 이렇게 말할 수밖에 없었습니다. '조언만 좀 해 주시면 될 것 같네요. 이런 물 빠짐 현상은 일시적인 것이겠죠? 이런 상태는 어떻게 하면 괜찮아질까요?'

지배인은 나에게 일주일만 더 지켜보고 이야기해 보면 어떻겠는지 물으면서 이렇게 덧붙였습니다. '만약 일주일이 지났는데도 상태가 그대로라면 다시 저희 매장을 찾아 주십시오. 다른 제품으로 교환해 드리겠습니다. 즐거운 마음으로 옷을 구매하셨을 텐데 불편을 끼쳐드려 죄송합니다.'

나는 만족스러운 표정으로 백화점을 빠져나왔습니다. 일주일이 지나고 보니 양복의 물 빠짐은 괜찮아지더군요. 그 백화점에 대해 무너졌던 나의 신뢰도 회복되었고요."

지배인이 나중에 백화점의 사장이 되었다고 해도 그렇게 놀랄 만한 일은 아닐 것이다. 문제를 일으킨 점원들은 아마 평생을 그렇게 점원으로 남아 있을 것이다. 아니, 어쩌면 고객 응대를 하지 않아도 되는 부서로 이동해 계속 그 안에서만 일할지도 모른다.

상대방의 이야기를 경청해 주는 사람은 이해심을 가지고 묵묵히 들어 주는 사람이다. 있는 말 없는 말 다 쏟아 내며 울분을 토할 만큼 화난 사람들의 이야기조차도 말이다. 이런 사람 앞에서는 쉴 새 없이 불평하거나 지나칠 정도의 비판론자라 하더라도 약해지고 누그러들게 마련이다. 예를 들어 보겠다. 몇 년 전에 있었던 일이다. 뉴욕 전화 회사는 전화 교환원들을 못살게 굴던 악질 소비자 한 사람 때문에 골머리를 앓고 있었다. 그는 욕설을 퍼붓고 고함을 지르면서 전화기를 뽑아 버리겠다고 교환원들을 협박했다. 자신이 보기에 전화 요금 청구가 단단히 잘못되어서 요금을 낼 수 없다는 이유 때문이었다. 그는 언론에도 이 사실을 투고했고, 공공서비스위원회에 불만을 접수하고 전화 회사를 상대로 소송도 몇 건을 진행했다.

회사에서는 이 문제를 해결하기 위해 가장 뛰어난 문제 해결사 직원을 파견했다. 이 '해결사'는 말썽쟁이 고객이 불만을 토로하는 것을 잠자코 듣기만 했다. 가만히 듣기만 하면서 "맞습니다." 하고 고객이 내는 불평에 맞장구를 쳐 주었다.

그 '해결사'가 카네기 강좌에 와서 직접 이야기한 경험담을 들어 보자.

"한 세 시간 정도 지났을까요. 그는 미친 듯 혼자 떠들기 시작했죠. 나는 묵묵히 듣기만 했습니다. 그와 헤어진 후에 나는 돌아가서 상황을 조금 더 살펴보았습니다. 그를 면담한 건 총 네 번이었는데, 마지막 면담이 끝날 때쯤 나는 그가 막 설립한 조직의 창립 멤버가 되어 있었습니다. 그는 자신의 조직을 '전화 이용자 보호 협회'라고 했습니다. 그런데 나는 아직도 그곳의 멤버로 되어 있습니다. 그리고 내가 아는 정보가 틀리지 않는다면, 조직 구성원은 그와 나 두 사람이 전부입니다.

면담하는 동안 반대만 한 것은 아닙니다. 그의 이야기를 들으면서 동감을 표시한 내용도 있었습니다. 그는 지금껏 이런 방식으로 이야기하는 전화국 직원을 본 적이 없었는지, 우리는 마침내 친구처럼 가까운 사이가 되었습니다.

나는 세 번째 면담 때까지 그에게 찾아간 이유가 무엇인지 이야기하지 않았습니다. 네 번째 면담에서 모든 문제는 깨끗이 해결되었습니다. 그는 모든 요금을 정상적으로 납부했고, 자신이 전화 회사와 분쟁을 시작한 이후로 공공서비스위원회에 처음으로 제기한 불만을 자진 철회했습니다."

그 고객은 자신을 '가혹한 착취로부터 공공 권리를 보호하는 정의의 사도'라고 생각했을지도 모른다. 하지만 그는 자신의 존재를 인정받는 것을 원했을 뿐 다른 것은 중요하게 생각하지 않았다. 처음에는 소란을 일으키고 불평을 토로함으로써 자신의 존재가 인정받고 있다고 느꼈다. 그런데 회사에서 자신을 만나러 온 사람에 의해 자신의 존재가 인정받는다는 것을 느끼게 되고 나니, 지금껏 불만이라고 생각해 오던 것들이 순식간에 해소되었던 것이다.

몇 년 전에 있었던 일이다. 어느 고객이 화가 잔뜩 나서는 줄리안 F. 데트머의 사무실로 쏜살같이 쳐들어 왔다. 데트머는 세계 최정상의 모직물 공급사로 성공 가도를 달리고 있는 데트머 모직 회사의 창립자다. 이제 데트머의 이야기에 귀를 기울여 보자.

"그 고객은 우리에게 15달러를 갚아야 할 돈이 있었습니다. 고객은 아니라고 말했습니다. 하지만 우리는 알고 있었습니다. 그가 착각하고 있다는 사실을요. 그래서 우리 회사의 채권 담당 부서에서는 그에게 대금을 지불해 줄 것을 요청했습니다. 이렇게 몇 차례 독촉장을 받은 그는 가방을 싸서 멀리 시카고에 있는 내 사무실까지 찾아왔습니다. 그러고는 자신은 한 푼도 갚을 수 없으며 앞으로 데트머 회사와는 거래하지 않겠다고 으름장을 놓았습니다.

나는 그가 하는 말을 끝까지 묵묵히 들어 주었습니다. 중간에 말을 중단시키고 싶은 생각이 들지 않은 것은 아니지만, 그러지 않는 것이 좋겠다는 것은 잘 알고 있었죠. 그래서 끝까지 가만히 있었습니다. 어느 정도 화를 가라앉히고 침착해질 만한 상황이 되었을 때 내가 이야기를 꺼냈습니다. '이런 말씀을 해 주시려고 멀리 시카고에서 와 주셔서 대단히 감사합니다. 당신은 나에게 큰 도움을 주셨습니다. 채권 담당 부서에서 당신에게 이렇게까지 불편을 끼쳤다면, 다른 고객들께도 이런 상황이 없지 말라는 법은 없기 때문입니다. 그렇게는 되지 말아야죠. 진심입니다. 당신이 말하고자 하는 마음보다 내가 이런 이야기를 듣고자 하는 마

음이 훨씬 더 컸다고 생각합니다.'

내가 이런 이야기를 꺼낼 것이라고 그는 아마 꿈에서도 생각하지 못했을 것입니다. 아마도 무척이나 실망하지 않았을까 싶습니다. 그는 나에게 자신의 문제를 따지려고 시카고까지 왔는데, 자신의 이야기를 듣는 사람이 따지지도 않고 오히려 그에게 고맙다고 이야기하니 말입니다. 나는 그에게 15달러를 받지 않겠다고 약속했습니다. 우리 회사의 직원들은 관리해야 하는 거래만 해도 수천 건이 넘지만, 당신은 주의 깊은 사람일 뿐만 아니라 관리하는 거래가 하나에 불과하니 우리보다 훨씬 더 정확하고 정교하지 않겠는가 하는 것이 그 이유였습니다.

덧붙여, 당신이 어떻게 생각하는지 이해한다, 나 역시 당신의 입장이라 해도 똑같이 생각하고 행동했을 것이라고 이야기해 주었습니다. 앞으로 우리 회사와 거래를 중단한다는 말에 괜찮은 모직 회사 몇 군데를 추천해 주었습니다.

예전에 저는 그가 시카고에 오면 점심 식사를 같이 하곤 했습니다. 그래서 그날도 마찬가지로 같이 식사하자고 말했죠. 조금 망설이기는 했지만, 그러자고 하더군요. 하지만 식사를 마치고 사무실로 돌아왔을 때 그는 이전 그 어느 때보다도 많은 양을 주문했습니다. 그는 화를 삭이고 집으로 돌아갔습니다. 그리고 적어도 우리 회사가 공평하고 올바르게 운영되는 만큼 자신도 그렇게 하겠다는 생각을 가지고 영수증을 살펴보다가 누락된 청구서를 한 장 발견하고는 사과 편지와 함께 15달러를 보내 왔습니다. 나중에 남자 아이를 낳게 되자 그는 데트머라고 아이의 가운데 이름을 지었습니다. 그로부터 22년이 지나 세상을 뜰 때까지 그는 나에게 좋은 벗, 좋은 고객이 되어 주었습니다."

오래전에 있었던 일이다. 네덜란드에서 소년 하나가 이민을 왔는데, 가난한 집안 형편 속에서 50센트를 받고 빵집 유리창을 닦는 일을 하고 있었다. 소년의 가족은 너무 가난했다. 그래서 소년은 양동이를 들고 거리로 나가 시궁창을 뒤지곤 했다. 석탄을 실은 마차에 떨어진 석탄 부스러기를 주우려 했기 때문이다. 그 소년, 에드워드 보크가 받은 학교 교육은 고작해야 6년밖에 되지 않았다. 하지만 어른이 된 소년은 미국 역사를 통틀어 가장 성공한 잡지 편집인이 되었다. 도대체 그동안 그에게 일어난 일은 무엇일까? 과정은 짧지 않지만, 그가 어떻게 시작했는지에 대해서는 길지 않게 이야기할 수 있다. 그는 이 책에서 이야기하고 있는 원칙을 활용해 그 과정의 첫걸음을 내딛었다.

그는 열세 살 무렵 학교를 중도에 포기하고 웨스턴 유니언 전신 회사에서 일주일에 6.25달러를 받는 급사(急使)가 되었다. 하지만 공부에 대한 꿈은 포기하지 않았다. 독학을 시작하면서 교통비를 줄이고 점심을 굶어 가며 돈을 모은 후에 『미국 전기 전집』을 구매했다. 그러고 나서 지금껏 그 누구도 하지 않은 일에 뛰어들었다. 그 일은 바로 유명인들의 삶에 대해 읽고 나서 그들에게 자신들의 어린 시절 이야기를 더 알려 달라고 편지를 보내는 것이었다.

그는 타인의 말을 경청하는 데 매우 탁월한 사람이었다. 그에게는 유명인들이 자신에 대해 이야기하게끔 만드는 재주가 있었다. 그는 당시 대선 주자였던 제임스 A. 가필드 장군에게 편지를 보내 어린 시절에 운하에서 배를 끄는 일을 한 적이 있는지 물었다. 가필드 장군은 답장을 보냈다. 그는 남북 전쟁 때 북군의 사령관이었던 그랜트 장군에게 당시에 있었던 한 전투에 대해 물어보기 위해 편지를 보냈다. 그랜트 장군은 소년을 위해 지도를 그려 주고, 당시에 열네 살이었던 소년을 저녁 식사에 초대해 내내 이야기꽃을 피웠다.

보크는 에머슨에게도 편지를 썼다. 편지에는 에머슨 자신에 대해 이야기해 달라는 요청이 담겼다. 웨스턴 유니언의 급사였던 이 소년은 순식간에 전국의 내로라하는 유명인들과 편지를 주고받는 사람이 되었다. 에머슨, 필립스 브룩스, 올리버 웬델 홈스, 롱펠로, 에이브러햄 링컨여사, 루이자 메이 올컷, 셔먼 장군, 제퍼슨 데이비스 같은, 이름만 들어도 쟁쟁한 사람들이었다.

그는 이런 유명인들과 편지를 주고받았을 뿐만 아니라 휴가 시즌에는 너무나 중요한 손님이 되어 크게 환영받으며 그들의 집을 방문했다. 그는 이런 경험을 통해 자신감을 얻었다. 이 유명인들이 소년에게 심어준 것은 삶의 송두리째 바꿀 만한 비전과 꿈이었다. 거듭 이야기하건대, 이 모든 것들이 가능했던 이유는 순전히 이 책에서 말하고 있는 원칙들을 충실히 실천했기 때문이다. 저명인사들을 인터뷰하기로 잘 알려진 아이작 F. 마커슨은 사람들이 대부분 주의를 기울여 듣지 않기 때문에 나쁜 인상을 주는 것이라고 못박았다. "사람들은 자신이 무슨 말을 해야 할지에 골몰하느라 상대방의 이야기에 대해서는 집중하지를 않습니다. 저명인사들은 말을 잘하는 사람보다는 경청하겠다는 사람이 되겠다고 많이 이야기합니다. 이 세상에 존재하는 재능은 참으로 많습니다. 하지만 사람의 말을 잘 들을 수 있는 재능은 생각 외로 찾기 힘든 것 같습니다."

유명인들뿐만 그런 것이 아니다. 사람들은 누구나 잘 듣는 사람이 되고자 한다. 〈리더스 다이제스트〉에 나온 말처럼 "사람들이 의사를 부르는 이유는 자신의 말을 들어 줄 사람이 필요하기 때문"이다.

남북 전쟁으로 온 나라가 시끌벅적하던 때에 링컨은 일리노이주 스프링필드에 사는 옛 친구에게 상의할 것이 있다며 워싱턴으로 와 주기를 바란다는 편지를 보냈다. 친구가 백악관에 도착하자 링컨은 노예해방선언이 적절한지에 대해 몇 시간을 할애해 이야기를 나누었다. 찬성과 반대 입장의 의견을 골고루 듣고 검토하고, 신문에 게재된 기사와 의견들을 읽어 주었다. 여러모로 링컨을 향한 비판의 화살은 거세게 날아들고 있었다. 몇 시간 동안의 대화를 마치고 링컨은 옛 친구를 돌려보냈다.

친구는 어떻게 생각했을지에 대해서 링컨은 아무 질문도 하지 않았다. 자기 혼자서 주구장창 이야기를 했던 것이다. 그러면서 링컨은 마음이 정리되는 것을 느꼈다. "그렇게 이야기하고 나니 마음이 조금 편안해지는 것 같았어." 링컨의 옛 친구가 말했다. 그렇다. 링컨에게 필요한 건 누군가의 조언이 아니었다. 편안하게 공감하며 자신의 이야기를 들어 줄 사람, 그래서 자신이 짐을 벗을 수 있게 해 줄 수 있는 사람이 필요했을 뿐이다. 우리에게도 마찬가지다. 어떤 문제에 직면했을 때 필요한 것은 바로 이런 경청이다. 화가 잔뜩 난 고객이든 불만에 가득 찬 종업원이든 상처를 입은 친구든 모두 이것을 원한다. 자신의 이야기를 들어 주는 사람이 필요한 것이다. 그것만으로도 충분하다.

사람들이 여러분을 기피하면 좋겠는가? 혹은 등 뒤에서 여러분을 비웃고 심지어는 경멸하고 혐오하게 만들고 싶은가? 그 방법은 어렵지 않다. 상대방의 말을 끝까지 듣지 않으면 된다. 무시하고 말을 끊어라. 여러분 자신에 대해 끊임없이 떠들어라. 다른 사람이 이야기하는 도중에 무언가가 떠오른다면, 그가 말을 다할 때까지 절대로 기다리지 말라. 그는 여러분보다 똑똑하지 않다. 왜 그토록 쓸데없는 이야기를 들으면서 시간을 허비해야 하는가? 즉시 입을 열어 말을 끊어 버려라.

이런 사람을 만나 본 적 있는가? 안타깝게도 나는 그런 적이 있다. 내가 만난 사람들 가운데 몇몇은 저명인사였다는 것이 너무나 놀라웠다. 그런 사람들은 지루하다. 이 말밖에는 할 말이 없다. 자기 자신에만 골몰해 있는 사람, 다른 사람은 중요하지 않고 오직 자기 자신만 중요하다고 생각하는 사람은 우리를 지루하게 만드는 사람이다.

자기 자신에 대해서 이야기하는 사람은 다른 사람은 생각하지 않고 오로지 자기 자신만 생각하는 사람이다. 컬럼비아 대학의 총장을 역임 했던 니콜라스 머리 버틀러 박사는 이렇게 말했다. "자기 자신만 생각 하는 사람은 교양을 배울 줄 모르는 사람이다. 아무리 가르침을 받아도 교양이 생길 리 만무하다."

그렇기 때문에 대화를 잘하는 사람이 되고 싶다면, 한 가지만 기억하면 된다. 경청하는 것이다. 찰스 노덤 리 여사가 이야기한 대로 말이다.

> 관심을 끌고 싶다면 먼저 관심을 가지면 된다.
> To be interesting, be interested.

다른 사람이 기꺼이 대답해 줄 만한 질문을 던져라. 상대방이 자기 자 신에 대해서, 그리고 자신이 이룬 일에 대해서 신이 나서 이야기하게끔 이끌어 주도록 하라.

명심하자. 여러분에게 이야기를 건네는 사람은 당신이나 당신의 문 제에 관심이 없다. 그들이 관심을 두는 것은 자기 자신, 자신이 품고 있 는 희망, 자신이 직면한 문제다. 이 사실은 변하지 않는다. 슬프지만, 중 국에서 수백만 명이 굶어 죽고 있다는 사실이 그들에게 중요한 것은 아 니다. 그들에게는 자신의 치아 하나가 아픈 것이 훨씬 더 중요하다. 아 프리카에 지진이 수십 번 일어난다고 해도 그들은 자기 목에 생긴 종기 만큼도 신경 쓰지 않는다. 그러니 다른 사람과 이야기할 때는 경청하기. 이것을 잊지 말자.

사람들로부터 호감을 사고 싶은가? 그렇다면 다음 방법을 똑같이 따 라 해 보라!

사람의 호감을 사는 방법 4

상대방의 말을 잘 들어라.
Be a good listener.

상대방이 자신에 대해서 이야기하도록 이끌어라.
Encourage others to talk about themselves.

5

사람들의 관심을 사로잡는 방법
How to Interest People

오이스터 만에 있는 대통령 관저로 시어도어 루스벨트 대통령을 방문한 사람은 누구든 그의 해박하고 지식으로 충만한 모습에 놀라지 않을 수 없게 된다. 가말리엘 브래드퍼드가 쓴 글을 보면, "상대방이 카우보이든 의용 기병대원이든 뉴욕의 정치가이든 혹은 외교관이든 누구든 상관없다. 루스벨트는 상대방이 누구인가에 대해 전혀 영향받지 않고 대화를 이어갈 수 있는 사람이었다." 어떻게 그런 일이 가능했을까? 답은 의외로 간단하다. 손님이 온다는 말을 들으면 루스벨트는 약속 전날 밤 늦은 시간까지 손님이 관심을 가지고 있는 주제를 심도 있게 다룬 책을 읽었다.

지도자라면 누구나 그러하듯 루스벨트는 '상대방의 마음을 여는 것은 상대방이 가장 소중하게 여기는 것에 대해 이야기하는 것이 열쇠'라는 사실을 잘 알고 있었기 때문이다.

예일대 문과대학의 교수였던 윌리엄 라이언 펠프스는 어려서 이런 교훈을 배웠다. 그는 『인간의 본성』이라는 책에 이렇게 썼다.

여덟 살 정도 되었을 때 일어난 일이다. 언젠가 나는 후서토닉의 스트랫퍼드에 있는 리비 린슬리 숙모 댁에서 주말을 만끽하고 있었다. 하루는 저녁 무렵이 되어 중년 남성 한 명이 찾아왔다. 그는 숙모와 말다툼을 하고 있는 것 같았는데, 이야기가 끝나고 나에게 말을 걸었다. 당시 나의 관심사는 보트에 있었는데, 나는 그 남자와 보트에 대해서 무척이나 즐겁게 이야기를 나누었다. 그가 떠나고 나는 어떤 일이 있었는지 신이 나서 숙모에게 이야기했다. "너무 멋있는 사람이에요. 보트에 대한 관심도 전문가 못지않고요." 그러자 숙모는 "그 남자는 뉴욕에서 온 변호사야. 보트에 대해서는 하나도 알지 못하고 관심도 없을 텐데?"라고 말해 주었다. "그렇다면 도대체 왜 관심도 없었을 보트에 대해서만 이야기했을까요?" 나는 다시 숙모에게 물어보았다.

"그분이 신사라서 그런 거겠지. 네가 보트에 관심이 많다는 것을 알고는 네 마음에 쏙 들도록, 네가 기분이 좋아지도록 이야기해 주셨을 거야. 네가 편하게 느낄 수 있도록 배려해 주신 거지." 나는 숙모님이 해 주신 말씀을 절대로 잊을 수 없었다.

이 글을 쓰는 동안 나는 에드워드 L. 찰리프로부터 편지를 한 통 받았다. 헌신적으로 보이스카우트 활동을 하는 그가 보내 온 편지에는 이렇게 쓰여 있었다.

어느 날이었습니다. 도움을 청할 일이 하나 생겼습니다. 유럽에서 보이스카우트 잼버리 대회가 대규모로 열리는데, 우리 소년단원 한 사람의 여행 경비를 후원해 달라고 어느 대기업 총수에게 요청하는 일이었습니다.

마침 그를 만나러 가기 직전에 이야기 하나를 들었습니다. 그가 100만 달러짜리 수표를 끊었는데 수표 사용이 취소되자 액자에 넣어 보관하고 있다는 것이었습니다.

기회다 싶었습니다. 그래서 나는 그를 만나러 가서 먼저 그 수표를 한번 보고 싶다고 말했습니다. 100만 달러 수표! 나는 그에게 지금까지 100만 달러를 수표로 발행한 사람은 없을 것이라고 생각했는데, 지금 내 눈으로 100만 달러짜리 수표를 보고 왔다고 나의 단원들에게 이야기해 주고 싶다고 말했습니다. 그는 선뜻 수표를 보여 주었습니다. 나는 수표를 보며 감탄을 금하지 못했습니다. 그러고는 어떻게 이런 수표를 발행하게 되었는지 물었습니다.

지금 여러분이 본 것처럼, 찰리프는 보이스카우트나 유럽에서 열리는 잼버리 대회나, 아니면 자신이 무엇을 원하고 있는지에 대해 이야기하며 대화를 시작하지 않았다. 그는 상대방이 관심을 두고 있는 것에 관해 먼저 이야기했다. 결과를 살펴보자.

나의 질문을 듣던 그가 이윽고 이렇게 말했습니다. "아참, 그러고 보니 중요한 이야기를 하지 않았군요. 무슨 일로 나를 찾아온 거죠?" 그래서 그에게 전후 사정을 이야기했습니다.

다행히도 그는 나의 요청에 응해 주었습니다. 그런데 놀랍게도 그는 내가 요청한 것뿐만 아니라 그보다 훨씬 더 많은 경비를 후원해 주었습니다. 내가 그에게 부탁한 것은 소년단원 한 사람의 유럽 여행 경비 지원이었을 뿐인데, 그는 소년단원 다섯 명과 함께 나도 보내 주었고, 유럽에서 7주 동안 머물다 오라면서 1,000달러나 지원해 주었습니다. 그는 유럽에 있는 지사장에게 연락해 우리 일행에게 편의를 제공해 주기를 바란다고 말했고, 그 자신 또한 직접 파리로 와서는 시내 곳곳을 구경시켜 주었습니다. 그 이후에도 그는 가정 형편이 여의치 않은 단원들에게 일자리까지 마련해 주었습니다. 아직도 그는 우리 그룹에서 열심히 활동하며 지내고 있습니다.

이 모든 일이 가능했던 이유는 단 하나였습니다. 내가 그의 관심사가 무엇인지 미리 파악해서 그의 마음을 열지 않았다면, 그에게 접근하는 것이 수월하지 않고 난항을 겪었을 것이라고 생각합니다.

비즈니스에서 이 기술을 활용할 수 있다는 생각이 드는가? 정말 그런가? 뉴욕 최고의 제빵 회사로 알려진 뒤버노이 앤드 선즈의 헨리 G. 뒤버노이의 사례를 살펴보자.

그가 뉴욕의 어떤 호텔에 빵을 공급하려고 애쓸 때의 일이다. 그는 4년 동안 일주일에 한 번씩 호텔 사장을 찾아갔다. 심지어는 사장이 참여하고 있는 사회 활동에도 함께했다. 사업을 따내기 위해 그 호텔의 객실을 예약해 그곳에서 한동안 살기도 했다. 하지만 그의 노력은 애석하게도 실패로 끝이 났다.

뒤버노이는 이렇게 이야기했다.

"인간관계에 대해 배우고 난 후에 나는 전략을 수정하기로 했습니다. 그 사람의 관심사가 무엇인지, 그 사람의 열정이 향하고 있는 것이 무엇인지 찾아내기로 한 것이죠.

나는 그가 미국 호텔 영접인 협회원이라는 것을 알게 되었습니다. 그는 형식적으로 가입한 것이 아니었습니다. 열정이 뜨거웠던 그는 이후 협회장을 역임하게 되었고, 나아가서는 세계 영접인 협회장까지 올랐습니다. 협회 회의가 어디에서 열리든 그는 회의에 불참하지 않았습니다.

그래서 그를 찾아간 날, 나는 영접인 협회에 관해 이야기했습니다. 그가 보인 반응은 너무나 뜨거웠습니다. 그는 흥분된 나머지 열을 높이며 30분 넘게 협회에 관해 이야기했습니다. 그 모임이 그에게 어떤 의미인지 알 수 있었습니다. 그의 여가 생활이자 삶의 활력을 얻는 곳이라는 사실을 말입니다. 헤어지기 전 그는 나에게 그 협회의 찬조 회원으로 가입하면 좋겠다고 요청했고, 나는 그 요청에 응했습니다.

그렇게 대화를 나누는 동안 나는 빵에 대해서는 단 한마디도 던지지 않았습니다. 하지만 며칠이 지나고 나서 호텔 사무장에게 전화가 왔는데, 그때 견본용 빵과 가격을 문의하더군요.

'궁금하군요. 사장님 마음을 도대체 어떻게 움직이신 건가요?' 수화기 너머로 들려오는 사무장의 목소리에는 반가운 기색이 역력했습니다. '어찌 되었든 사장님이 완전히 넘어간 것 같네요.'

한번 생각해 보십시오. 사업을 따내기 위해 4년 동안 매주 그 사람을 따라다니고 있었습니다. 그가 무엇에 관심을 두고 있는지, 그가 어떤 것을 말하고 싶어 하는지 발견하지 못했다면, 나는 아마 지금도 그 사람의 뒤꽁무니를 쫓아다니고 있었을 것입니다."

사람들로부터 호감을 사고 싶은가? 그렇다면 다음 방법을 똑같이 따라 해 보라!

사람의 호감을 사는 방법 5

상대방의 관심사에 관해 이야기하라.
Talk in terms of the other man's interests.

6

사람의 마음을 단번에 빼앗는 방법

How To Make People Like You Instantly

뉴욕 8번가와 33번가가 만나는 곳에 있는 우체국에서 나는 편지를 부치기 위해 기다리고 있었다. 우체국 직원이 자신이 하고 있는 일에 권태를 느끼고 있다는 것이 한눈에 들어왔다. 그는 편지 무게를 달고 우표를 내 주고, 잔돈을 거슬러 주고 영수증을 발행해 주는 등의 단순한 업무를 몇 년 동안 계속해 오고 있었다. 나는 그 모습을 보며 이렇게 생각해 보았다. '저 사람이 나를 좋아하게 한번 만들어 보아야겠다. 나를 좋아하게 만들려면 저 사람에 대해서 근사하게 이야기할 수 있어야 할 텐데, 음, 저 사람에 대해 솔직하게 칭찬할 만한 어떤 것을 찾을 수 있을까?' 물론 이런 질문에 대답하기가 쉬운 것은 아니다. 대답하기 곤란한 경우가 종종 있을 수 있다. 게다가 처음 대면하는 사람이라면 당연히 더더욱 그럴 수밖에 없다. 하지만 이번 경우는 그다지 어렵지만은 않았다. 정말로 감탄할 수밖에 없는 부분을 금세 찾았던 것이다.

그가 내 편지의 중량을 재고 있을 때였다. 나는 감탄하며 이렇게 말했다. "헤어스타일이 정말 멋있네요. 부럽기까지 합니다." 그는 이 말을 듣고는 약간 놀란 듯한 기색을 보였다. 하지만 이내 얼굴에 환한 미소를 보이며 나에게 눈길을 보냈다. "아닙니다. 예전에 비하면 지금은 새 발의 피도 안 되는걸요." 그가 멋쩍은 듯 말했다. 나는 겸손한 그에게 예전에는 지금보다 더 멋있었을지 모르겠지만, 지금도 충분히 멋있고 빛이 난다고 이야기해 주었다. 그는 내 말에 매우 기뻐했다. 우리는 즐거운 대화 시간을 조금 더 가졌는데, 마지막에 그는 "헤어스타일을 보고 멋있다고 말해 주는 사람이 종종 있기는 하죠."라고 말했다.

그의 기분이 어떠했을까? 아마 그날 점심 식사를 하러 가는 동안에도 마치 하늘을 날 것처럼 기분이 좋았을 것을 충분히 짐작할 수 있다. 저녁에 집에 가서는 낮에 있었던 일을 아내에게도 신이 나서 늘어놓았을 것이다. 거울을 보면서 '내 헤어스타일이 괜찮기는 하지!' 하면서 무척 뿌듯해했을 것이다.

어느 강연에서 이 이야기를 꺼냈더니 청중 가운데 한 분이 이렇게 질문해 왔다. "도대체 그 사람에게 무엇을 원하셨나요?"

내가 그에게 무엇을 원했느냐고? 내가 그에게서 무엇을 원했느냐고 묻다니!

물론 단 한 가지 진정으로 그에게 원한 것이 있기는 했다. 내가 원한 것은 그 가치를 따질 수 없는 어떤 것이었다. 그리고 나는 그것을 얻었다. 나는 그에게 무언가를 해 주었다는 느낌을, 즉 시간이 오래 지난 후에도 결코 사라지지 않고 영원히 간직될 기억으로 남을 만한 느낌을 얻었다. 그가 나에게 보상해 줄 수 있는 상황이 아니었는데도 말이다.

우리는 인간 행위에서 영원히 변하지 않는 법칙을 한 가지 발견할 수 있다. 이 법칙을 지킬 경우 문제에 직면하는 일도 없게 되며, 수많은 친구와 영원한 행복을 얻을 수 있을 것이다. 하지만 반대로 이 법을 어길 경우 우리는 문제라는 미로에 끊임없이 놓이게 된다. 내가 말하는 법칙은 바로 이것이다. 항상 상대방에게 자신이 인정받는 사람이라는 것을 느끼게 하라. 앞서 본 바와 같이 존 듀이 교수는 "인정받고 싶다고 느끼는 욕망이야말로 인간의 본성에서 발견할 수 있는 가장 깊고 강력한 충동"이라고 말했다. 윌리엄 제임스 교수는 "인간 본성의 가장 깊은 원칙은 인정받으려는 욕구"라고 말한 바 있다. 이미 지적했듯이, 인간과 동물을 구분하는 욕구가 바로 이것이다. 인간이 문명을 발전시킬 수 있었던 것도 바로 이렇게 인정받고 싶어 하는 욕구 때문이다.

수천 년 동안 인간관계에 대해 깊이 성찰한 끝에 철학자들은 한 가지 중요한 교훈을 발견했다. 그것은 새로운 교훈이 아니다. 역사처럼 이미 너무나 오래된 것이다. 3,000년 전 페르시아 지역의 조로아스터교가 교도들에게 가르친 교훈이 이것이다. 2,500년 전 중국의 사상가 공자도 사람들에게 이것을 가르쳤다. 도교를 창시한 노자도 『도덕경』을 써서 후학과 사람들에게 이것을 가르쳤다. 20세기 전에 예수는 유대의 바위산에서 이것을 외쳤다. 그는 이것을 하나의 문장으로 정리했다. 이 세상에서 가장 중요하다고 할 수 있는 규칙일 것이다.

남에게 대접받고자 하는 대로 너희도 남을 대접하라.

Do unto others as you would have others do unto you.

여러분은 주변 사람들로부터 인정받는 존재가 되고 싶어 한다. 그들이 여러분의 가치를 제대로 알아보아 주기를 바란다. 여러분이 작은 세상에서나마 인정받는 존재로 살고 있다고 느끼고 싶어 한다. 여러분이 원하는 것은 가식적이고 저렴한 사탕발림이 아니다. 진심 어린 갈망, 오직 그것뿐이다. 친구와 동료들로부터, 찰스 슈워브가 말한 것처럼 진심으로 인정해 주고 칭찬해 주기를 희망한다. 우리 모두 그 어느 누구도 여기에 예외는 없다.

자, 이 황금률을 명심하자. 남에게 대접받고자 하는 대로 우리도 남을 대접하자. 어떻게 해야 하는가? 언제 해야 하는가? 어디서 해야 하는가? 답은 이것이다. 언제나, 어디서나.

예를 하나 들어 보자. 한번은 라디오 시티 빌딩의 안내 직원에게 헨리 서베인의 사무실 위치를 물어본 적이 있었다. 깔끔한 정복을 갖춰 입고 있던 안내 직원은 자신이 안내하는 방식에 대해 자부심으로 똘똘 뭉쳐 있었다. 내 물음에 그가 매우 깔끔하고 확실하게 답해 주었다. "사무실은…… 18층…… 1816호입니다."

나는 승강기로 가던 발걸음을 멈추고 안내 직원에게 다시 돌아갔다. 그러고 이렇게 말했다. "내 질문에 대답하는 당신의 방식이 너무 훌륭하다고 칭찬해 드리고 싶네요. 너무 분명하고 너무 명확했습니다. 이렇게까지 예술적인 수준으로 대답하는 걸 듣기는 어려운 일이죠."

기쁨에 겨워하던 그는 대답 중간에 무엇 때문에 잠깐 동안 멈추는지, 그리고 각 부분을 무엇 때문에 그렇게 이야기하는지에 대해 설명해 주었다. 내가 툭 던진 몇 마디로 그는 어깨가 으쓱해질 정도로 기분이 좋아졌다. 나는 18층으로 서둘러 올라가면서 적어도 오늘 오후만큼은 인류 전체의 행복도가 높아지는 데 조금이나마 기여한 것 같은 느낌이 들었다.

칭찬의 철학을 실천하는 것은 프랑스 주재 미국 대사나 미국의 사교 클럽인 엘크스 클럽의 클램베이크(해산물 축제) 위원회 대표 정도의 인물이어야만 할 수 있는 것은 아니다. 각자의 삶의 모습이 달라도 상관없다. 우리는 거의 매일매일 타인을 칭찬하며 놀라운 마법이 일어나게 할 수 있는 존재다.

마법으로 가는 길은 매우 평탄하다. 이를테면, 감자튀김을 주문했는데 으깬 감자가 나왔다면 종업원에게 다음과 같이 말해 보자. "번거롭게 해 드려서 죄송합니다. 저희가 감자튀김을 주문한 것 같은데요." 그렇게 말하면 종업원도 "알겠습니다." 하고 음식을 바꾸어 줄 것이다. 이유는 간단하다. 여러분이 종업원을 존중해 주었기 때문이다.

상대방을 배려하는 몇 마디의 말, 다시 말해 '번거롭게 해서 죄송한데요.', '이렇게 해 주시겠어요?', '미안하지만', '실례가 되지 않는다면', '감사합니다.' 등의 별것 아닌 말은 실제로는 엄청난 힘을 발휘한다. 매일매일 반복되는 단조로운 일상을 아름답게 해 주는 역할을 할 뿐만 아니라 그 말을 한 사람(즉, 여러분 자신)이 얼마나 올바르게 자란 사람인지를 나타내는 표시가 되어 주기도 한다.

또 다른 예를 살펴보자. 여러분은 홀 케인이 지은 『크리스천』이나 『재판관』, 『맨 섬의 사람들』이라는 소설을 읽어 보았는가? 홀 케인의 소설은 독자만 해도 수백만 명이 넘는다. 아버지는 대장장이였다. 홀 케인은 학교 교육을 8년밖에 받지 않았지만, 죽음이 오기 직전에는 작가로서 가장 많은 부를 축적한 사람이었다.

홀 케인은 소네트와 발라드풍의 시를 좋아했다. 단테 가브리엘 로제티의 시를 모두 외울 정도로 그는 시에 대한 애정이 흘러넘치는 사람이었다. 심지어는 로제티의 예술적 업적을 기리는 글을 써서 사본을 로제티에게 보낼 정도였다. 그의 글을 읽은 로제티는 너무나 기뻐했다. '나의 능력을 이렇게 높이 평가하는 사람이라면 분명 뛰어난 청년일 거야!' 로제티는 아마도 이렇게 생각했을 것이다. 그래서 로제티는 이 대장장이의 아들을 런던으로 불러서 자신의 비서로 채용했다. 이때가 바로 홀 케인의 인생에 찾아온 전환점이었다. 소설가의 비서로 새로운 일을 하는 동안 그는 당대의 유명 문필가들을 많이 접할 수 있었기 때문이었다. 그들로부터 받은 충고와 격려, 이 두 가지를 통해 그는 작가의 길로 들어설 수 있었다. 결국에는 작가로서 놀라운 한 획을 긋는 열매를 맺을 수 있었다.

그의 집 '그리바 캐슬'은 맨 섬에 있는데, 여행자들이 세계 곳곳에서 찾아오는 핫플레이스가 되었으며, 그가 남긴 유산은 무려 250만 달러에 달했다. 하지만 만약에 유명 시인을 높이는 글을 쓰지 않았다면, 그가 평생 이름 없는 가난뱅이의 삶을 살았을지 누가 알 수 있겠는가? 마음으로부터 나오는 진심 가득한 칭찬은 여러분이 상상하는 것 이상으로 엄청난 위력을 가지고 있다.

로제티는 자기 자신을 가치 있는 사람이라고 생각했다. 그것은 전혀 이상한 생각이 아니다. 사람들은 누구나 자기 자신이 중요한 사람이라고 생각한다. 그것도 매우 중요한 사람이라고 자신을 생각한다. 국가의 경우에도 그 점은 마찬가지다.

자신이 일본 사람보다 우월하다고 생각하는가? 하지만 일본 사람들은 여러분보다 훨씬 더 자신들이 우월하다고 생각한다. 보수적인 성향의 일본 사람은 일본의 양가 규수가 만약 백인과 춤추는 모습을 목격하면 한 치의 망설임도 없이 버럭 화를 낸다.

자신이 인도에 거주하는 힌두교도들보다 우월하다고 생각하는가? 그렇게 생각할 수도 있다. 하지만 힌두교도 수백만 명은 여러분보다 훨씬 더 자신들이 우월하다고 생각한다. 따라서 여러분의 세속적인 그림자가 드리웠던 음식은 더럽다고 먹지 않을 것이다.

자신이 에스키모보다 우월하다고 생각하는가? 그렇다면 에스키모는 여러분을 어떻게 생각하고 있을까? 아무런 일도 하지 않고 자기 하고 싶은 대로 하면서 되는 대로 사는 게으름뱅이 에스키모가 있다고 해 보자. 에스키모들은 그런 사람을 '백인'이라고 부른다. '백인'이라는 말은 에스키모의 욕 중에 가장 경멸적인 욕이다.

어떤 국가든 자기네 국가가 다른 국가보다 우월하다고 여긴다. 그리고 이 생각에서 애국심과 전쟁이 발생한다.

하지만 변함없이 영원할 진실이 있다. 바로 모든 사람은 자신에게 남보다 나은 부분이 있다고 생각하는 것이다. 따라서 상대방의 마음을 확실히 사로잡는 방법은, 자신의 자그마한 세상에서는 자신보다 중요한 사람은 없다는 것을 진심으로 받아들이기, 그리고 여러분이 그렇게 생각하고 있다는 것을 상대방에게 은연중에 알리는 것이다.

에머슨이 남긴 이 말을 가슴속 깊이 새겨 두자.

> 모든 사람은 나보다 나은 점을 가지고 있다. 그런 의미에서 나는 모든 사람에게서 배울 수 있다.
>
> Everyman I meet is in some way my superior; and in that I can learn of him.

안타까운 점도 있다. 몇몇은 자랑할 만한 장점이 하나도 없는데도 불구하고 단지 자신이 가진 열등감을 없애기 위해, 자기 자랑에 목소리를 높이고 자신을 훌륭한 사람으로 포장하는 데 열을 올린다는 점이다. 그 모습을 보는 주변 사람들은 마음에 불편함을 느끼고 심지어 역겨워하는 경우도 적지 않다.

대문호 셰익스피어는 이렇게 말했다. "인간이여, 오만한 인간이여, 짧은 인생 얻어 살면서 자기만 잘난 척하며 거들먹거리는 저 무지함이라니! 하늘의 천사도 눈물을 참을 수가 없겠도다!"

이제 카네기 강좌에서 수강한 사업가가 내가 지금 말한 원칙들을 자신의 사업에 적용한 세 가지 사례를 공유하겠다. 먼저 코네티컷주에서 변호사로 일하고 있는 사람의 이야기에 귀를 기울여 보자. 익명을 부탁했기에 실명은 밝히지 않고 R 씨라고 부른다는 것을 밝힌다.

카네기 강좌에서 수강한 지 얼마 지나지 않아 그는 아내와 함께 처가 식구들을 만나러 롱아일랜드로 떠났다. 아내는 그를 연배가 있으신 숙모와 말동무로 묶어 놓고는 사촌들을 만나러 혼자 가 버렸다. 그는 나중에 강좌에서 어떤 방식으로 칭찬의 법칙을 실천했는지를 발표해야 했다. 그래서 우선 자신 앞에 있는 이 숙모에게 칭찬의 법칙을 적용해 보면 좋겠다고 생각했다. 그는 자신이 진심으로 감탄할 만한 것이 무엇이 있는지 주변을 찬찬히 둘러보았다.

"제가 보기에 이 집은 1890년대 정도에 지어진 것 같은데, 맞나요?" 그가 물었다.

"어, 맞네. 1890년에 그 집이 지어졌지."

"이 집을 보니 제가 태어난 집이 생각납니다. 예쁘고, 구조적으로 튼튼하고, 방도 많고. 요즘 지어진 집들은 이런 집을 찾기가 힘들어요."

"그러게 말이야. 요즘 어린 녀석들은 아름다운 집을 가지고 싶다고 거의 생각하지 않아. 빽빽하고 비좁은 아파트와 냉장고만 원할 뿐이지. 그게 다가 아니야. 차를 몰아서 이곳저곳 싸돌아다니기만 해."

좋았던 시절을 회상하던 그녀는 떨리는 목소리로 이렇게 말을 덧붙였다. "이 집은 내가 그토록 꿈꾸어 온 집이야. 이 집은 우리의 사랑으로 지어졌다고 해도 과언은 아니라네. 남편과 내가 이 집을 짓기 위해 몇 년을 기다려왔는지 몰라. 설계사도 없이 우리 손으로 직접 설계까지 했지."

이야기를 마친 그녀는 그에게 집 안 곳곳을 구경시켜 주었다. 그녀가 세계 곳곳을 여행하며 사 모은 예쁜 보물들, 즉 스코틀랜드의 페이즐리 숄, 영국의 전통 찻잔 세트, 영국 웨지우드에서 제조한 도자기, 프랑스식 침대와 의자, 이탈리아 그림, 한때 프랑스의 성을 장식하던 실크 커튼 등 평생을 간직해 온 예쁜 물건들이 그녀의 집을 수놓고 있었다. 그

물건들을 본 그는 마음속 깊은 곳에서부터 경이로움이 가득 차올랐다.

"그분은 집 안 곳곳을 보여 주시고는 차고로 저를 데리고 가셨습니다. 차고에는 거의 새 차라고 해도 무방한 상태의 패커드 차량 한 대가 멋진 자태를 뽐내고 있더군요."

그녀가 말했다. "저 차를 사고 나서 얼마 지나지 않아 남편이 세상을 떠났다네. 그 이후로는 한 번도 저 차를 몰고 나가지 않았어. 좋은 물건을 알아보는 안목이 자네에게 있는 듯하니, 저 차를 자네에게 선물하도록 하지."

"아이고, 어떻게 그 차를 받나요. 말씀만으로도 너무 놀랍고 감사합니다. 하지만 저 차를 받을 수는 없습니다. 저와 숙모님은 아무 사이도 아니거니와 제 차도 아직 멀쩡합니다. 게다가 숙모님께서는 저 패커드 차를 받을 만한 가까운 친척들도 많으실 것이고요."

"친척들이라······. 그래, 친척들 많기는 많지. 내가 눈 감기만을 오매불망 기다리는 친척들, 저 차를 가지려고 눈독 들이고 있는 친척들 말이야. 절대 그렇게는 못 하지."

"그러면 중고로 판매하시는 것도 좋지 않을까요?"

"중고로 차를 팔라고? 자네 보기에 내가 저 차를 팔 것 같은가? 낯선 사람이 저 차를 타고는 내 집 앞을 지나다니는 모습을 내가 제정신으로 볼 수 있다고 생각하는 건가? 남편이 사 준 차를? 나는 저 차를 팔 생각은 추호도 하지 않네. 이 차를 자네에게 선물로 주겠네. 자네는 멋지다는 것이 무엇인지 알아보는 사람 같거든."

그는 차를 받지 않으려고 계속 거절했지만, 계속 거절하다가는 그녀의 기분을 엉망으로 만들 것 같았다. 그래서 결국 그는 패커드 차를 받아 오고야 말았다.

이 노년의 여인은 페이즐리 숄과 프랑스 골동품들, 그리고 추억을 끌어안고 홀로 그 커다란 집을 지키고 있었다. 누군가 자신의 존재를 알아 주기를 간절히 기다리고 있었던 것이다. 그녀에게도 남자들의 구애가 끊이지 않을 만큼 젊고 아름다웠던 계절이 있었다. 그러다가 사랑으로 충만한 집을 한 채 짓고는 유럽 구석구석을 누비면서 예쁜 물건들을 사 와 그 집을 꾸몄다.

하지만 이제 나이가 든 그녀를 찾아오는 사람은 없었다. 홀로 지내 온 그녀는 누군가 자신에게 인간의 따뜻한 온기를 나누어 주기를, 자신을 진심으로 인정해 주기를 간절히 원하고 있었다. 하지만 그 누구도 그녀에게 그렇게 하지 않았다. 그러다가 사막 한복판에서 오아시스를 만난 것처럼 자신이 원하던 것을 발견하게 된 그녀는, 자신이 느낀 고마움을 표시하기 위해서라면 남편이 선물해 준 패커드 차를 선물한다 해도 조금도 아깝지 않다고 생각했다.

또 다른 예를 살펴보자. 뉴욕 주 라이에 있는 루이스 앤드 밸런타인 조경 회사에서 임원으로 재직하고 있는 도널드 M. 맥마흔의 이야기다.

"'친구를 사귀고 사람들의 마음을 움직이는 방법' 강의를 들은 지 얼마 지나지 않아서였습니다. 좋은 기회로 유명한 법률가의 저택 조경 공사를 맡게 되었습니다. 집주인이 철쭉과 진달래를 어떻게 심어 주면 좋겠다고 의견을 말하더군요.

나는 이렇게 말했습니다. '판사님, 아주 좋은 취미를 가지고 계시네요. 키우고 계신 개들이 너무 멋있어서 넋을 놓고 보고 있었습니다. 매디슨 스퀘어 가든에서 열리는 개 품평회에서 대상 수상도 여러 번 했다고 들었어요.'

이 작디작은 인정의 말이 가져온 결과는 그야말로 어마어마했습니다.

'그랬지. 개를 키우면서 즐거운 일이 참 많았어. 개 사육장 한번 구경해 보겠소?'

그러더니 판사는 한 시간이나 개 사육장을 구경시켜 주었고, 개들이 받은 상에 대해서도 설명해 주었습니다.

그러고는 이렇게 질문을 던지더군요. '혹시 아이가 있나요?' 내가 '네, 있습니다.' 이랬더니, 그는 '아이가 강아지 좋아하죠?' 하고 물었습니다. 그래서 '그럼요, 무척이나 좋아하죠.'라고 대답하자, '네, 그래요. 그럼 내가 강아지를 한 마리 드리면 좋겠군요.'라고 이야기하는 겁니다.

그러더니 그는 강아지에게 밥을 어떻게 주어야 하는지 설명했습니다. 그러다 잠시 멈추고는 이렇게 덧붙였습니다. '말로 하면 분명 잊어버릴 것 같으니 지금 적어서 드리죠.' 판사는 집으로 들어가 강아지 혈통과 돌보는 방법을 종이에 적고는 100달러는 족히 넘을 강아지를 한 마리 들고 와 나에게 주었습니다. 이러는 동안 시간이 1시간 15분이 훌쩍 넘어갔는데, 이 모든 것이 가능했던 건 내가 그의 취미와 그 성과에 대해 솔직하게 칭찬했기 때문이었습니다."

세계 최고의 사업가이자 코닥의 설립자인 조지 이스트먼은 영화 촬영이 가능한 투명 필름을 발명해 수업 달러의 매출을 낸 바 있다. 하지만 자신이 이룬 경이로운 업적 때문에 모든 것에 만족할 것 같았던 그 역시 여러분이나 나와 마찬가지로 타인에게 인정받기를 바라는 평범한 사람이었다.

그는 로체스터에 이스트먼 음악 학교를 세웠는데, 그 안에 어머니를 추모하기 위해서 킬번 홀이라는 연주회장을 짓고자 했다. 뉴욕에 있는 슈피리어 의자회사의 사장 제임스 애덤슨은 킬번 홀에 들어갈 의자를 공급하기를 원했다. 그래서 건축가에게 간곡히 부탁한 결과, 로체스터에서 이스트먼을 만날 수 있는 기회를 얻어 냈다.

약속 장소에 도착한 애덤슨에게 건축가는 이렇게 말했다. "이번 계약을 반드시 따내고 싶어 하시는 건 충분히 이해합니다. 하지만 이것만큼은 꼭 말씀드려야겠네요. 5분 이내에 결론을 내셔야 합니다. 5분을 넘기면 계약을 따낼 수 있는 기회는 물 건너갔다고 보아야 합니다. 이스트먼은 바쁘기도 하거니와 원칙주의자이기 때문입니다. 하고 싶은 이야기를 짧고 인상적으로 이야기하고 나오세요."

애덤슨은 반드시 그렇게 하겠다고 마음을 다졌다.

방으로 들어서니 이스트먼은 서류뭉치에 둘러싸인 채로 책상에 앉아 있었다. 자신을 찾아온 애덤슨을 향해 이스트먼은 고개를 들고 안경을 벗더니 건축가와 애덤슨 앞으로 와서 인사를 건넸다. "안녕하세요. 무슨 일로 나를 찾아왔나요?"

건축가의 소개로 서로 인사를 나누고 애덤슨은 이렇게 말했다. "당신을 기다리는 동안 사무실을 둘러보았는데 너무 놀라 입을 다물 수 없었습니다. 이런 사무실에서 일해 보고 싶다는 생각이 강하게 들었습니다. 인테리어 목재 장식 쪽에서 일하고 있다 보니 멋진 사무실을 수없이 보았는데, 이렇게 멋진 사무실은 태어나 처음 봅니다."

이스트먼이 대답했다. "그동안 거의 잊다시피 했던 것이 생각나는군요. 당신 때문에 기억이 났어요. 이 사무실 꽤 멋있어요, 그렇죠? 처음 지어졌을 때는 나도 어찌나 기뻤는지 몰라요. 그런데 일에 치이고 분주하다 보니 사무실이 눈에 잘 들어오지 않게 되었어요."

애덤슨은 방 한쪽 벽의 판자를 만지작거리며 "이건 영국산 떡갈나무 아닌가요? 이탈리아산과는 나뭇결이 조금 다르죠."라고 말했다.

이스트먼은 "아, 네, 맞습니다. 영국산 떡갈나무를 썼습니다. 전문적으로 고급 목재만 취급하는 내 친구가 특별히 선별해 주었죠."라고 대답했다.

이스트먼은 방 안을 구경시켜 주며 비례와 배색, 손으로 깎아 만든 부분, 그리고 자신이 직접 고안하고 실제로 만들기도 한 여러 장식들을 보여 주었다.

방 내부의 목공품들을 살펴보던 이스트먼은 창가에 이르더니 이내 멈추어 섰다. 그러고는 조용하면서도 부드럽게 울려 퍼지는 목소리로 인류에 기여하려고 자신이 구상하는 기구들에 관해 흥분한 듯한 어조로 이야기했다. 애덤슨은 인간의 고통을 줄이는 데 사유 재산을 사용하는 이스트먼의 희생에 진심 어린 경의를 표했다. 잠시 후 이스트먼은 유리 상자에서 자신이 처음 소유했던 카메라를 꺼내 보여 주었다. 그가 어느 영국인에게 구입한 발명품이었다.

이야기를 나누는 중에 애덤슨은 그가 사업 초반에 일어난 난관을 어떻게 극복해 나갔는지 물었다. 이스트먼은 보험 회사에서 하루 일당으로 50센트를 받으며 일하고, 홀어머니는 하숙을 꾸려서 생활하던 가난했던 유년기에 대해 너무나 생생하게 이야기해 주었다. 가난의 공포가 밤낮 할 것 없이 자신을 괴롭혔는데, 그는 어머니가 하숙을 꾸리며 고생하지 않아도 되도록 큰돈을 벌겠다고 다짐했다. 애덤슨은 이스트먼에게 몇 가지 더 질문을 던졌고, 이스트먼이 사진 실험을 하던 이야기에 귀를 기울였다. 이스트먼은 실험실에 들어가 하루종일 꼼짝하지 않고 일했다는 이야기, 화학 물질이 반응하는 사이 잠깐씩 눈을 붙이면서 밤을 지새운 이야기, 그러다가 사흘 밤낮을 옷도 갈아입지 않은 채 잠을 자고 실험하고를 반복하며 지냈던 이야기를 들려주었다.

애덤슨이 이스트먼의 사무실에 들어가면서 5분 이상 대화하지 말라는 충고를 들은 시간은 10시 15분이었다. 그런데 한 시간이 지나고 두 시간이 지나도록 그들의 대화는 멈출 줄을 몰랐다.

이스트먼이 이야기 하나를 들려주었다. "저번에 일본에 갈 일이 있었습니다. 의자를 몇 개 사와서 우리 집 베란다에 두었죠. 햇빛을 너무 직접적으로 받아서 그랬는지 칠이 벗겨졌습니다. 그래서 시내로 가서 페인트를 사 와서 직접 칠했죠. 내 페인트칠 솜씨가 어떤지 한번 보시겠어요? 좋습니다. 우리 집에 가서 함께 점심 식사를 하시죠. 그러고 나서 내 보여 드리리다."

식사를 마치고 이스트먼은 애덤슨에게 일본에서 사 온 의자를 구경시켜 주었다. 개당 1달러 50센트에 불과한 의자였다. 하지만 이스트먼에게는 너무나 값진 의자였다. 왜냐하면 비록 자신이 백만장자이기는 하지만 자신이 이 의자에 직접 칠을 했기 때문이었다. 그는 의자가 자랑스럽게 느껴졌다.

연주회장 의자 주문액만 해도 무려 9만 달러에 육박했다. 누가 그 계약을 성사시켰겠는가? 애덤슨일까, 아니면 또 다른 경쟁자일까?

그 후 이스트먼이 죽는 순간까지 두 사람은 호형호제하며 살갑게 지냈다.

칭찬이라는 이 마법의 기술을 어디에서부터 적용해야 좋은 걸까? 가정에서부터 시작하는 것은 어떨까? 나는 가정보다 더 칭찬이 필요하면서도 실제로도 부족한 곳이 없다고 생각한다. 여러분의 아내에게도 장점이 분명히 있을 것이다. 적어도 없다고는 생각하지 않았을 것이다. 그렇지 않았다면, 여러분의 결혼이 어렵지 않았겠는가? 그렇다면 아내가 가진 매력에 대해 마지막으로 칭찬한 적이 언제인가? 그 이후로 시간이 얼마나 흘렀는가? 한 달? 1년? 아니면 10년?

몇 년 전에 있었던 일이다. 나는 뉴브런즈윅주에 있는 미라미치 강 상류에서 낚시하고 있었는데, 캐나다 어느 깊은 숲속 야영장에 고립되어 있었다. 읽을거리라고는 고작 철 지난 지방 신문밖에 없었다. 나는 광고를 포함해 신문의 처음부터 끝까지 하나도 빠뜨리지 않고 다 읽었다. 그 안에는 도로시 딕스의 글도 실려 있었다. 그녀의 글은 너무나 감명 깊었고, 나는 그녀의 글을 스크랩해 보관하고 있다. 그녀는 사람들이 항상 신부들에게만 이래저래 충고를 하는데 이제 그런 방법에는 두 손 두 발 다 들었으니, 누군가는 신랑들을 모아 놓고 이런 충고를 해 주어야 한다고 매우 강하게 이야기했다.

아일랜드에 있는 블라니 스톤에 입을 맞추어서 아부의 도사가 되기 전에는 결혼할 생각은 절대로 하지 말라. 결혼 전에 여인을 칭찬하는 것은 기호의 문제 그 이상도 그 이하도 아니다. 하지만 결혼한 이후에는 그것은 필수적인 문제가 될 뿐만 아니라 본인의 안녕을 위해서도 반드시 필요하다. 결혼 생활은 솔직함이 제 하고 싶은 대로 할 수 있는 곳이 아니다. 결혼 생활은 술책을 사용해야 하는 전쟁터다.

매일 편하게 지내고 싶은가? 그렇다면 아내의 살림살이에 대해 불만을 말하거나 여러분의 모친과 비교하는 형태로 말하지 말라. 오히려 그 반대로 하라. 아내가 얼마나 가정적인지 칭찬하라. 비너스의 아름다움과 미네르바의 지혜, 메리 앤의 쾌활함을 두루 갖춘, 그야말로 너무나 완벽한 여인이라는 점을 공개적으로 칭찬하고 자랑하라. 고기가 좀 질기고 빵이 좀 탔더라도 불평하지 말라. 언제나 '이보다 훨씬 나은데 이런 날도 있군.' 정도로만 가볍게 이야기하라. 그러면 아내는 여러분의 기대에 부응하려고 주방에서 열과 성을 다할 것이다.

사람이 하루아침에 너무 급격히 달라져도 의심을 사게 마련이지만, 우선 오늘 밤 아니면 내일 밤 아내에게 꽃다발이나 사탕 바구니를 선물해 보기를 권한다. 말로만 '그렇게 해야지.' 하지 말고 그 즉시 행동으로 옮기기를 바란다. 미소를 지으며 멋진 사랑의 말도 건네라. 부부들이 이런 관계로 지낼 수 있다면, 지금처럼 여섯 커플 가운데 한 커플이 파경에 이르는 사태는 막을 수 있지 않을까?

여인으로부터 사랑받고 싶은가? 방법은 어렵지 않다. 효과에 대해서는 내가 호언장담한다. 이 방법은 도로시 딕스의 아이디어를 빌려 온 것이다. 그녀는 23명이나 되는 여인의 마음을 아프게 하고 재산을 가로챈 유명 사기꾼과 인터뷰를 진행한 적이 있다(인터뷰 장소가 교도소였다는 점은 먼저 밝히고 이야기를 해야겠다). 여인들의 마음을 사로잡은 비결이 무엇인지 묻자, 그는 단지 여자에게 그녀 자신에 관해 말해 주는 것이 전부라고 단순하게 이야기했다.

남자에게도 같은 방법으로 하면 백발백중 통한다. 대영 제국을 다스렸고 가장 영리한 사람으로 알려진 디즈레일리는 "다른 사람에게 그 사람 자신에 관해서 말해 보라. 그렇게 하면, 그는 몇 시간이고 가만히 듣고 있을 것이다."라고 말한 바 있다.

사람들로부터 호감을 사고 싶은가? 그렇다면 다음 방법을 똑같이 따라 해 보라!

사람의 호감을 사는 방법 6

상대방이 인정을 받는다고 생각하도록 하고
진심으로 인정하라.
Make the other person feel important and do it sincerely.

사람의 호감을 사는 6가지 방법

★★★★★★★★

1 상대방에게 진정한 관심을 가져라.

2 미소를 지어라.

3 상대방에게는 자신의 이름이 가장 달콤하면서도 중요한 말임을 기억하라.

4 상대방의 말을 잘 들어라. 상대방이 자신에 대해서 이야기하도록 이끌어라.

5 상대방의 관심사에 관해 이야기하라.

6 상대방이 인정을 받는다고 생각하도록 하고 진심으로 인정하라.

• 여러분은 지금 꽤 많은 분량의 글을 읽었다. 자, 이제 책을 덮고, 담뱃불을 끄고, 이 청찬의 법칙을 가장 가까이 있는 사람에게 적용해 보라. 그리고 어떤 마법 같은 효과가 생기는지 지켜보라.

PART **3**

사람을 설득하는
12가지 방법

**Twelve Ways To Win People To Your Way Of
Thinking**

싸워서는 절대 충분히 얻지 못한다. 하지만 양보하면
기대한 것 이상을 얻는다.
By fighting you never get enough, but by yielding you
get more than you expected.

1

논쟁만으로 이기려고 하지 말라

You Can't Win an Argument

제1차 세계 대전이 끝나고 얼마 지나지 않은 어느 날 저녁이었다. 그 날 밤 나는 런던에서 너무나 귀한 교훈을 얻었다. 그 당시 나는 로스 스미스 경의 매니저를 맡고 있었다. 호주에서 온 로스 경은 전쟁 중에 팔레스타인 지역에서 이름을 날리던 젊은 전투기 조종사였고, 전쟁이 끝난 직후에는 지구 절반을 30일 동안 비행해 세상에 충격을 가져다 준 인물이었다. 당시로서는 획기적인 최초의 기록이었다. 대단한 반향을 불러일으켰던 그 사건으로 로스 경은 호주 정부로부터 상금 5만 달러를 받았고, 영국 왕실로부터는 작위를 수여받았다. 그는 한동안 대영 제국에서 가장 자주 사람들 입에 오르내리는 '뜨거운 감자'였다. 미국에는 대서양을 최초로 무착륙 비행한 린드버그가 있다면, 대영 제국에는 로스 스미스 경이 있다고 할 정도였다.

어느 날 저녁, 나는 로스 경을 위해 열린 연회에 참석했다. 그런데 식사 중에 내 옆에 앉아 있던 사람이 "일을 도모하는 것은 인간이지만, 일을 결정하는 것은 신이 한다."라는 말을 인용해 가면서 무척 흥미롭게 이야기를 풀어냈다.

그 이야기꾼은 자신이 인용하는 말이 성경에 있다고 했다. 하지만 나는 그가 틀렸다는 것을 알고 있었다. 명확하게 알고 있었으므로 내가 틀릴 가능성은 절대로 있을 수 없었다. 그래서 인정을 받고 싶은 마음도 들고 잘난 척하고 싶은 마음도 조금 있었던 나는 그의 잘못을 지적하는 실수를 저지르고 말았다. 하지만 그는 자신의 실수를 인정하려 들지 않았다. "뭐라고요? 성경이 아니라 셰익스피어의 작품에서 나온 말이라고? 그럴 리 없어요. 무슨 뚱딴지 같은 소리를 하시는 거예요? 성경에 나온 말이라고요." 그는 이렇게 응수했다.

그는 내 왼쪽 자리에 앉아 있었다. 오른쪽 자리에는 나의 오랜 벗이자 셰익스피어를 전공한 프랭크 가몬드가 앉아 있었다. 그래서 이야기꾼과 나는 가몬드에게 출처의 사실 여부를 판단해 달라고 요청했다. 그러자 가몬드가 탁자 밑으로 내 발을 툭툭 치고는 이렇게 말했다. "여보게, 카네기. 자네가 틀렸네. 저분 말씀이 맞아. 그건 셰익스피어가 아니라 성경에 나온 이야기라네."

연회가 끝나고 집으로 오는 길에 나는 가몬드에게 말했다. "프랭크, 자네도 그 말이 셰익스피어 작품에 나온다는 건 알고 있었지?"

"물론, 당연하지." 그가 대답했다. "『햄릿』 5장 2막에 나오는 유명한 대사 아닌가. 그런데 말이야, 우리는 로스 경을 축하하기 위해 모인 손님들이지 않은가. 그 사람 틀린 걸 확인해서 무슨 소용이 있겠나? 설령 알려 주었다고 치세. 그러면 그 사람이 자네를 좋아할 것 같은가? 그 사람 체면 상하지 않게 가만히 놔두면 좀 어떻다고 그랬나? 자네에게 성경에 나온 말이 맞는지 아닌지 물어본 것도 아니고 말이지. 그 사람은 그런 걸 원하지 않았어. 그런데 도대체 왜 그걸 가지고 다투는 겐가? 날카로운 대립은 필요할 경우에만 하고 그렇지 않으면 항상 피하도록 하게."

'항상 날카로운 대립을 피하라.' 이 말을 해 준 친구는 이제 이 세상에 없다. 하지만 그가 가르쳐 준 그 교훈은 사라지지 않고 영원히 내 가슴 속에 남아 있다.

그것은 나에게 없어서는 안 되는 중요한 충고였다. 그 당시 나는 거의 습관처럼 논쟁 벌이기를 좋아했기 때문이다. 어린 시절의 나는 형과 이 세상 모든 것에 대해 논쟁을 벌이곤 했다. 대학에 가서는 논리학과 토론법을 배웠고, 토론 대회에도 여러 번 나갔다. 토론 하면 미주리 지역 사람들을 손꼽는데, 맞는 말이다. 나는 미주리에서 태어났다. 그래서 미주리 사람답게 증거를 보여야만 직성이 풀렸다.

그 이후로 나는 뉴욕에서 논쟁과 토론법을 가르쳤다. 부끄러운 이야기지만, 그 주제로 책을 쓰려고도 생각했었다. 그 일을 겪고 난 이후로 나는 수천 가지의 논쟁에 대해 경청하기도 하고, 비판하기도 하고, 참가하기도 하면서 논쟁이 어떤 영향을 가져오는지를 유심히 지켜보았다. 그 결과 논쟁에서 이기는 방법은 이 세상에 오직 한 가지만 존재하는 것을 여실히 깨닫게 되었다. 방법은 매우 간단하다. 바로 논쟁을 피하는 것이다. 치명적인 독을 가진 뱀이나 지진을 피하는 것처럼 논쟁을 피하는 방법 밖에는 없다.

논쟁의 결말은 거의 언제나 동일하다. 논쟁은 양측 모두, 논쟁 이전보다 더 확실하게 자신이 옳다고 생각하는 것으로 끝맺는다.

논쟁으로 이긴다는 것은 불가능하다. 지면 그냥 지는 것이고, 이겨도 지는 것이다. 그 이유가 어디에 있는 것 같은가? 이렇게 가정해 보자. 여러분이 상대방의 논리에서 허점을 발견하고 그것을 지적해 상대방에게 완벽하게 이겼다고 해 보자. 상대방이 제정신이 아니라는 사실을 모두에게 증명해 보였다고 가정해 보자. 그래서 어떻다는 말인가? 여러분의 기분은 좋겠지만, 상대방은 어떻겠는가? 여러분 때문에 상대방은 열등 감을 느꼈을 것이고, 자존심마저 상처받았을 것이다. 상대방은 여러분 의 승리에 분노한다.

자신의 의지에 반해 승복한 사람은 여전히 생각을 바꾸지 않는다.

A man convinced against his will is of the same opinion still.

펜 상호생명 보험사는 보험 판매원들에게 다음과 같은 명확한 기준 을 지키게 하고 있다.

논쟁하지 말라!

Do not argue!

논쟁은 판매 활동의 뿌리가 아니다. 판매 활동과 논쟁은 그 어떤 상관 관계도 없다. 사람의 마음은 논쟁을 통해 바뀌는 것이 아니기 때문이다.

예를 들어 보자. 몇 년 전의 일이다. 패트릭 J. 오헤어라는 아일랜드 사 람이 카네기 강좌를 들으러 왔다. 정규 교육은 거의 받지 못한 사람이었 는데, 논쟁을 무척이나 좋아하는 사람이었다. 그는 한때 운전기사로 일 하다가 트럭 판매업자로 직업을 바꾸었는데, 별다른 성공을 이루지 못 하고 나를 찾아온 것이다. 나는 그가 비즈니스 고객들과 늘 다툼을 일삼 거나 상대방을 화나게 만드는 사람이라는 것을 몇 마디 나누어 보지 않 고서도 알 수 있었다.

그는 고객이 그가 파는 트럭에 대해 조금이라도 나쁘게 이야기하면 그 즉시 불같이 화를 내며 고객의 멱살을 잡았다. 당시에는 논쟁을 벌이 면 그는 이기는 경우가 매우 많았다. 나중에 그가 말한 것처럼, "종종 고객의 사무실에서 나오면서 속으로 '이 정도면 저 녀석 콧대가 한풀 꺾였 겠지.' 하는 생각을 하고는 했습니다. 실제로도 그렇게 한 것이 사실이 었고요. 하지만 그 어떤 것도 판매하지는 못했죠."

패트릭 J. 오헤어에게 내가 가장 먼저 해야 할 일은 말하는 법을 가르 치는 것이 아니었다. 그에게 말을 삼가고 언쟁을 피하도록 훈련하는 것 이었다.

현재 오헤어는 뉴욕의 화이트 모터사에서 가장 우수한 세일즈맨으로 일하고 있다. 어떻게 이런 일이 가능했을까? 그의 말을 들어 보자.

"요즘은 고객 사무실에 들어갔을 때 고객이 '어디요? 화이트 트럭이 요? 음, 그건 안 좋아요. 공짜로 준다고 해도 안 가져가요. 나 같으면 A 사에서 나오는 트럭을 사겠소.'라고 말하면 나는 '한 말씀만 드려도 괜 찮을까요? A사 트럭 매우 좋습니다. 그 회사 트럭 사시면 절대로 후회 할 일은 없으실 거예요. 회사도 괜찮고, 판매원들도 훌륭합니다.' 이렇 게 대답합니다.

그렇게 되면 그 사람은 뭐라고 말을 하지 못하게 되죠. 다툴 여지가 전혀 없게 되니까요. 상대방이 A사 트럭이 최고라고 이야기할 때, 제가 그렇다고 말하면 그 사람은 말을 멈출 수밖에 없죠. 제가 그렇다고 말하 는데 계속 A사 트럭이 최고라고만 말할 수는 없잖아요. 그러고 나면 A 사 이야기는 더 이상 나오지 않고 우리 회사 차의 장점이 무엇인지 이야 기할 수 있는 시점이 오게 되죠.

한때 누가 그런 식으로 이야기하면 참지 못하고 불같이 화를 내던 시 절이 나에게도 없지는 않습니다. 화가 나면 우선 A사 트럭의 단점을 이 야기하면서 깎아내리는 이야기를 했죠. 하지만 이야기를 거듭할수록 잠재 고객은 저쪽 편이 되어 버립니다. 논쟁을 이어갈수록 고객이 경쟁 사 쪽으로 마음을 움직이는 것이죠.

지금 돌이켜 보면 그런 방식으로 도대체 무엇을 팔 수 있었겠나 싶기도 합니다. 다투고 논쟁하면서 인생을 흘려보내고야 말았습니다. 지금은 입을 꾹 다물고 있죠. 그렇게 하면 잃는 것보다 얻는 것이 훨씬 더 많습니다."

현자(賢者) 벤저민 프랭클린은 언제나 이렇게 이야기했다.

"논쟁하고 괴롭히고 반박하다 보면 물론 승리할 때도 있을 것이다. 하지만 잊지 말라. 그 승리는 공허한 승리일 뿐이다. 그렇게 해서는 절대로 상대방의 호의를 이끌어 낼 수 없기 때문이다."

그러므로 여러분 스스로 판단해 보라. 어느 쪽을 선택할 것인가? 겉으로 드러나는 이론적인 승리를 선택할 것인가? 아니면 상대방의 호의를 선택할 것인가? 두 가지 모두 가지는 것은 불가능하다. 〈보스턴 트랜스크립트〉에는 다음과 같이 의미심장한 구절이 실려 있다.

죽는 순간까지도 자신이 옳다고 우기며
윌리엄 제이 여기 묻히다.
그는 한 번도 옳지 않은 적이 없었다. 완벽히 옳았다.
하지만 옳든 옳지 않든 죽었으니 그만인 것을.

논쟁할 경우 여러분이 옳은 쪽일 수도 있다. 그뿐만 아니라 완벽하게 옳은 쪽에 있을 수 있다. 하지만 상대방의 마음을 돌려놓는 것이 목적이라면, 여러분이 옳든 그르든 그 어떤 소용도 없기는 매한가지일 것이다.

우드로 윌슨 대통령 정부에서 재무장관을 역임한 윌리엄 G. 맥아두는 정치판에서 수많은 사람을 접해 본 결과 "무식한 사람과는 논쟁해서 이기기는 불가능하다."라는 사실을 깨달았다고 말한 적이 있다.

"무식한 사람?" 맥아두의 이런 표현은 다소 조심스럽게 꺼낸 표현으로 보인다. 내가 경험한 바로는 IQ에 상관없이 세상 그 누구라 해도 논쟁을 통해서는 생각을 변화시킬 수 없다.

예를 하나 들어 보자. 소득세 신고에 관해 상담해 주는 프레드릭 S. 파슨스라는 사람이 세무 조사관과 실랑이를 벌인 지 한 시간이 지나고 있을 때였다. 9,000달러가 걸려 있는 매우 중대한 일에 관해서였다. 파슨스는 이 9,000달러가 회수 가능성이 없는 악성 채권이므로 과세 대상에 포함되지 않는다고 목소리를 높였다. "악성 채권이라고요? 그럴 리 없습니다. 과세 대상입니다." 세무 조사관이 반박했다.

파슨스가 카네기 강좌에 와서 뭐라고 이야기했는지 한번 들어 보자.

"그 세무 조사관은 냉정하고 거만하고 고집불통인 사람이었습니다. 이유도 충분히 설명하고 사실을 입증할 만한 자료도 보여 주었지만, 하나도 통하지 않았습니다. 논쟁이 길어질수록 고집만 더 부리더군요. 그래서 논쟁을 멈추고 화제를 전환해 그를 칭찬해야겠다고 생각을 고쳐먹었죠.

그래서 이렇게 말했습니다. '당신이 내려야 하는 매우 중요하고 쉽지 않은 결정들에 비교하자면, 이런 것은 너무나 사소한 문제이지 않을까 생각합니다. 나도 조세에 관해서 공부했습니다. 비록 책을 보고 단순한 지식을 쌓는 정도였지만요. 당신은 최전선에서 지식을 쌓고 있는 데 말입니다.' 나는 이 말에 진심을 가득 담아 이야기했습니다.

그러고 나니 조사관도 의자에 기대어 편히 앉아서는 교묘한 부정 신고를 적발한 일 등 자신이 하는 일에 관한 이야기를 긴 시간 동안 들려주었습니다. 말투도 조금씩 부드럽고 친근해졌습니다. 결국에는 아이들 이야기까지 꺼내더군요. 헤어질 때가 되자 그는 나의 경우에 대해서 조금 더 검토해 보고 며칠 안으로 결론을 내리겠다고 말하더군요. 그러고 나서 사흘이 지났습니다. 그가 내 사무실에 와서는 세금 환급 문제는 신고한 그대로 인정하기로 결정했다고 알려 주었습니다."

이 세무 조사관 이야기에서 여러분은 사람들이 흔히 가지고 있는 약점이 무엇인지 발견할 수 있다. 세무 조사관은 자신이 인정받고 있다고 느끼고 싶었다. 파슨스가 그와 논쟁을 멈추지 않는 이상 조사관은 자신의 권위를 내세우는 것밖에는 달리 할 것이 없었다. 인정받고자 하는 욕구가 있었기 때문이다. 하지만 자신이 인정받고 있다고 느끼자마자 논쟁은 끝이 났다. 자존심을 회복한 세무 조사관은 공감할 수 있고 친절하기까지 한 존재로 서 있던 것이다.

나폴레옹의 집사장이었던 콩스탕은 나폴레옹의 부인 조세핀과 가끔 당구 게임을 벌였다. 『나폴레옹의 사생활』에서 콩스탕은 이렇게 말했다. "실력은 내가 더 나았지만, 나는 언제나 황후에게 승리를 안겨 주었다. 승리한 황후는 무척이나 기뻐했다."

자, 콩스탕에게 영원한 교훈 하나를 배우도록 하자. 혹시라도 사소한 논쟁이 일어나게 될 경우 우리의 고객, 연인, 남편과 아내가 이길 수 있도록 하자.

부처는 "미움은 절대로 미움으로 해결할 수 없다. 오직 사랑으로만 해결할 수 있다."라고 말했다. 오해 역시 논쟁한다고 해서 풀리는 것이 아니다. 상대방이 어떤 마음을 가지고 있을지를 헤아려 그에 따라 적절히 대응하고 그를 위로할 때, 그리고 상대방의 관점에서 바라보아야만 풀릴 수 있다.

언젠가 링컨은 동료들과 격렬하게 토론하기를 좋아하는 젊은 장교를 꾸짖으며 다음과 같이 말했다. "스스로에게 최선을 다하려는 사람이 사사로운 논쟁 따위에 시간을 낭비하려고 하겠는가? 게다가 논쟁하고 나면 성격이 모가 나거나 자제력을 상실하게 될 터이니 이 또한 큰 문제 아니겠는가. 자네가 옳고 상대방도 옳다면, 가능하다면 자네가 양보해 주게. 자네가 옳고 설령 상대방이 옳지 않다고 해도 사소한 일이라면 기쁜 마음으로 양보해 주게. 내가 먼저 가겠다고 하다가 개에게 물리는 것보다는 개에게 길을 양보해 주는 것이 낫지 않겠나. 물리고 나면 개를 죽인다한들 상처는 남을 텐데 그게 무슨 의미가 있겠는가."

사람을 설득하는 방법 1
논쟁에서 가장 좋은 유일한 방법은 논쟁을
피하는 것뿐이다.
The only way to get the best of an argument is
to avoid it.

2

적을 만드는 방법과 그것을 피하는 방책
A Sure Way of Making Enemies and How to Avoid It

시어도어 루스벨트가 대통령으로 재임하던 시절, 그는 자기가 생각하는 것에서 75%가 옳은 생각이라면 자신의 최고 기대치에 도달한 것으로 생각한다고 고백한 적이 있다.

20세기의 가장 뛰어난 인물로 손꼽히는 사람이 희망하는 최고치가 고작 75% 정도라면, 일반인의 경우에는 어느 정도여야 적당하겠는가?

여러분이 옳다고 확신할 수 있는 경우가 55%만 되면 무슨 일이 일어날지 아는가? 아마 금융의 거리인 월 스트리트로 가서 하루에 수백만 달러를 벌어들이는 것도 모자라 요트도 즐기며 예쁜 배우자도 얻을 수 있을 것이다. 여러분이 생각하는 것 중에 스스로 옳다고 확신할 수 있는 것이 55%에도 미치지 못한다면 어떻게 다른 사람에게 틀렸다고 말할 수 있겠는가?

여러분은 눈빛이나 말투, 동작 하나만으로도 상대방에게 '당신은 틀렸소.'라는 의미를 전달할 수 있다. 말로 하는 것 이상으로 충분히 가능하다. 상대방에게 '당신은 틀렸소.'라고 말할 때 과연 상대방이 여러분의 말에 동의할 수 있을까? 그건 가능하지 않다. 이유는 간단하다. 여러 분이 상대방의 지적 능력과 판단력, 자부심, 자존심에 정면으로 상처를 입혔기 때문이다. 그럴 경우 상대방은 되받아치는 것만을 원한다. 절대 로 생각을 돌리려고 하지 않는다. 플라톤에서 시작해 칸트에 이르는 각 종 논리를 전부 사용해서 이야기하더라도 상대방은 절대로 의견을 바 꾸지 않는다. 여러분이 그의 감정을 상하게 만들었기 때문이다.

명심하라. 절대로 "당신에게 이러저러하다는 점을 밝혀 보이겠다."라 는 이야기로 시작하지 말라. 그것이야말로 정말 최악의 무리수를 둔 것 이다. 그것은 곧 이렇게 말하는 것과 다르지 않다. "내가 당신보다 잘났 으니, 내 말 한두 마디 듣고 생각을 바꾸도록 하게."

이것은 곧 도전이다. 대립을 만들어 상대방으로 하여금 여러분과 싸 우고 싶은 마음이 들게 한다. 상황이 아무리 우호적으로 흘러간다고 해 도 상대방의 마음을 바꾸는 것은 하늘의 별을 따 오는 일만큼 어렵다. 그런데 왜 상황을 더 어렵게 만들려고 하는가? 왜 고난의 길을 걸으려 고 하는가?

여러분이 증명하고 싶은 무언가가 있다면 아무도 눈치채지 못하게 하라. 교묘하고 기술적으로 해서 그 누구도 여러분이 하는 일이 무엇인 지 눈치채지 못하게 하라. 영국 고전주의의 대표적 시인인 알렉산더 포 우프는 다음과 같이 말했다.

가르치지 않는 것처럼 가르치라. 상대방이 이미 아는 것처럼 알려 주어라.

또한 체스터필드 경은 아들에게 다음과 같이 훈계했다.

할 수만 있다면 다른 사람보다 현명한 사람이 되어라. 하지만 내가 더 현명하다고 상대방에게 말하지 말라.

Be wiser than other people, if you can; but do not tell them so.

지금으로부터 20여 년 전에 내가 믿었던 것들 가운데 지금도 믿고 있는 것은 거의 없다. 있다면 고작해야 구구단 정도랄까. 하지만 아인슈타인을 읽고 나서는 구구단에 대해서도 의문이 생긴다. 20년 후 나는 지금 이 책에서 내가 말하고 있는 내용에 대해서도 믿지 않게 될지도 모른다. 예전에 확신하고 있던 그 모든 것들에 대해 지금은 확신이 가지 않는다. 소크라테스는 아테네에서 제자들에게 이렇게 반복해서 말했다. "내가 아는 것은 오직 한 가지다. 그것은 내가 아무것도 알지 못한다는 것뿐이다."

내가 소크라테스보다 현명하기를 바라는 것은 어려운 일일 것이다. 그래서 나는 다른 사람들에게 절대로 그들이 틀렸다고 말하지 않는다. 그뿐만 아니다. 그렇게 하는 것이 이득이 된다는 것도 알고 있다.

만약 누군가가 틀린 말을 했다면, 여러분이 그것은 틀린 것이라고 확실히 알고 있는 말을 그가 한다고 해도 이렇게 시작하는 편이 좋지 않겠는가? "아, 잠시만요. 내가 생각하는 것과는 조금 차이가 있습니다만, 당연히 나 역시 틀릴 수도 있습니다. 가끔 그렇거든요. 틀린 사람이 나일 수도 있으니 만약 그렇다면 바로잡아 주세요. 먼저 사실이 무엇인지 살펴보도록 하죠."

'나 역시 틀릴 수 있다. 가끔 틀린다. 사실이 무엇인지 살펴보자.'라는 말에는 마력이 있다. 그야말로 불가사의한 마력이 분명히 담겨 있다.

이 세상 그 누구라 해도 여러분이 "내가 틀릴 가능성도 없지 않다. 사실이 무엇인지 확인해 보자."라고 하는데 그 말에 대해 반대하는 사람은 없을 것이다.

과학자들의 방식이 이러하다. 나는 예전에 스테픈슨이라는 과학자와 인터뷰를 진행한 적이 있다. 그는 6년간 순전히 고기와 물만으로 버티기도 하면서 11년이 넘는 기간을 북극 지역에서 활동한 이력이 있는 유명 탐험가이자 과학자였다. 그는 자신이 어떤 실험을 진행하고 있는지에 대해 매우 구체적으로 설명해 주었고, 나는 그에게 그것을 통해 무엇을 증명하고 싶은 것인지를 물었다.

그는 이렇게 말했다. "과학자는 절대 무언가를 증명하려 하지 않습니다. 사실이 무엇인지를 드러내려 할 뿐이죠." 나는 그가 한 대답을 평생 잊지 못할 것이다.

여러분도 과학적으로 사고하는 사람이 되고 싶지 않은가? 아무도 그것을 막고 있지 않다. 여러분 스스로 자신을 막고 있는 것뿐이다.

여러분이 틀릴 가능성도 있다는 점을 인정하면 말썽이 생기는 경우가 줄어들 것이다. 그렇게 되면 모든 논쟁이 그칠 것이고, 상대방도 여러분만큼 공정하고 대범해지려고 부단히 노력하게 될 것이다. 상대방 역시 마찬가지로 자신이 틀릴 가능성도 배제할 수 없다는 점을 인정하게 될 것이다.

한번 생각해 보자. 만약 상대방이 틀린 것이 확실하다는 것을 당신이 알고서는 무뚝뚝하게 상대방에게 틀렸다고 말한다면 어떤 일이 발생할 것 같은가? 구체적인 사례로 살펴볼 수 있다. 뉴욕의 젊은 변호사 S는 최근 미국 연방 대법원에서 매우 중요한 사건(루스트가르텐 대 플리트 코퍼레이션 사건)의 변론을 맡고 있었다. 적지 않은 액수의 돈과 법률상의 쟁점이 걸려 있는 중요한 사건이었다.

논쟁이 한창 뜨거운 가운데 대법원 판사가 그에게 물었다. "해사법의 법정 기한이 6년이죠?"

S는 잠시 판사를 바라보다가 이렇게 무뚝뚝하게 이야기했다. "판사

님, 해사법에는 법정 기한이라는 것이 없습니다."

카네기 강좌에 온 S는 그때의 상황을 다음과 같이 설명했다.

"갑자기 법정이 침묵으로 조용해졌습니다. 실내 온도는 0도까지 내려가는 것 같았어요. 내가 맞고 판사는 틀렸기 때문에 그렇게 이야기했던 것이죠. 그런데 그가 나를 호의적으로 대하게 만들 수 있었겠습니까? 아닙니다. 물론 나는 아직도 내가 법률적으로 틀렸다고 생각하지 않습니다. 변론도 그 어느 때보다 훨씬 더 잘했고요. 하지만 상대방을 설득할 수는 없었습니다. 왜 그런지 아십니까? 학식도 많고 이름도 있는 사람에게 '당신이 틀렸습니다.'라고 말하는 엄청난 실수를 저질렀기 때문입니다."

논리적인 사람은 거의 없다. 선입견과 편향된 생각을 가지고 있는 사람들이 대부분이다. 이미 가지고 있던 관념이나 질투, 의심, 공포, 시기, 자부심 등이 사람들의 눈을 가리고 있다. 또한 사람들은 대부분 자신의 종교나 헤어스타일, 혹은 공산주의나 자신이 좋아하는 연예인에 대한 생각을 바꾸려 들지 않는다. 그러므로 만약에 다른 사람에게 "틀렸습니다."라고 이야기해 주고 싶은 마음이 든다면, 매일 아침 식사하기 전에 무릎을 꿇고 경건한 마음으로 다음 구절을 읽어 보기 바란다. 제임스 하비 로빈슨 교수가 자신의 지혜의 정수를 담아낸 『정신의 형성』이라는 책에 나오는 구절이다.

우리는 가끔 아무런 저항이나 감정의 동요 없이 생각을 바꾸기도 한다. 하지만 남에게서 틀렸다는 이야기를 듣게 되면 그것에 반감을 품고 심지어 생각이 더 굳어진다. 우리는 신념의 형성 과정에는 신기할 정도로 무신경하다가도 누군가가 그 신념을 훼손하거나 빼앗으려고 하면 그 신념에 쓸데없는 집착을 부린다. 우리는 사고 그 자체를 소중하게 여기지 않는다.

우리가 소중하게 여기는 것은 위기에 처한 우리의 자존심이다. 지혜는 '내 것'이라는 이 간단한 말을 잘 헤아리는 것에서 출발한다. 인간에게는 '내 것'이 가장 중요한 것이기 때문이다.

'내' 식사, '내' 강아지, '내' 집, '내' 부모, '내' 조국, '내' 종교……. 어느 경우나 동일한 위력을 가진다. 우리는 시계가 빠르거나 늦거나 혹은 자동차가 고물이라는 말에만 화를 내는 것이 아니라 화성에 운하가 있는지, 에픽테토스를 어떻게 발음하는지, 해열 진통제가 의학적으로 효과가 있는지, 사르곤 1세가 살던 시기는 언제인지 등과 같은 개념이 틀렸다는 말을 들을 때도 불같이 화를 낸다.

우리는 습관적으로 옳다고 믿었던 것을 계속 믿고 싶어 한다. 그래서 믿는 것에 의문을 가지면, 예전의 믿음을 지속하기 위해 온갖 이유를 죄다 붙이면서 화를 낸다. 결국 이른바 논증이라고 하는 것은, 우리가 이미 믿고 있는 바대로 계속 믿기 위한 논리를 찾는 과정일 뿐이라고 할 수 있다.

집을 장식하기 위해 예전에 인테리어 업자에게 커튼을 주문한 적이 있다. 그런데 청구된 금액이 너무 많았다. 나는 깜짝 놀랐다.

그로부터 며칠이 지났다. 어느 부인이 집에 들렀다가 커튼을 보게 되었다. 커튼의 가격을 내가 이야기했더니 부인은 놀리는 듯한 말투로 이렇게 말했다. "네? 얼마라고요? 엄청나군요. 바가지를 엄청 쓰신 듯해요."

맞는 말이었을까? 그렇다, 맞는 말이었다. 하지만 자신의 판단과 다른 진실을 가만히 듣고 있을 사람은 그다지 많지 않을 것이다. 나 역시 인간인지라 나를 방어하기 시작했다. 비싼 것이 결국에는 제값을 한다, 싸구려는 질이나 예술적 취향을 절대로 만족시켜 주지 못한다 등등을 지적했다.

다음 날에는 다른 친구가 찾아왔다. 이번에는 부인과는 달리 목소리를 높이며 커튼을 칭찬하더니 자기도 형편이 괜찮다면 이렇게 멋진 작품으로 집을 장식해 보고 싶다는 것이 아닌가. 내가 보인 반응은 전날과는 전혀 달랐다. "솔직하게 말하자면, 나 역시 형편이 되지 않아. 생각보다 돈이 너무 많이 들었거든. 괜히 산 건 아닐까 후회하고 있어."

틀렸을 경우에 자신에게는 그렇다고 인정할 수 있다. 남이 지적하더라도 교묘히 은근하게 지적하면, 다른 사람에게도 자신이 잘못했다는 것을 인정할 수 있다. 그리고 때로는 자신의 솔직함과 대범함에 뿌듯한 느낌을 가지기도 한다. 자신이 틀렸다는 점을 인정하면서 가지게 되는 느낌이다. 하지만 누군가가 도저히 삼킬 수 없는 딱딱한 사실 덩어리를 입에 가져다 대고 삼키라고 한다면…….

남북 전쟁 때 가장 유명한 편집장이었던 호러스 그릴리는 링컨의 정책에 매우 반감을 가지고 있었다. 그는 논쟁과 조롱과 비난을 거듭하면 링컨이 자기 생각에 동감해 줄 것이라고 기대했다. 그래서 몇 년 동안 신랄한 비판을 이어 갔다. 심지어는 링컨이 부스의 흉탄에 쓰러진 날에도 그의 거칠고 신랄한 공격, 조롱으로 가득한 공격이 담긴 글은 멈추지 않았다.

그런데 이런 신랄한 비판 때문에 링컨은 생각을 바꿔 그릴리에게 동의하게 되었을까? 아니, 전혀 그러지 않았다. 조소와 비난으로는 상대방의 생각을 절대로 바꿀 수 없다.

사람을 대하는 방법이나 자기 관리, 인성 계발을 너무나 잘 다룬 안내서가 필요한가? 그렇다면 벤저민 프랭클린의 자서전을 읽어 보라. 그의 자서전은 가장 매력적인 전기일 뿐만 아니라 미국 문학의 고전이기도 하다.

벤저민 프랭클린의 자서전을 보면, 그가 어떻게 쓸데없이 토론하는 버릇을 극복했는지, 그리고 미국 역사를 통틀어 가장 유능하고 상냥하고 외교적인 사람으로 성장했는지에 대해 자세히 이야기한다.

벤저민 프랭클린이 여전히 잦은 실수를 거듭하던 젊은 날의 이야기를 살펴보자. 언젠가 친구로 지내는 나이 든 퀘이커 교도 한 사람이 그를 불렀다. 그러고는 그가 아파하는 곳을 쿡쿡 찌르는 진실 몇 가지를 지적하며 다음과 같이 말했다.

"벤, 자네는 정말 답이 안 나오는 사람이군. 자네가 낸 의견이 어떤 일을 가져오고 있는지 아는가? 자네와 의견이 다른 사람들에게 상처를 주고 있다네. 그 상처가 어찌나 큰지 이제는 아무도 자네 의견에 귀를 기울이려고 하지 않아. 자네 친구들도 자네가 보이지 않아야 마음이 편하다고 하며 혀를 내두를 정도라네.

그래, 자네는 아는 게 참 많지. 그래서 자네에게 아무도 말도 못 붙이고 벙어리로 있다네. 사실 말을 걸어 보려고 애써도 마음만 불편해지고 힘만 들지. 그래서 이제 다들 마음을 접었다네. 자네가 아무리 아는 것이 많다고 해도 그게 얼마나 되겠는가. 이런 상태로는 자네가 앞으로 알게 될 것이 지금 알고 있는 것보다 더 많아 보이지는 않네."

이렇게까지 통렬한 비판을 받아들이는 벤저민 프랭클린의 태도는 내가 보기에는 그가 가진 최고의 장점 가운데 하나가 아닐까 싶다. 그는 이 말이 진실이라는 점을 알아챌 만큼 그릇이 넓고 깊은 사람이었다. 그리고 이대로 가게 된다면 셀 수 없이 실패하고 사회적인 몰락만 얻게 될 것이라는 점도 분명히 깨달았다. 그는 그 즉시 태도를 바꾸었다. 자신의 거만하고 독선적인 태도를 과감히 내려놓았다.

프랭클린은 다음과 같이 말하고 있다.

나는 다른 사람의 감정에 대해 정면으로 반대 의견을 내거나 내 감정을 적극적으로 앞세워 주장하는 것을 지양하기로 다짐했다. 심지어는 말할 때 '확실히', '의심할 여지 하나 없이'와 같이 어떤 고정된 의견을 암시하는 말이나 표현 등을 하지 않고, 그 대신에 '내가 생각하기에는', '내가 이해하기로는', '추측해 보건대', '지금으로 보면' 등의 말을 사용하기로 했다.

설령 다른 사람이 내세운 주장이 틀리다고 하더라도, 대놓고 반박하거나 그 주장에 어떤 오류가 있는지를 보여 주는 즐거움 같은 것은 조용히 넘기기로 했다. 넘어가는 대신에 어떤 상황이나 경우에 따라서는 당신의 의견이 옳을 수도 있지만, 지금의 경우로 보면 약간 차이가 있어 보인다 혹은 그렇게 보인다 정도로 부드럽게 말하기 시작했다.

태도를 바꾸고 나니 효과도 금방 나타나기 시작했다. 내가 대화에 참여하면서 대화는 더 활기차고 유쾌하게 이루어졌다. 나는 항상 조심스럽게 내 생각을 전했다. 그래서 상대방도 내 생각을 쉽게 받아들였고, 충돌이 일어나는 경우도 많이 줄어들었다. 설령 내 생각이 틀린 경우에도 괴로워하는 건 예전보다 줄어들었고, 운이 좋아서 내 생각이 옳은 경우에는 상대방 스스로 자신이 실수했음을 쉽게 인정하게 하고 같이 즐거워할 수 있게 되었다.

쉬운 일은 아니었다. 처음에는 이런 태도를 취하려고 나의 성질을 죽여야 했지만, 시간이 지나고 나서는 이런 태도가 너무나 편하고 익숙해졌다. 그래서 아마도 지난 50년 동안 내가 독선적으로 말하는 것을 본 사람은 한 명도 없을 것이다. 새로운 제도나 개정안을 예전에 제안했을 때 동료 시민들이 나를 지지해 준 것이나, 의원으로서 시 의회에서 영향력을 행사할 수 있었던 것은 두 가지 이유로 가능하지 않았나 하는 생각이 든다, 첫 번째는 내가 성격상 사심이 없었다는 것, 두 번째는 주로 이런 습관을 가지고 있었다는 것이다. 왜냐하면 나는 연설에 재능이 없는 사람이라 유창하게 말하지도 못하고, 단어 선택도 늘 머뭇거리는 경향이 있어 용어 사용이 부정확한데도 대개는 내 주장을 관철시킬 수 있었기 때문이다.

벤저민 프랭클린의 방법이 비즈니스에서는 어떤 효과를 보이게 될까? 두 가지 사례를 통해 살펴보자.

뉴욕에 사는 F. J. 마호니는 정유 회사에 특수 장비를 공급하는 일을 하고 있는데, 어느 날 롱아일랜드에 있는 VIP 고객으로부터 주문을 받았다. 설계도가 만들어지고 고객으로부터 승인이 떨어지자 장비가 제작되기 시작했다. 그런데 바로 그때 문제가 터졌다. 고객이 자신의 친구들과 주문 건에 대해 상의했는데, 친구들이 그가 중대한 실수를 저질렀다고 지적했던 것이다. 여기는 너무 넓다, 저기는 너무 좁다, 여기는 이런 이유로 잘못되었다, 저기는 저런 이유로 잘못되었다는 등의 지적들이 중구난방으로 나오기 시작했다. 친구들로부터 지적받아 화가 머리 끝까지 난 그는 마호니에게 이미 제작에 들어간 장비를 인수할 수 없다고 일방적으로 통보했다.

이때의 일에 대해 마호니는 이렇게 이야기했다.

"설계도를 매우 정밀하게 검토해 보니 우리가 옳다는 것을 자신할 수 있었습니다. 그리고 우리 고객과 그의 친구들이 잘 알지 못하는데도 여러 면을 지적하고 있다는 것도 알고 있었죠. 하지만 직접적으로 그런 내용을 이야기하면 좋은 결과를 얻지 못할 거라는 느낌이 들더군요.

롱아일랜드에 있는 그의 사무실로 찾아갔습니다. 사무실에서 마주친 그는 자리에서 벌떡 일어나서는 나에게로 다가왔고, 이내 불만을 퍼붓기 시작했습니다. 그는 이야기하는 동안 주먹을 휘두를 정도로 무척이나 흥분해 있었습니다. 나와 장비에 대한 불만을 토로하더니 이렇게 말을 끝냈습니다. '자, 이제 어떻게 하시겠소?'

나는 침착하게 마음을 다잡고는 그에게 어떤 요청이든 다 들어주겠다고 말했습니다. '당신이 장비에 대해 돈을 내실 분이니 당연히 당신이 원하는 대로 할 수 있습니다. 다만 누군가는 책임을 질 필요가 있습니다. 당신이 옳다고 생각한다면, 설계도를 주세요. 이미 2,000달러가 소요되기는 했지만, 그 비용은 우리가 감당하겠습니다. 당신을 위해서 기꺼이 그렇게 하도록 하겠습니다. 하지만 당신이 주장하는 대로 제작한다면, 책임은 오로지 당신에게 있다는 점은 분명하게 말씀드려야 할 것 같습니다. 그리고 우리는 여전히 우리가 그린 설계가 맞는 것이라고 생각하고 있습니다. 따라서 우리의 설계대로 제작할 경우 모든 책임은 우리가 질 것입니다.'

이런 이야기를 할 때가 되니 그제야 그는 진정하는 것 같았습니다. 그러고는 마침내 이렇게 말을 했습니다. '좋습니다. 그렇다면 그렇게 진행하죠. 하지만 일이 틀어질 경우 당신이 모든 책임을 져야 합니다.'

우리의 판단은 정확했습니다. 제작은 성공적으로 끝났습니다. 그리고 그는 그 시즌에 예전과 비슷한 주문을 무려 두 개나 더 내기로 약속했습니다.

그 사람이 나를 모욕하고, 눈앞에서 주먹을 휘두르며 일을 제대로 알기나 하는 사람이 맞느냐고 말을 했을 때, 나는 너무나 따지고 반박하고 싶었지만 내가 가진 모든 자제력을 동원해 꾹 참아내야 했습니다. 꾹 참아 내느라고 진땀을 쏟아 내기는 했지만, 수완은 있었습니다. 만약 내가 '틀린 건 당신입니다.' 하며 논쟁을 벌였다면 분명 소송까지 이어졌을 것이고, 서로 감정이 상하고 금전적인 손해도 입었을 것이고, 무엇보다 중요한 고객 한 사람을 놓치게 되었을 것입니다. 그런 이유로 나는 확신합니다. 상대방에게 틀렸다고 이야기하는 건 그 어떤 이득도 얻을 수 없는 일입니다."

다른 사례도 한번 살펴보자. 그리고 지금 인용할 사례들은 수많은 사람의 경험에서 공통적으로 나타나는 전형적인 경우라는 것을 명심하기 바란다.

R. V. 크로울리는 뉴욕에 있는 목재회사 가드 W. 테일러의 세일즈맨이다. 그는 자신이 수년 동안 깐깐한 목재 검사관들을 대상으로 해서 그들이 무엇을 잘못했는지를 지적하는 논쟁을 벌여 왔다고 이야기했다. 대부분은 그가 옳았다. 하지만 아무 소용이 없었다. 크로울리의 말을 빌리자면, 목재 검사관들은 마치 야구 심판들과도 같아서 일단 한번 판정을 내리고 나면 번복하는 일이 없어서였다.

크로울리는 논쟁의 승자가 자신이기는 하지만, 그것 때문에 회사가 수천 달러에 달하는 손실을 입고 있다는 점을 깨달았다. 그래서 카네기 강좌를 수강하는 동안 전술을 바꾸어서 논쟁을 그만기로 마음을 먹었다. 어떤 결과가 있었을 것 같은가? 크로울리가 강좌에서 어떤 이야기를 꺼냈는지 살펴보자.

"언젠가 아침부터 사무실로 전화가 왔었습니다. 거래처에서 걸려 온 전화였죠. 전화를 건 직원은 지금 당장 목재를 전부 회수해 가라고 짜증이 한가득 섞인 목소리로 통보했습니다. 우리가 보낸 차 한 대 분량의 목재 전량이 품질 불량 판정이 났고, 진행 중인 하역이 중단되었다는 것이었습니다. 목재 4분의 1 정도가 하역된 상황에서 목재 검사관으로부터 불량률이 55%라고 통보받았기 때문에 인수를 거절당한 상황이었습니다.

'지금 상황을 어떻게 해야 가장 효과적으로 해결할 수 있을까?' 나는 곰곰이 생각하며 사무실에서 나와 거래처로 향했습니다. 이런 상황에서 예전의 나라면 분명 평가 기준을 들먹거리고, 내가 목재 검사관으로 일했던 시절의 경험과 지식을 토대로 상대 검사관에게 목재가 실제로는 기준에 적합하고, 그가 검사 기준을 제대로 해석하지 않고 있다고 말하며 설득하려 했을 것입니다. 하지만 이번에는 달랐습니다. 나는 이곳 카네기 강좌에서 배운 원칙을 적용해야겠다고 생각했습니다.

현장에 도착했습니다. 구매자와 목재 검사관이 한판 크게 해 보려는 것처럼 단단히 벼르고 있다는 것을 느낄 수 있었습니다. 나는 하역 작업을 진행하던 차로 가서 판정이 어떻게 나는지 볼 수 있도록 하역을 계속 진행해 달라고 말했습니다. 그리고 검사관에게 예전에 하던 대로 불량 목재를 가려내고 합격한 목재를 구분되게 따로 쌓아달라고 부탁했습니다.

검사관이 일하는 모습을 잠시 지켜보니 그가 실제로는 기준을 너무 엄격하게 진행하고 있고, 규정도 제대로 해석하지 못하고 있다는 생각이 들었습니다. 문제가 된 목재는 백송이었습니다. 검사관은 단단한 재목에 대해서는 완벽하게 이해하고 있었지만, 백송에 대해서는 잘 알지도 못할뿐더러 경험이 충분한 것도 아니었습니다. 게다가 백송은 나의 전문 분야이기도 했습니다. 그래서 그가 하는 품질 판단에 문제 제기를 했을까요? 아니요, 그렇지 않습니다. 나는 계속 지켜보다가 이 목재는 어떤 이유로 불량으로 판정받았는지 조금씩 물음을 던졌습니다. 판정이 잘못되었다는 내색은 전혀 하지 않았습니다. 물음을 던지는 유일한 까닭은, 다음번부터는 정확하게 요구되는 품질의 목재를 공급하기 위해서라고 강조해 두었습니다.

매우 우호적이면서도 협조적인 분위기 가운데 물음을 던지고, 그들의 기준에 적합하지 않은 목재를 가려내는 것은 정당하다고 끊임없이 이야기했습니다. 그랬더니 검사관이 태도를 누그러뜨리면서 우리 사이에 긴장 관계도 눈 녹듯 사라지더군요. 그러면서 이따금 조심스럽게 몇마디를 던지자, 검사관도 자신이 불량 판정을 내린 목재가 실제로는 기준에 부합할 가능성도 있겠다고, 그리고 자신들이 요구하는 기준에 부합하는 목재는 훨씬 더 비싼 등급의 목재일 수 있겠다 하는 생각이 움트는 것 같았습니다. 하지만 내가 이 점을 중점적으로 이야기하려 하고 있다는 것에 대해서는 조금도 눈치채지 못하도록 매우 조심스럽게 행동했습니다.

조금씩 천천히 그의 태도가 변하더군요. 결국 그는 자신이 백송에 대해서는 경험이 없다는 사실을 인정했고, 하역 중인 목재 하나하나 빠짐없이 내가 어떻게 생각하는지 의견을 물어 오기 시작했습니다. 나는 일일이 그것이 왜 특정 등급에 해당하는지를 설명했습니다. 하지만 만약 그 목재가 그들이 생각하는 용도와 맞지 않는다면, 무조건 인수해 달라고는 말할 생각이 없다고도 거듭 강조했습니다. 마침내 그는 자신이 불량 판정을 내릴 때마다 마음이 불편하던 이유를 알게 되었습니다. 보다 높은 등급의 목재를 주문했어야 했는데, 그러지 못한 자신들의 실수가 무엇인지를 깨닫게 된 것이죠.

최종적으로 내가 현장을 떠나고 난 후 검사관은 목재 전체를 재검사하고는 전체 합격 판정을 내렸습니다. 그리고 대금 전액에 대해 결제를 받았습니다.

내가 한 것은 상대방이 틀렸다고 지적하는 것을 삼가는 정도의 작은 행동이었는데, 이를 통해 회사는 상당한 금액의 비용을 절감할 수 있었습니다. 그와 함께 쌓인 호의는 돈으로 매길 수 없는 것이죠."

참고로 말하자면, 지금 내가 여러분에게 이야기하고 있는 것은 새로운 진실이 아니다. 이미 20세기 전에 예수는 이렇게 말했다. "나와 다투는 사람과 빨리 화해"하라고(마태복음 5장 25절).

다르게 표현하자면, 고객의 반대 입장과 논쟁을 벌이지 말라는 뜻이다. 상대방이 틀렸다고 해서 그를 지적하거나 화를 만들지 말고 약간의 기지를 발휘하라는 것이다.

기원전 22세기, 이집트를 다스리던 아크토이 왕은 아들에게 몇 가지 현명한 가르침을 주었다. 4,000년 전 어느 날 오후, 늙은 아크토이 왕은 술을 마시다가 이렇게 이야기했다. "다른 사람의 감정을 상하게 하지 말라. 그러면 네가 바라는 바가 이루어질 것이다." 오늘날에도 마찬가지로 꼭 필요한 가르침이 아닐 수 없다.

상대방을 설득하고 싶은가? 그렇다면 다음 방법을 똑같이 따라 해 보라!

사람을 설득하는 방법 2
상대방의 의견을 존중하는 태도를 보여라.
Show respect for the other man's opinions.
상대방이 잘못한 점을 지적하지 말라.
Never tell a man he is wrong.

3

잘못을 저질렀다면 솔직하게 인정하라

If You're Wrong, Admit It

내가 사는 곳은 뉴욕 시의 정중앙이라고 해도 과언은 아니다. 하지만 집에서 걸어서 1분도 채 걸리지 않는 곳에 원시림이 드넓게 펼쳐져 있어 봄이면 딸기 덤불이 새하얀 꽃을 피우고, 다람쥐는 보금자리에서 어린 다람쥐를 키운다. 길가에서 흔하게 볼 수 있는 쥐꼬리망초는 어린아이의 키 정도로 자란다. 사람의 손길이 거의 닿지 않은 이 지역은 '숲 공원'이라고 부르는데, 말 그대로 '숲'이라 할 수 있다. 이 숲은 아마도 콜럼버스가 아메리카 대륙을 발견한 이후로 거의 모습이 달라지지 않았을 것이라고 생각한다.

나는 때때로 렉스와 함께 이 숲을 산책한다. 보스턴 불도그에 속하는 작은 몸집의 개인 렉스는 사람을 좋아하고 잘 물지도 않는다. 공원에는 사람을 거의 찾아볼 수 없기 때문에 나는 줄을 묶거나 입마개를 씌우지 않고 자유롭게 렉스를 데리고 다닌다.

언젠가 하루는 공원을 거닐다 기마경찰을 만났는데, 거들먹거리고 싶어 어쩔 줄을 몰라 하는 것 같았다. "묶지도 않고 입마개도 하지 않은 개를 공원에서 저렇게 마음대로 다니게 두면 어떻게 합니까? 법규 위반인 것 모르십니까?" 그가 나를 질책했다.

"물론 잘 알고 있습니다. 하지만 여기서 저 개가 별다른 해를 끼칠 일이 없다고 생각했어요." 내가 부드럽게 대답했다.

"네? 그렇게 생각했다고요? 법은 당신의 생각과는 그 어떤 관련도 없습니다. 저 개 때문에 다람쥐가 죽을 수도 있고 아이가 물릴 수도 있습니다. 이번 한 번은 그냥 넘어가 드리겠습니다만, 다음번에도 오늘 같은 상황이 일어난다면 그때는 법대로 하도록 하겠습니다."

나는 그렇게 하겠노라고 약속했다. 그리고 서너 번은 그 약속을 지켰다. 하지만 렉스도 나도 입마개 하는 것을 내켜 하지 않았다. 그래서 몰래 그냥 공원에 나가 보기로 했다. 한동안은 아무 일도 일어나지 않았다. 하지만 그러다가 결국에는 다시 경찰관에게 들키고 말았다. 어느 날 오후에 렉스와 언덕 위까지 달리기 시합을 했는데, 애석하게도 그 경찰관이 밤색 말을 타고 있는 모습이 갑자기 눈에 들어왔다. 아무것도 모르는 렉스는 경찰관을 향해 앞으로 달려가고 있었다.

도저히 피할 수 있는 방법이 없다는 것을 나는 알 수 있었다. 그래서 경찰관이 말을 꺼내기 전에 선수를 쳐서 먼저 이렇게 말했다. "경찰관님, 나를 현행범으로 잡으셨군요. 잘못을 인정합니다. 그 어떤 변명도 하지 않겠습니다. 지난주에 다시 입마개를 채우지 않고 개를 데리고 나올 경우 법대로 하겠다고 하셨는데, 결국에는 이렇게 되었네요."

"음, 주위에 이렇게 아무도 없다면, 저렇게 작은 개는 마음껏 뛰놀게 하고 싶기는 하겠네요." 경찰관이 부드러운 말투로 응답했다.

"네, 당연히 그런 생각이 들죠. 하지만 그렇게 하는 건 법을 위반하는 일입니다."

"글쎄요, 저렇게 작은 개라면 사람들에게 위협을 줄 것 같지는 않은

데요?" 경찰관이 반박했다.

"그렇기는 하죠. 하지만 다람쥐를 죽일지도 모르는 거죠." 내가 말했다.

내 말을 들은 경찰관이 이렇게 말했다. "생각이 너무 지나치신 것 같습니다. 이렇게 하시죠. 제 눈에 띄지 않는 저 언덕 너머에서 개를 뛰놀 수 있게 하십시오. 그렇다면 앞으로는 문제 삼지 않겠습니다."

그 경찰관도 사람인지라 자신이 인정받고 있다는 느낌을 바랐다. 그래서 내가 자책하자, 자신이 자기 존재를 내세울 수 있는 길인 아량을 베푸는 관용적 태도를 보이는 수밖에 없었다. 만약에 내가 나 자신을 옹호하려고 했다면 어떤 결과가 발생했을까? 아마 경찰관과 실랑이를 벌여 본 사람이라면 너무나 잘 알 것이다.

경찰관과 실랑이를 벌이며 누가 옳고 그른지를 가리는 대신에 나는 그가 절대적으로 옳다는 것과 내가 분명히 잘못을 저질렀다는 것을 인정했다. 그것도 매우 빠르게, 공개적으로, 분명하게 말이다. 내가 경찰관의 처지가 되고, 경찰관은 내 처지가 됨으로써 일은 매우 원만하게 해결되었다. 체스터필드 경이라고 하더라도 이 기마경찰보다 더 원만하지는 못했을 것이다. 더군다나 바로 일주일 전만 해도 나에게 법대로 하겠다고 으름장을 놓던 바로 그 경찰관이 아니던가?

어차피 나를 비판해야 하는 상황에 놓였다면, 다른 사람이 무어라고 말하기 전에 나 자신이 나서서 비판하는 것이 더 낫지 않을까? 다른 사람의 입에서 나오는 비난보다는 내 입에서 나오는 자기비판이 훨씬 듣기 편하지 않을까?

상대방이 생각하는 나, 상대방이 말하고 싶은 나, 상대방이 말하려고 하는 나에 대한 비난의 소리를 그들이 입을 열기 전에 먼저 여러분이 스스로 말해 버려라. 먼저 입을 열어서 상대방이 하려는 이야기를 해 버려라. 이렇게 되면 상대방이 관대하고 부드러운 태도로 여러분이 어떤 실수를 저질렀더라도 사소한 것으로 만들 가능성이 매우 높아진다. 마치 조금 전 기마경찰이 나와 렉스에게 그러했던 것처럼 말이다.

상업 미술가인 페르디난드 E. 워렌은 까다롭고 비판적인 작품 구매자로부터 호의를 이끌어 내도록 이 방법을 사용했다. 워렌이 들려주는 그의 이야기에 귀를 기울여 보자.

"광고와 인쇄용 그림을 그릴 때 가장 중요한 것은 정밀하고 정확하게 만드는 것입니다. 종종 미술 편집자들이 자기가 부탁한 것을 곧바로 제작해 달라고 요구해 올 때가 있습니다. 이럴 때는 실수가 약간 생기게 마련이죠.

미술 편집자 가운데 항상 사소한 트집을 잡으려 하는 사람이 있었습니다. 그럴 때면 나는 기분이 안 좋아진 상태로 그의 사무실을 나오곤 했죠. 왜 그랬냐고요? 내가 비판을 받아서가 아니라 그가 잘못을 지적하는 방식 때문이었습니다.

얼마 전입니다. 그 편집자에게 작품을 급하게 하나 제작해서 보냈습니다. 그랬는데 그가 전화해서는 지금 당장 달려오라고 하더군요. 잘못된 게 있다는 겁니다. 도착해 보니 내가 염려하던, 그리고 두려워하던 바로 그대로더군요. 그는 비판할 거리가 생겼다며 매우 우쭐해 있었습니다. 그는 매우 신난 듯한 목소리로 이건 왜 그랬는지, 저건 왜 그랬는지 미주알고주알 하나하나 따지고 들었습니다. 불현듯 지금이 바로 제가 배운 자기비판 기술을 사용해 볼 때라는 생각이 스쳤습니다. 그래서 나는 이렇게 이야기했습니다.

'당신 말이 사실이라면 내가 잘못한 것이 맞으니 실수한 것에 대해 그 어떤 변명도 할 수 없군요. 같이 일한 지도 무척이나 오래되어서 이제 좋은 그림을 드릴 만도 한데 이 정도 미비한 수준을 보였다니 면목이 없습니다. 쥐구멍에라도 숨고 싶네요.'

이 말을 하자마자 그는 바로 나를 옹호해 주었습니다. '네, 맞는 말씀입니다. 하지만 그래도 이게 그렇게 중대한 실수는 아니고요……'

나는 그의 말을 중단시키고는 이렇게 말했습니다. '어떤 실수든 간에 나중에 큰 손실을 입힐 수도 있고, 사람을 짜증나게 만들기도 하죠.'

그가 가만히 있지 않고 말참견을 하려고 했지만, 나는 그렇게 상황이 만들어지게 하지 않았습니다. 나는 굉장한 시간을 보내고 있었기 때문입니다. 태어나 처음으로 나 자신을 향해 비판의 화살을 쏘았고, 나는 그게 너무나 마음에 들었습니다.

계속해서 나는 말을 이었습니다. '조금 더 주의를 기울여야겠습니다. 당신은 나에게 일도 많이 주고 계시니 최고로 해 드리는 것이 마땅합니다. 이 그림은 다시 제대로 그려 드리도록 하겠습니다.'

'아니요, 괜찮습니다. 그러실 필요 없습니다.' 그가 괜찮다고 이야기하더군요. '번거롭게 해 드릴 수야 없죠.' 그러더니 그는 내 그림을 칭찬하면서 그가 원하는 건 단지 약간만 수정하는 것이고, 이런 사소한 실수 때문에 회사에 큰 손실이 일어나는 것은 아니라고 나에게 확신을 주었습니다. 결국에는 약간의 손질만 해 주면 될 뿐이니 걱정하지 말라고 안심시켜 주는 것이었습니다. 내가 너무 진지한 태도로 스스로를 비판해서 그랬는지 그는 나와 싸울 마음이 눈 녹듯 사라진 것 같았습니다. 그는 이제 그만하고 점심이나 같이 먹는 건 어떤지 묻더군요. 그러고는 헤어지기 전에 수표 한 장과 새로운 일감을 나에게 전해 주었습니다."

실수에 대해 변명하는 건 바보라도 할 줄 아는 일이다. 그리고 변명하는 것도 대부분은 바보들이다. 하지만 자신의 잘못을 인정하는 사람은 다른 사람에 비해 돋보이게 되고, 스스로 생각해 보아도 자신이 고귀한 사람이 된 것 같은 느낌이 들어 마음이 따뜻해진다. 역사 속에서 로버트 E. 리 장군에 관한 미담을 예로 들 수 있을 것 같다. 게티즈버그 전투에서 피켓 장군의 돌격 작전이 실패했을 때, 리 장군이 그 책임은 전적으로 자신에게 있다고 비판하며 나선 이야기다.

'피켓의 돌격', 서구 역사상 가장 화려하면서도 멋진 공격이었다는 건 두말할 필요가 없다. 피켓 장군 자체만으로도 멋진 사람이었다. 길게 늘어뜨려 묶은 적갈색 머리는 어깨 길이 정도였고, 나폴레옹이 이탈리아로 원정을 갔을 때 했던 것처럼 그 역시 전장에서 거의 매일 열렬한 연서(戀書)를 썼다.

비극으로 점철된 7월의 어느 날, 그가 모자를 오른쪽으로 약간 비껴쓰고 북군 전선을 향해 가볍게 말을 달리면서 진격을 했을 때, 그의 충성스러운 부대는 환호성을 질렀다. 부대는 함성을 지르며 그를 따라 진격하기 시작했다. 광대한 바다처럼 옆으로 길게 늘어선 군인들의 물결이 한없이 밀려왔다. 깃발이 날렸다. 총검은 햇살에 반짝거렸다. 이렇게 멋지고 숨 막힐 것 같은 광경은 다시 보기 힘들었다. "용감하다. 장관이다!" 남군을 쏘아보고 있던 북군 병사들 사이로 감탄의 말들이 새겨졌다.

피켓의 부대는 과수원과 옥수수 밭을 지났다. 이어 목장을 가로지르고 별다른 어려움 없이 계곡을 건너며 앞으로 물밀듯 밀고 나갔다. 진격하는 동안 북군의 대포가 대열에 큰 구멍을 내고 있었다. 하지만 그들은 조금도 두려워하지 않고 이를 악물고 진격하고 진격했다.

그런데 '묘지 능선' 석벽 뒤로 은신하고 있던 북군의 보병 부대가 쏜살같이 나타나서는 무방비 상태였던 피켓 부대에게 총탄을 퍼붓기 시작했다. 폭발하는 화산처럼 순식간에 화염에 뒤덮인 능선은 그야말로 대학살의 현장이 되고 말았다. 피켓 부대의 결과는 참혹했다. 지휘관은 한 명만 살아남고 모두 전사했고, 부대는 5,000명이나 되는 인원 가운데 5분의 1만 가까스로 살아남았다. 불과 몇 분 사이에 일어난 결과였다.

아미스테드 장군이 살아남은 병사들을 진두지휘하며 마지막 돌격에 나섰다. 그는 힘차게 달리며 석벽을 뛰어넘더니 장검 끝에 걸어 둔 자신의 모자를 휘두르며 이렇게 소리쳤다. "부대원 모두 착검. 돌격 앞으로!"

피켓 부대는 앞으로 돌격해 나갔다. 석벽을 뛰어넘고, 총검으로 베고, 개머리판으로 때리는 치열한 접전 끝에 마침내 묘지 능선의 남쪽 '꼭짓점'이라고 일컬어지는 곳에 남군의 깃발을 꽂았다. 하지만 승리의 기쁨은 잠깐이었다. 잠깐에 불과하기는 했지만, 이 순간은 남부 연방 사상 최고의 순간으로 기록되고 있다.

피켓 부대는 화려하고 영웅적인 모습으로 돌격했지만, 이것은 종말의 시작에 불과했다. 리 장군은 실패를 맛보았다. 북군의 방어선을 무너뜨리기에는 역부족이었다. 리 장군은 그것을 잘 알고 있었다. 남군에게는 무엇보다 뼈아픈 패배가 아닐 수 없었다.

리 장군은 너무나 크나큰 슬픔과 충격에 빠졌다. 그는 남부 연방 대통령이었던 제퍼슨 데이비스에게 편지를 보내면서 사의를 밝혔다. 그리고 '보다 더 젊고 유능한' 장군을 사령관으로 임명해 줄 것을 거듭 요청했다. 리 장군이 피켓의 돌격이 참혹한 실패로 끝난 책임을 다른 이에게 돌리려고 했다면 책임을 져야 할 사람을 찾는 것은 그리 어려운 일이 아니었을 것이다. 연대 지휘관 가운데 일부는 그의 명령대로 움직이지 않았다. 그리고 기마 부대의 도착도 너무나 늦어졌기 때문에 보병 부대는 제대로 된 공격을 지원받을 수도 없었다. 여기에서는 이것이 잘못되었고, 저기에서는 저것이 잘못되었다.

하지만 리 장군은 책임을 다른 이에게 전가시키지 않았다. 전투에서 패배한 남군 병사들이 피를 흘리며 공격 개시선으로 돌아왔을 때, 고결한 인품의 리 장군은 혼자서 말을 몰고 병사들 앞으로 나가서는 이렇게까지 해야 했을까 싶을 정도로 장엄하게 자기비판을 했다. "모든 책임은 나에게 있다. 이 전투에서 패배한 사람은 오직 나, 바로 나 한 사람뿐이다." 인류 역사를 통틀어 이렇게 패전 책임을 인정할 정도의 용기와 인품을 가진 장군을 찾기란 쉽지 않은 일이었다.

앨버트 허버드는 미국 역사에서 가장 창의적인 작가로 알려졌는데, 그가 쓴 글은 너무나 신랄한 나머지 사람들로 하여금 격렬한 거부 반응을 일으킬 때도 있었다. 하지만 사람을 대하는 기술이 뛰어났던 허버드는 적이었던 사람까지도 자신의 친구로 만드는 일이 비일비재했다.

예를 들면, 허버드가 쓴 글에 어떤 독자가 화가 나서 편지를 보냈다. 허버드의 글이 이런저런 이유로 마음에 들지 않는다며 온갖 비난을 퍼부은 편지였다. 허버드는 이렇게 답장을 써서 보냈다.

그 점에 대해 다시 생각해 보니 나 자신도 전적으로 동감하기는 어려울 것 같습니다. 어제 쓴 그 어떤 글이라 해도 오늘 내 마음에 쏙 들라는 법은 없습니다. 당신이 그 주제에 대해 어떻게 생각하고 있는지 알게 되어 무척 기쁩니다. 근처에 오실 일이 있다면 언제든 들러 주시기 바랍니다. 우리 두 사람이 함께 이 주제에 관해 깊이 있는 논의를 나눌 수 있을 것 같네요. 건승을 기원하며 이만 줄입니다.

자, 이렇게 이야기하는 사람에게 여러분은 어떤 말을 더할 수 있겠는가?

만약 여러분이 옳다면 은근슬쩍 교묘하게 상대방이 여러분의 의견에 동의하게끔 만들려고 노력해 보자. 만약 여러분이 틀리다면 (사실 가슴에 손을 얹고 생각해 본다면 이런 경우가 무척이나 많다는 것을 알 수 있을 것이다.) 여러분의 실수를 최대한 빨리, 그리고 분명하게 인정하자. 이렇게 하면 놀라운 결과가 생길 뿐만 아니라, 믿지 못할지 모르겠지만, 그 어떤 난처한 상황에서도 자신을 옹호하려고 애쓰는 것보다 훨씬 더 흥미로운 결과가 나타날 것이다.

오래된 속담에 이런 말이 있다.

싸워서는 절대 충분히 얻지 못한다. 하지만 양보하면 기대한 것 이상을 얻는다.

By fighting you never get enough, but by yielding you get more than you expected.

상대방을 설득하고 싶은가? 그렇다면 다음 방법을 똑같이 따라 해 보라!

사람을 설득하는 방법 3

잘못을 저질렀다면, 신속하고 분명하게
잘못을 인정하라.
If you are wrong, admit it quickly and emphatically.

4

상대방을 설득할 수 있는 지름길

The High Road to a Man's Reason

한번 생각해 보자. 누군가가 여러분을 화나게 했을 때, 아무 말이든 마음껏 퍼붓고 나면 확실히 속 시원해지는 것을 여러분도 느낄 수 있을 것이다. 하지만 반대로 생각해 보자. 상대방은 어떻게 될까? 상대방도 여러분과 마찬가지로 속 시원해질까? 여러분의 말투에서 도전적인 느낌을 받고, 여러분의 태도에서 호전적인 태도를 보고도 상대방이 과연 편한 마음으로 여러분에게 동의할 수 있다고 생각하는가?

우드로 윌슨은 이렇게 말했다.

"당신이 두 주먹을 불끈 쥐고 나에게 오는 그 순간, 나 역시 두 주먹을 불끈 쥐고 당신을 상대할 것이라고 장담할 수 있다고 생각합니다. 하지만 당신이 나에게 와서 '우리 앉아서 함께 상의해 봅시다. 서로 다른 의견이 있으면 왜 서로 다른지, 무엇 때문에 차이가 있는 것인지 한번 살펴봅시다.'라고 이야기한다면, 우리는 서로 의견 차이가 크지 않고 차이점보다는 공통점이 더 많으니, 화합하고자 하는 마음과 진실함과 인내만 있다면 화합이 결코 어렵지 않다는 것을 알게 될 것입니다."

존 D. 록펠러 2세는 우드로 월슨이 한 이 말의 진가를 가장 잘 알아본 사람이다. 1915년, 록펠러는 콜로라도주에서 가장 심하게 미움을 받던 사람이었다. 당시 콜로라도주에는 미국 산업 역사를 통틀어 최악의 파업이 2년째 계속되고 있었다. 분노에 가득 찬 광부들이 임금 인상을 요구하며 투쟁을 벌이고 있는 콜로라도 석유 강철 회사는 록펠러가 소유주였다. 회사 기물이 파손되자 경찰이 투입되어 진압이 시도되었고, 그 와중에 파업 중인 광부들이 총상을 입고 쓰러졌다.

이런 시기, 다시 말해 증오로 세상이 가득 채워져 있던 그 성난 시기에 록펠러는 파업 중인 광부들을 설득하려고 했다. 그리고 끝내 그는 설득을 일구어 냈다. 도대체 어떻게 가능했을까? 지금부터 살펴보기로 하자. 사람들과 친해지기 위해서 몇 주에 걸쳐 갖은 노력을 했던 록펠러는 마침내 파업 대표 위원들 앞에서 연설할 기회를 얻게 되었다. 이 연설은 처음부터 끝까지 하나의 걸작과도 같았다.

연설의 결과는 실로 대단했다. 록펠러를 집어삼킬 듯 거세게 몰아치던 증오의 물결이 잠잠해졌다. 수많은 추종자도 생겨났다. 그가 연설에서 사실을 제시할 때 너무나 우호적인 방식을 보였기에, 파업 중인 광부들은 그동안 그렇게 격렬하게 싸워 온 임금 인상에 대해서 침묵으로 일관하며 일터로 복귀했다.

우리는 그 유명한 록펠러의 연설의 도입부를 읽어 볼 것이다. 얼마나 우호적인 느낌으로 가득 채워져 있는지 주목해 보기 바란다. 명심할 것이 있다. 이때 록펠러의 연설을 듣던 사람들은 며칠 전까지만 해도 그를 사과나무에 매달아 죽여야 한다고 으르렁거리던 사람들이었다는 것이다. 그런데도 록펠러는 마치 의료 선교 활동 중인 사람들에게 이야기하듯 온화하고 다정한 목소리로 연설을 이어 갔다. 그의 연설은 '여러분의 가정을 방문해', '여러 식구들을 만나 보고 나니', '여기에 서게 된 것을 나는 매우 자랑스럽게 생각하며', '우리는 낯선 사람이 아니라 친구로서 서로 만난 것이고', '상호 우호의 정신과 공동의 이익이 있고', '내가 여기 있게 된 것도 다 여러분의 덕이다.' 등의 구절로 가득 차 있다.

"오늘은 나에게 너무나 특별하게 기억될 날입니다. 이 위대한 회사의 직원 대표, 관리자, 임원 모두를 한자리에서 처음으로 만나는 행운을 가지는 날인 까닭입니다. 이 자리에 설 수 있게 되어 무척이나 감사하게 생각합니다. 평생 동안 이 만남을 마음에 새기며 살아갈 것입니다.

이 만남이 2주 전에 열렸다면, 나는 몇 사람 알지도 못한 채로 여러분에게 익숙하지 않은 사람으로 이 자리에 섰을지도 모르겠습니다. 다행히도 나는 지난 일주일 동안 남부 탄광 지역에 있는 모든 현장에 찾아가서 자리를 비우신 몇몇 분을 빼고는 모든 대표 위원들과 개별적인 대화 시간을 가질 수 있었습니다. 여러분의 가정을 방문해서 여러분의 배우자와 자녀들도 만나볼 수 있었습니다. 이제 우리는 친구로 이 자리에 함께 모였습니다. 더 이상 낯선 사람이 아닙니다. 친구라는 상호 우호의 정신이 있기 때문에 여러분과 함께 우리의 공동 이익을 토론하기 위한 기회를 가지게 되어 나는 무척 기쁩니다.

이 만남은 회사 관리자와 직원 대표들의 만남이기 때문에 그 어디에도 소속되어 있지 않는 내가 이 자리에 서게 된 것은 여러분 모두의 덕이라고 말할 수 있습니다. 그것도 온전히 말입니다. 그럼에도 나는 내가 여러분과 긴밀히 연관되어 있다고 느끼는데요, 어떤 의미에서 나는 주주와 중역들을 대표하는 사람이기 때문입니다."

자, 이 정도면 원수를 친구로 만드는 놀라운 기술을 보여 주는 대표적 사례라고 볼 수 있지 않겠는가? 가령 록펠러가 이와는 다른 방법을 택했다고 한번 생각해 보자. 그가 광부들과 논쟁을 벌였고, 그러면서 회사의 절박한 상황을 보여 주는 사실들을 광부들에게 공개했다고 생각해 보자. 광부들에게 잘못이 있다는 말투로 말했다고 해 보자. 모든 논리학적 방법을 사용해서 그들에게 잘못이 있음을 밝혀냈다고 해 보자. 과연 어떤 일이 일어났겠는가? 더 커다란 분노와 증오, 소요가 일어났을 것임이 분명하다.

여러분에 대해서 누군가 반감과 악감정을 품고 있다면, 여러분은 이 세상에 존재하는 그 어떤 논리로도 그를 설득할 수 없다. 야단치는 부모, 윽박지르는 상사나 남편, 잔소리를 퍼붓는 아내는 사람들이 생각을 바꾸고 싶어 하지 않는다는 점을 명심할 필요가 있다. 억지로 밀어붙이거나 강제한다고 해서 되는 것이 아니다. 그들의 의견이 여러분이나 나의 의견과는 절대로 같아지지 않는다. 오히려 우리가 언제나 상냥하고 다정한 태도로 임할 때에야 그들의 의견이 바뀌게 될 가능성이 훨씬 더 크다.

링컨도 이미 100여 년 전에 이런 골자의 이야기를 한 적이 있다.

"꿀 한 방울이 한 통의 쓸개즙보다 파리를 더 많이 잡는다."라는 오래된 금언에서 우리는 진리 하나를 발견할 수 있다. 사람도 마찬가지다. 상대방을 설득하고자 한다면, 먼저 여러분이 그에게 진정한 친구라는 점을 신뢰하게 해야 한다. 상대방의 마음을 사로잡는 꿀이 바로 이것이다. 그렇게만 한다면, 여러분이 그 어떤 말을 하든 상관없이 그는 아주 쉽게 납득할 것이다.

요즘의 사업가들은 파업자들에게 우호적으로 대하는 것이 이익이 된다는 것을 온몸으로 깨닫고 있다. 예를 들자면, 화이트 자동차 회사에서 공장 직원 2,500명이 임금 인상과 유니언 숍제(노동자에게 의무적으로 노동조합에 가입하게 하는 제도) 방식을 요구하며 파업을 일으켰을 때, 사장인 로버트 F. 블랙은 화내거나 비난하거나 협박을 일삼으면서 독재와 공산주의를 이야기하지 않았다. 오히려 그가 택한 방식은 파업자들을 칭찬하는 것이었다. 그는 지역 신문에 '근로자들이 평화적으로 파업에 돌입'한 것을 높이 사는 광고를 냈다. 파업 시위 중간에 빈 시간이 생기는 것을 본 그는 수많은 야구방망이와 글러브를 사 주고는 공터에서 그들에게 야구를 하도록 권유했다. 볼링을 좋아하는 사람들을 위해서는 볼링장을 통째로 임대해 주기도 했다.

블랙이 이렇게 우호적인 태도를 보이니 우호적인 태도가 언제나 그렇듯 다시 우호적인 태도가 돌아왔다. 파업 근로자들이 빗자루와 쓰레받기, 손수레 등을 빌려다 공장 주변에 널브러져 있던 성냥과 신문, 담배꽁초 등을 치우기 시작했다. 한번 머릿속으로 떠올려 보라. 파업 근로자들이 임금 인상과 유니언 숍을 위해 싸움을 이어 가는 가운데 공장 바닥을 청소하는 광경을. 길고 지긋지긋한 미국 노동 운동의 역사 속에 이와 같은 광경은 단 한 번도 없었다. 파업은 그 어떤 악한 감정이나 상처도 남기지 않았다. 단 일주일 만에 평화로운 협상으로 끝을 맺었다.

그 누구보다 변론을 잘하는 변호사의 한 사람으로 알려져 있는 대니얼 웹스터. 그는 생김새가 신과 같았고, 구약 성서의 여호와처럼 말했다. 하지만 그도 다음과 같은 우호적인 언급으로 자신의 가장 강력한 주장을 시작했다. '배심원들께서는 이런 말을 고려해 주시기 바랍니다.', '여러분, 어떤 면에서는 이런 점도 생각해 볼 만하지 않습니까?', '이와 같은 사실에 대해서는 여러분도 관심을 가지고 주의 깊게 살펴보실 것이라 믿습니다만', '여러분은 인간 본성에 대해서 깊은 지식을 가지고 계시므로 이런 사실이 가지는 중요성을 쉽게 인지하리라 생각합니다.' 그는 밀어붙이지 않았다. 강압적인 태도를 취하지도 않았다. 상대방에게 자신의 의견을 주지시키려고 하지도 않았다. 웹스터는 부드러운 말로 조용하고 우호적으로 접근했다. 이를 통해 그는 많은 사람에게 이름을 알릴 수 있었다.

파업 문제를 해결하거나 배심원들 앞에서 주장을 이어 가야 하는 일은 여러분에게 일어나지 않을 수도 있다. 하지만 집세를 낮추는 일은 생길 수 있지 않겠는가? 그런 순간에도 우호적으로 접근하는 방법이 과연 효과적일까? 다음 사례를 살펴보자.

기술자인 O. L. 스트라우브는 집세를 낮추고 싶었다. 그는 집주인이 매우 깐깐한 사람이라는 점을 잘 알고 있었다. 그는 카네기 강좌에서 그때의 일을 다음과 같이 말했다.

"나는 집주인에게 임대 계약이 만료되는 즉시 집을 비우겠다고 편지를 써 보냈습니다. 사실 나는 이사를 원하지 않았습니다. 다른 임차인들이 집세를 낮추려고 이런저런 방법을 강구해 보았지만, 실패로 끝이 났으니까요. 다들 나에게 집주인이 정말로 대하기 쉽지 않은 사람이라고 하나같이 말하더군요. 하지만 나는 '내가 지금 사람 다루는 법을 배우고 있는 중이니, 이번에 집주인에게 적용해서 과연 어떤 결과를 얻을 수 있는지 살펴보아야겠다.'라고 생각했습니다.

편지를 받은 집주인이 비서를 데리고 나를 찾아왔습니다. 나는 문간에서부터 슈워브 식의 반가운 인사로 그를 맞이했습니다. 호의와 활기로 가득 찼다고나 할까요. 집세가 다소 높다는 뉘앙스는 보이지 않았고, 말도 꺼내지 않았습니다. 내가 시작한 말은 '집이 정말로 마음에 든다'는 것이었습니다. 정말로 나는 '진정으로 인정해 주고 아낌없이 칭찬'했습니다. 나는 그가 건물을 관리하는 방식에 대해서도 칭찬을 늘어놓은 후, 1년을 더 살고 싶지만 그럴 형편이 되지 않아 아쉽다는 이야기를 했습니다. 그는 전에 이런 식으로 집주인을 대하는 임차인을 지금껏 단 한번도 본 적이 없는 것이 확실했습니다. 어찌해야 할 바를 몰라 했기 때문입니다.

마침내 그가 자신의 고민을 털어놓았습니다. 임차인들을 보면 하나같이 불평만 늘어놓는다는 것이었습니다. 어떤 사람은 자신에게 편지를 무려 14통이나 보냈는데, 그중에는 모욕적인 편지도 있었다, 어떤 사람은 위층 사람이 코 고는 소리를 멈추어 주지 않으면 계약을 파기하겠다, 뭐 이런 식의 이야기였습니다. 거기에 이렇게 덧붙이더군요. '당신처럼 만족스러워하는 임차인이 있다니, 이게 얼마나 나에게 위안이 되는지 모르겠습니다.' 그러더니 내가 말도 하지 않았는데, 집세를 조금 낮추어 주겠다는 이야기를 먼저 꺼내는 것이 아니겠습니까? 나는 조금 더 낮추기를 바라는 마음에 내가 얼마까지 가능한지를 이야기했죠. 그는 선뜻 내 조건을 받아들여 주었습니다. 이야기가 끝나고 밖으로 나가다 멈추더니 이렇게 묻더군요. '집 안 장식 중에서 내가 해 드릴 만한 것이 있을까요?'라고요.

만약 나 역시 다른 임차인들이 했던 방식으로 집세를 낮추어 볼 생각이었다면 분명히 그들처럼 나도 실패의 쓴맛을 보았을 겁니다. 내가 성공한 이유, 그건 바로 우호적으로 공감하며 칭찬하는 방식 때문이었습니다."

자, 이번에는 여성과 관련된 사례를 하나 살펴보자. 사교계 유명 인사로 롱아일랜드 해변에 있는 가든 시티에 사는 도로시 데이 부인의 경우다.

"며칠 전, 친한 친구들 몇 명만 불러서 오찬 모임을 가졌습니다. 나에게는 매우 중요한 행사였죠. 그만큼 모든 일이 문제없이 매끄럽게 진행될 수 있도록 신경을 썼습니다. 이런 일에는 일반적으로는 수석 웨이터인 에밀이 도움을 주었습니다.

하지만 이번에는 상황이 달랐습니다. 오찬 모임은 대실패로 끝났습니다. 에밀은 웨이터 한 명만 달랑 보내 시중을 들게 했습니다. 자신은 코빼기도 보이지 않았죠. 게다가 그 웨이터는 일류 서비스가 어떤 것인지 알지도 못하는 초짜였습니다. 가장 먼저 챙겨야 할 주요 손님을 툭하면 마지막에야 챙겼습니다. 심지어는 커다란 접시에 아주 작은 샐러리 하나만 내어놓기도 하더군요. 고기는 질기고, 감자는 기름으로 범벅이고, 아 정말로 끔찍했습니다. 마음이 무척이나 불쾌했지만, 의식적으로 미소를 지어 가며 나는 속으로는 이렇게 생각하고 있었습니다. '에밀, 눈에 띄기만 해봐. 아주 끝장을 내 줄 테니까.'

이 일은 수요일에 생겼는데, 그다음 날인 목요일 밤에 나는 인간관계에 관한 강의를 듣게 되었습니다. 강의를 듣는 동안 에밀을 혼낸다고 해도 아무 소용이 없다는 것을 깨달았습니다. 그가 화나게 만들고 반감만 가지게 할 테니까요. 그러면 또 에밀은 앞으로 저를 돕고 싶은 생각도 하지 않게 될 테고요. 입장을 바꾸어서 생각해 보았습니다. 그가 재료를 사 온 것도, 요리를 한 것도 아니었습니다. 그리고 웨이터 중에 조금 부족한 사람이 있는 것은 그로서도 어쩔 수 없는 일이었겠죠. 이런 생각이 들었습니다. 내가 지금 화를 내는 것이 너무 엄한 것은 아닐까, 너무 성급한 것은 아닐까 말이죠. 그래서 질책하는 대신에 우호적인 방식을 써 보아야겠다고 마음을 먹었습니다. 다시 말해, 그를 칭찬하는 것으로 시작하겠다고 마음을 먹은 것이죠. 이런 접근 시도는 너무나 잘 들어맞았습니다. 그다음 날 나는 에밀을 만났습니다. 그는 화가 잔뜩 난 얼굴로 자신을 방어하기 위해 어떤 싸움이라도 받아들일 듯한 분위기였습니다. 나는 이렇게 말했습니다. '에밀, 내가 모임을 가질 때 당신이 도와주면 내가 얼마나 마음이 놓이는지를 당신이 알아주었으면 해요. 당신은 뉴욕에서 가장 훌륭한 수석 웨이터이니까요. 물론 당신이 재료를 구입하지도 않았고 요리를 한 사람이 아니라는 것도 잘 알고 있습니다. 아마 당신에게도 수요일 일은 어쩔 수 없는 상황이었을 거라고 생각해요.'

에밀이 미소를 지으며 이렇게 말했습니다. '네, 정말로 그랬습니다,

부인. 문제가 일어난 건 요리사 쪽이지 나에게 있는 건 아니었어요.'

그 말에 나는 이렇게 답했습니다. '다른 모임을 계획하고 있어요, 에밀. 당신에게 조언을 구하고 싶어요. 그 요리사를 계속 고용해도 괜찮을까요? 어떻게 생각하나요?'

'물론입니다. 다시는 그런 일이 일어나지 않을 거예요.'

그다음 주에 오찬 모임을 다시 열었습니다. 어떤 음식을 하면 좋을지는 에밀과 충분히 상의해서 정했죠. 나는 그에게 주는 팁을 절반으로 깎는 것으로 끝내고, 이전의 실수에 관해서는 그 어떤 말도 더하지 않았습니다. 우리가 도착했을 때 식탁은 수많은 붉은 장미로 아름답게 꾸며져 있었습니다. 그리고 에밀이 곁에서 계속 시중을 들어 주었습니다. 메리 여왕을 모시는 자리라고 하더라도 더 잘할 수 없을 만큼 에밀은 이번 모임에 정성을 쏟아 주었습니다. 메인 요리가 나올 때는 무려 웨이터 네 명이 시중을 들었습니다. 요리 위에 마지막으로 달콤한 민트를 뿌리는 건 에밀이 직접 해 주었습니다.

모임이 잘 마무리되고 나서 그날의 주요 손님이 나에게 물었습니다. '저 수석 웨이터에게 무슨 마법이라도 부리신 건가요? 도대체 어떻게 했기에 이렇게 훌륭한 서비스와 정성이 나오는 건가요? 지금껏 단 한 번도 본 적이 없을 만큼 너무 만족스럽습니다.'

네, 그 말은 분명 사실이었습니다. 나는 그에게 우호적인 접근과 진정한 감사라는 마법을 사용했으니까요."

내가 미주리주 서북부에서 맨발로 숲을 가로지르며 시골 학교를 다니던 어린 시절의 일이다. 어느 날 나는 해와 바람에 관한 이야기를 읽었다. 해와 바람은 서로 자신이 상대방보다 더 세다며 목소리를 높이고 있었는데, 바람이 이렇게 말했다. "내가 더 세다는 것을 증명해 주지. 저기 외투를 걸치고 걸어가는 나이 든 나그네 보이지? 나는 너보다 그가 입은 외투를 더 빨리 벗길 수 있어."

구름이 해를 가렸다. 그러자 바람이 세차게 불기 시작했다. 거의 태풍이 부는 것처럼 불었지만, 바람이 강해질수록 노인은 외투를 꼭 끌어안았다. 마침내 바람이 포기했고, 이내 잠잠해졌다. 이번에는 해가 구름 뒤에서 나와 노인에게 다정한 미소를 보냈다. 얼마 지나지 않아 노인은 이마를 훔치며 외투를 벗었다. 해는 바람에게 부드러움과 다정함이 힘이나 분노보다 항상 강하다는 사실을 깨닫게 해 주었다.

교육과 문화의 역사적 중심지인 보스턴에서는 이 이야기에 담긴 진리가 실제로 펼쳐지고 있었다. 의사인 B 박사에 관한 이야기인데, 그는 그로부터 30년이 지난 후 내 강좌의 수강생이 되었을 때 다음과 같이 그때 일어난 일을 소상히 들려주었다.

당시 보스턴의 신문들은 낙태 전문가라든가 돌팔이 의사들이 내는 허위 의료 광고로 몸살을 앓고 있었다. 이들은 사람들에게 병을 치료해 준다고 하면서, 순진한 사람들의 돈을 긁어내는 경우가 헤아릴 수도 없이 많았다. 실제로는 '남성성의 상실'이라든지 다른 무서운 이야기들로 두려움을 느끼게 해서 말이다. 그들의 치료라는 것이 실제로는 피해자들에게 끊임없이 겁을 주는 것에 그쳤고 실제 치료는 전혀 이루어지지 않았다. 낙태 전문가들에 의해서 사망 사고도 연일 계속되었는데, 처벌되는 경우는 그다지 찾아볼 수 없었다. 벌금을 내거나 정치적 영향력을 써서 풀려나는 것이 대부분이었다.

상황이 심각해졌다. 그러자 보스턴의 교양 있는 사람들이 자신의 분노를 터뜨리며 일어섰다. 성직자들은 설교를 통해 신문의 광고 행태를 문제 삼으며 비난하고, 이런 광고가 더는 실리는 일이 없게 해 달라고 하느님께 기도했다. 시민 단체, 기업, 여성 단체, 교회, 청년 단체 모두 거세게 비난하며 퇴치 운동에 전면 나섰지만 효과는 전혀 없었다. 주의회에서도 이러한 불건전 광고를 불법화하고자 하는 논쟁이 치열하게 있었다. 하지만 뇌물과 정치적 영향력에 의해 흐릿해지고 말았다.

B 박사는 모범시민 위원회에서 위원장을 맡고 있었는데, 이 위원회는 보스턴 열성 기독교인 공동체였다. 위원에서도 다방면에 걸쳐서 노력을 기울였지만, 결과는 한심했다. 이런 불법 의료 행위를 뿌리째 뽑는 것은 실질적으로 불가능했다.

그러던 어느 날 저녁, B 박사는 이전에 보스턴 사람 그 어느 누구도 한 적이 없는 것이 분명한 어떤 일에 자신을 내던져 보았다. 친절과 공감과 칭찬이라는 세 가지 방법을 사용해 본 것이다. 그는 신문사로 하여금 광고를 중지하기를 원하도록 만들기 위해 온 힘을 쏟았다.

그는 〈보스턴 헤럴드〉의 편집장에게 자신이 얼마나 그 신문을 애독하는지 편지를 써서 보냈다. 기사에서 다루는 소재도 선정적이지 않고 깨끗하고 사설도 훌륭하다, 자신이 항상 애독하고 있다, 온 가족이 함께 읽기에도 무척 좋은 신문이라며 마음을 전했다. B 박사는 자신이 보기에 〈보스턴 헤럴드〉는 뉴잉글랜드 주에서 이만큼 좋은 신문은 찾아볼 수 없을 뿐만 아니라, 미국 전체로 그 경계를 넓히더라도 분명 최고에 속하는 신문임이 틀림없다고 매우 단호하게 말했다. 그는 계속해서 이렇게 써 내려갔다.

그런데 어린 딸이 있는 친구 하나가 이런 말을 건네더군요. 며칠 전 저녁에 딸이 자신에게 와서는 신문에 난 광고, 그러니까 낙태 전문가의 광고를 큰 목소리로 읽더니 그중에 한두 구절을 짚으며 그게 무슨 의미를 담고 있는지 물어보더랍니다. 친구는 당황한 나머지 무슨 말을 해 주어야 할지 몰라서 진땀을 뺐다고 하고요. 〈보스턴 헤럴드〉는 보스턴의 상류 가정에는 전부 배달되는데, 내 친구 집에서 이런 일이 있었다면 그 집 말고도 수

많은 집에서도 이런 일이 생기고 있다고 보는 게 맞지 않을까요? 만약에 편집장님께 어린 딸이 있다면, 따님이 그런 광고를 읽게 가만히 두시겠어요? 그리고 만약에 따님이 그런 자극적인 광고를 보고 편집장님께 물어본다면 무어라고 이야기해 주시겠어요?

〈보스턴 헤럴드〉 같은 훌륭한 신문이, 모든 면에서 거의 완벽하다고 할 수 있는 이런 신문에 오점이 있어서, 그래서 몇몇 아빠들의 경우에 이 신문을 들고 오는 것조차 두려워하게 되었다는 게 너무나 유감스럽습니다. 수천 명의 독자들이 나와 같은 생각을 가지고 있지 않을까요?

이틀이 지났다. 〈보스턴 헤럴드〉 편집장이 B 박사에게 답장을 보냈다. B 박사는 이 편지를 오랫동안 서류함에 넣어 두었다가 최근에 내 강좌에 참여하면서 가져와 나에게 주었다. 발신일은 1904년 10월 13일이다.

B 박사님께

이번 달 11일에 보내 주신 편지 잘 읽었습니다. 읽고 나니 진심으로 감사하다는 말씀을 드리지 않을 수 없을 것 같습니다. 그 편지는, 제가 편집장이 된 이후로 연일 고민해 왔던 조치를 취하는 것에 매우 결정적인 역할을 해 주었기 때문입니다. 이번 월요일부터 저희 〈보스턴 헤럴드〉는 혐오스러운 내용의 광고를 모두 중단하기로 결정했습니다. 과대한 의료 광고나 낙태용 세척기 광고, 혹은 유사한 광고는 완전히 사라질 것이며, 지금 당장 배제하는 것은 어려운 다른 모든 의료 광고에 대해서는 그 어떤 불쾌감도 드리지 않도록 철저히 감독할 것을 이 편지를 빌려 약속드립니다. 이런 점에서 저희에게 도움을 주신 박사님께 진심으로 감사드리는 바입니다.

그럼 이만 줄이겠습니다.

편집장 W. E. 하스켈 드림

수많은 우화를 만든 이솝은 기원전 600년경 크로이소스 왕 정권 아래의 그리스에서 궁정 노예로 지냈다. 하지만 그가 인간 본성에 대해 가르친 진리는 2,500년 전 아테네에서뿐만 아니라 지금의 보스턴과 버밍햄에서도 마찬가지로 동일하게 적용된다. 해가 바람보다 빨리 외투를 벗길수 있다. 친절, 우호적 접근, 칭찬은 세상에 존재하는 그 어떤 비난과 질책보다도 훨씬 더 쉽게 사람들의 마음을 변화시킬 수 있다.

링컨의 말을 명심하자. "꿀 한 방울이 한 통의 쓸개즙보다 파리를 더많이 잡는다."

상대방을 설득하고 싶은가? 그렇다면 다음 방법을 똑같이 따라 해 보라!

사람을 설득하는 방법 4
친근한 방법으로 시작하라.
Begin in a friendly way.

5

소크라테스식 문답법의 비밀

The Secret of Socrates

기억하자. 사람들과 대화를 나눌 경우, 견해가 서로 다른 부분에 대해 토의하는 것보다는 견해가 서로 같은 부분을 강조하는 것으로 시작해야 한다. 그리고 지속적으로 서로 같은 견해를 가지고 있다는 것을 거듭 강조해야 한다. 가능하면 서로 같은 목표를 추구하고 있다는 것, 차이가 있다면 의도의 문제가 아니라 방법의 문제일 뿐이라는 것도 마찬가지로 강조해야 한다.

또한 상대방이 처음에 "네, 네." 하면서 대화를 시작할 수 있게 상황을 만들어라. 상대방이 "아니오."라고 말하지 못하도록 가능하다면 상황을 만들어라.

오버스트릿 교수는 저서 『인간 행동에 영향을 미치는 법』에서 다음과 같이 말한다.

"아니오.", 그 반응은 극복하기 가장 어려운 장애물이다. 그 누구라 해도 일단 "아니오."라고 말을 꺼내고 나면 어떻게 되는지 아는가? 자신의 모든 자존심이 일관성을 유지하도록 요구하게 되는 일이 일어난다. 설령 그가 나중에 "아니오."라는 대답이 잘못된 것이라고 생각한다고 해도 일단 "아니오."라고 말한 후에는 거기에 집착하지 않을 수 없게 된다. 왜냐하면 이미 자신의 소중한 자존심이 상할 수도 있는 중요한 문제가 되어 버리기 때문이다. 이런 까닭에 상대방이 긍정적인 방향으로 시작할 수 있도록 만드는 것은 두말할 나위 없이 중요하다.

말을 잘하는 사람일수록 처음에 "네."라는 대답을 여러 번 이끌어 낼 줄 안다. 그렇게 함으로써 듣는 사람의 심리가 긍정적인 방향으로 움직이도록 만든다. 뭐랄까, 그것은 마치 당구공의 움직임과도 같다. 하나의 방향으로 움직이기 시작하면 방향을 조금만 바꾼다 해도 힘이 필요하다. 반대 방향으로 보내려고 할 때는 당연히 그보다는 더 많은 힘이, 그것도 엄청난 힘이 들어간다.

우리는 이와 관련한 심리적 패턴이 너무나 분명하다는 것을 알 수 있다. 누군가가 "아니오."라고 대답하고, 실제로도 그 의미를 말하는 것이었다면, 그는 단 세 글자 단어를 말하는 것 이상으로 매우 많은 일을 해낸 것이다. 그의 분비 기관, 신경, 근육의 모든 유기체가 하나로 모여 거부의 상태를 가져온다. 그렇게 되면 때때로 눈에 보일 정도의 경우에 머물 때도 있지만, 보이지 않을 만큼 매우 작게 신체적 수축이 일어나거나 수축 준비 상태에 들어가게 되는 경우가 대부분이다.

요약하자면, 신경과 근육의 모든 체계에서 수용에 대한 거부 태세를 보이는 것이다. 그 반대로 "네." 하고 대답할 경우 위축 반응은 일어나지 않는다. 유기체는 전향적이며 수용적이고 개방적인 자세를 취하게 된다. 따라서 상대방에게 "네."라는 대답을 가능한 한 많이 이끌어 낼수록 최종적 제안에서 상대방의 흥미를 이끄는 일에 성공할 가능성이 높아진다.

바로 이 "네."라는 반응을 이끌어 내는 것은 생각처럼 어려운 기술이 아니다. 무척이나 간단하다. 하지만 무시되는 경우가 비일비재하다. 어떻게 보면 사람들은 다른 사람의 의견과 다른 의견을 내는 것을 통해 자신의 존재 가치를 인정받으려 하는 것은 아닐까 하는 생각이 들 정도다. 개혁적인 성향의 사람이 보수적인 성향의 사람과 토론을 하게 될 경우 상대방을 화나게 만드는 것은 순식간에 일어난다. 그런데 그렇게 함으로써 실제로 얻는 이득이라는 것이 도대체 무엇인가? 만약에 상대방을 화나게 하는 것 자체가 즐거워서라면 그럴 수도 있다고 말하겠지만, 상대방을 설득하려는 목적이 있었다면 그는 심리적으로 무지하다는 사실을 본인 스스로 증명해 보이고 있을 뿐이다.

학생이든지 고객이든지, 자녀든지 남편이든지 혹은 아내든지 일단 처음에 "아니오."라고 대답하게 만들고 나서는, 그 변하지 않을 것 같은 질긴 부정을 긍정으로 바꾸려면 엄청난 지혜와 인내가 요구될 것이다.

뉴욕 시에 있는 그리니지 저축 은행에서 일하는 제임스 에버슨은 이 "네, 네." 기술을 통해 자신이 놓칠 수도 있었던 잠재 고객의 마음을 되돌릴 수 있었다. 그의 이야기에 귀를 기울여 보자.

"고객 한 분이 계좌를 새로 만들려고 은행에 찾아오셨습니다. 그래서 저희가 일반적으로 사용하는 양식을 건네고는 각 항목을 채워 달라고 말씀드렸습니다. 그는 몇 가지 질문에는 선뜻 대답을 했지만, 그 외 다른 질문에는 그 어떤 대답도 하지 않고 침묵했습니다.

인간관계에 대한 공부를 시작하기 이전이었다면 아마도 그 고객분께 그런 질문에 답하지 않으면 저희 은행에서는 계좌 신규 개설이 어렵다고 이야기했을 겁니다. 네, 부끄럽지만 예전에는 그런 형태로 일을 진행했습니다. 당연히 그러한 형태로 최후통첩을 날리고 나면 기분이 날아갈 것 같기도 했고요. 로마에 왔으면 로마법을 따르라는 말이 있듯,

은행에 왔으면 은행 규칙을 따라야지, 은행의 규칙이나 규정을 자기 마음대로 할 수 없다는 것을 확실하게 보여 준 것이니까요. 하지만 이런 식으로 고객을 대하는 태도는 그 어떤 고객에게도 자신이 환영받는다 거나 존중받는다고 느끼게 하지는 못했을 겁니다.

그래서 그날은 약간은 다른 양식을 사용해 보자고 마음먹었습니다. 고객이 원하는 것에 대해서 이야기를 나누어 보기로 마음먹은 것이죠. 은행이 원하는 것이 아니고요. 그리고 무엇보다도 '네, 네.' 하는 대답을 이끌어 내는 것부터 시작해 보자고 굳게 다짐했습니다. 그래서 저는 그의 말에 하나하나 집중하고 동의를 표시하는 등 적절히 반응하면서 그가 대답하기를 거부하는 정보가 꼭 필요한 것은 아니라고 이야기해 주었습니다.

그러면서 '하지만 손님이 예금을 남기고 사고를 당하셨다면, 법적으로 가장 가까운 친족에게 예금이 전달되어야 하지 않을까요?'라고 말했더니 그가 '네, 그건 당연하죠.'라고 대답하더군요. 저는 '손님이 만약 목숨을 잃으시는 경우 저희가 손님이 원하시는 대로 신속하고 정확하게 이행할 수 있도록 가장 가까운 친척분의 성함을 알려 주시면 좋지 않을까요?' 했더니 그가 다시 '네.' 하고 대답했습니다.

은행을 위해서 요청하는 것이 아니라 고객 자신을 위해서 은행에서 정보를 요구하는 것임을 깨닫고 나니, 그 젊은 고객의 태도가 그제야 부드러워지면서 바뀌더군요. 그는 자신에 관한 정보를 하나도 빠짐없이 은행에 알려 주었고, 저의 권유를 따라서 어머니를 수탁자로 설정하는 신탁 계좌를 개설하고는 자신의 어머니에 관한 정보를 모두 기꺼이 공개해 주었습니다.

처음에 '네, 네.' 하는 대답을 하도록 이끌어 내고 나니 그는 문제가 되던 일은 전부 잊고 제가 권유하는 것이 그 무엇이 된다고 해도 기꺼이 하려 한다는 사실을 알게 되었습니다."

그다음의 예로는 웨스팅하우스의 세일즈맨인 조셉 앨리슨의 이야기를 살펴보자.

"제가 담당하는 구역에는 저희 회사가 꼭 고객으로 모시고자 하는 분이 계셨습니다. 저의 전임자가 공들인 시간만 해도 무려 10년이었지만, 아무 소용이 없었죠. 저 역시 그 구역을 담당하게 되고 3년 동안 열심히 찾아갔지만, 헛수고였습니다. 전화하고 찾아간 지 13년이 되어서야 저희는 마침내 그에게 모터 몇 대를 판매할 수 있었습니다. 그 모터들이 괜찮다는 것이 판명되기만 하면 수백 대는 더 팔 수 있을 것 같다는 확신이 강하게 들었습니다. 그것이 제가 기대한 바였습니다.

성능이요? 물론 성능이 뛰어나다는 것은 저도 잘 알고 있는 사실이었죠. 그래서 3주가 지나고 난 후에 저는 한껏 고무된 상태로 그 고객을 찾아갔습니다. 하지만 그 시간은 순식간에 사라지고 말았습니다. 왜냐하면 나를 맞이한 수석 엔지니어의 말에 내가 너무나 놀랐기 때문입니다. '앨리슨, 당신네 회사 모터를 더는 구입하지 못할 것 같습니다.'

'무슨 이유인가요?' 그의 말에 놀라서 연거푸 물었습니다. '도대체 왜요?'

'자네 회사 모터는 너무 뜨거워서 만질 수가 없어.'

오랜 시간 동안 경험한 바를 통해 저는 아무리 논쟁해도 원하는 결과를 얻을 수는 없을 거라는 사실을 잘 알고 있었습니다. 그래서 '네, 네.' 하는 대답을 어떻게 이끌어 낼지 궁리하기 시작했습니다.

'아, 네, 그랬군요. 당신의 말에 저 역시 전적으로 같은 생각입니다. 모터가 너무 뜨거워서 만질 수도 없는 정도라면 더 이상 그런 모터를 구입해서는 안 될 테죠. 전국 전기제조업 협회에서 마련한 기준보다 뜨거워지는 모터를 구입해서는 절대로 안 될 거예요, 그렇죠?'

그는 그렇다고 말했습니다. 이렇게 저는 첫 번째 '네.'를 이끌어 냈습니다. 그러고 난 뒤 저는 '전국 전기제조업 협회의 규정을 보면, 정격 모터는 실내 온도보다 40도 이상 뜨거워지면 안 된다고 나와 있죠?'라고 물었습니다. 그러자 그가 '네, 물론입니다. 그런데 당신네 회사 모터는 그것보다 훨씬 뜨거워요.'라고 대답했습니다.

저는 그의 말에 대꾸하지 않고 '공장 실내 온도가 어떻게 되죠?' 하고 물었습니다. 그가 '아마 24도 정도일 겁니다.' 하고 대답했습니다.

그래서 '만일 공장 실내 온도가 24도인데 그보다 40도 높다면 64도가 됩니다. 64도나 되는 뜨거운 물이 나오는 수도꼭지 아래 손을 가져다 대면 화상을 입지 않을까요?'라고 하자, 그는 다시 그렇다고 대답했습니다.

'그렇다면 모터에 손이 닿지 않도록 조심하는 편이 훨씬 더 나은 방법이 아닐까요? 어떻게 생각하시는지요?'라고 묻자 그는 '네, 그래요. 당신 말이 맞습니다.'라고 제 말에 수긍하더군요. 대화를 조금 더 하다가 그가 비서를 불렀습니다. 그러더니 다음 달에 약 3만 5,000달러에 해당하는 물량으로 상품을 구매하도록 이야기하더군요.

몇 년 동안 수천, 수만 달러의 이익을 날려 보내고 나서야 알게 된 것들이 있습니다. 그것은 바로 논쟁하는 것은 하나도 도움이 안 된다는 것, 다른 사람의 시각에서 사물을 보고 그 사람이 스스로 '네, 네.'라고 대답할 수 있도록 이끌어가는 것이 유효하다는 것, 그리고 그렇게 하는 것이 재미도 있다는 것입니다."

'아테네의 성가신 쇠파리'로 불렸던 철학자 소크라테스는, 비록 맨발로 다니고 불혹의 나이에 머리가 벗겨진 후에 열아홉 살의 어린 처녀와 결혼하기는 했지만, 청년처럼 뜨겁고 왕성하게 자신의 뛰어난 능력을 십분 발휘했다. 그는 인류 역사 가운데 단 몇 명밖에 이루지 못한 일을 해냈다. 인간의 사고방식을 송두리째 바꾸어 놓는 일이었다. 그리고 그가 세상을 떠난 후 2,300년이 지난 오늘에도, 그는 서로 자기가 잘났다고 큰 소리 떵떵 치는 이 세상 사람들과 지대한 영향을 미친 현자들 가운데 가장 현명하게 설득을 잘하던 사람으로 불리며 칭송받고 있다.

그가 사용한 방법은 어떤 것일까? 그는 사람들의 잘못을 지적하는 방식을 택했을까? 아니, 전혀 그렇지 않다. 소크라테스는 그런 방식을 사용하지 않았다. 그는 훨씬 더 뛰어난 사람이었다. 오늘날 '소크라테스식 문답법'이라고 알려진 그의 방식은 "네, 네." 반응을 유도하는 것에 근간을 두고 있다. 그는 동의할 수밖에 없는 질문을 상대방에게 툭 던졌다. 상대방의 동의가 충분히 쌓일 때까지 질문을 이어 가며 상대방에게 동의를 얻어 나갔다. 그렇게 상대방이 눈치채지 못하는 사이에, 조금 전까지만 해도 절대로 동의하지 않았을 결론에 마침내 이르렀다는 것을 상대방이 깨달을 때까지 그는 질문을 끊임없이 건넸다.

다음번에 상대방에게 '당신이 틀렸다.'고 말하고 싶어서 미칠 것 같은 순간이 온다면, 맨발의 나이 든 소크라테스를 기억하도록 하자. 그러고 나서 상대방에게 부드러운 질문을, 다시 말해 그가 "네, 네." 하고 대답할 수밖에 없는 질문을 계속 이어 가라.

중국인들은 식자층을 중심으로 지난 5,000년 동안 인간의 본성을 연구하며 그에 관해 엄청난 지혜를 축적해 왔는데, 그들은 이런 말을 하고 있다.

"사뿐히 걷는 사람이 더 멀리 간다."
He who treads softly goes far.

상대방을 설득하고 싶은가? 그렇다면 다음 방법을 똑같이 따라 해 보라!

사람을 설득하는 방법 5

상대방이 "네, 네."라고 대답할 수 있도록 해라.
Get the other person saying "yes, yes," immediately.

6

불만을 없애 주는 안전판

The Safety Valve in Handling Complaints

사람들은 대부분 다른 사람을 설득하려 할 때 상대방의 이야기를 들으려 하기보다는 자기 혼자만 이야기하려는 경향을 보인다. 특히 세일즈맨 가운데 이런 치명적인 실수를 저지르는 경우가 적지 않다. 기억하자. 상대방이 말을 하게 해야 한다. 여러분이 말하는 것이 아니다. 그는 여러분보다 자신의 사업이나 문제에 대해 더 자세히 알고 있다. 그러니 그에게 질문을 건네라. 상대방이 한 수 가르치는 이야기를 신나서 할 수 있게끔 상황을 이끌어 주어라.

상대방의 이야기를 듣다가 동의할 수 없는 부분이 있다면, 여러분은 그의 말을 중단시키고 반론을 제기하고 싶은 유혹을 강하게 느낄 것이다. 하지만 절대로 그렇게 해서는 안 된다. 그렇게 하는 것은 매우 위험하고 지혜롭지 못한 반응이다. 상대방이 표현해 달라고 아우성을 치는 수많은 생각을 마음에 품고 있는 이상 그는 여러분에게 조금도 관심을 주지 않을 것이다. 그러므로 인내심을 가지고, 그리고 열린 마음으로 귀기울여 듣고 있어라. 진심으로 그렇게 하라. 상대방이 자신의 생각을 부족함 없이 다 표현할 수 있도록 섬세하게 배려하고 이끌어 주어라. 사업에서도 이런 방식이 과연 도움이 될까? 어쩔 수 없이 그렇게 할 수밖에 없었던 사람의 이야기를 살펴보면서 가늠해 보도록 하자.

몇 년 전, 미국 최대 규모의 자동차 생산 회사에서 1년 치 자동차 시트용 직물 구매 협상이 이루어지고 있었다. 명망 있는 제조업차 세 곳에서 직물 견본을 제출했다. 자동차 생산 회사의 중역들이 제출된 견본들을 빠짐없이 검사했고, 계약에 대한 의견을 발표할 기회를 줄 예정이니 기한에 맞추어 발표자를 회사로 보내 달라는 연락을 각 제조업체에 보냈다. 그중 한 곳의 발표자로 나선 G. B. R.은 후두염을 매우 심각하게 앓고 있는 상태로 발표 장소에 도착했다. 카네기 강좌에서 R은 그때의 일을 이렇게 회상했다.

"중역들 앞에서 발표할 차례가 다가왔습니다. 그런데 목소리가 하나도 나오지 않더군요. 어느 정도였냐면, 속삭이는 것도 쉽지 않을 정도였습니다. 제가 들어간 방에는 직물 담당 엔지니어와 구매 담당자, 판매 담당 이사, 해당 회사의 사장 등이 자리에 앉아 있었습니다. 저는 자리에서 일어나 목소리를 내 보려고 부단히도 애썼지만, 목소리가 어떻게 해도 나오지 않았습니다.

저는 종이에 '여러분 죄송합니다만, 제가 지금 목소리가 나오지 않아서 말씀을 드릴 수가 없습니다.'라고 쓴 후 주변에 앉아 있는 사람들에게 보여 주었습니다.

'그렇다면 제가 대신 말해도 될까요?' 그 회사 사장이 말했습니다. 그러더니 그가 저 대신 발표하기 시작했습니다. 제가 가져간 견본품을 꺼내 보여 주고 어떤 장점이 있는지 설명하기 시작했습니다. 저희 회사 제품의 장점에 대해 토론이 활발하게 이어졌습니다. 그 회사 사장은 제 역할을 하고 있었기에 토론에서 제 손을 들어 주었습니다. 제가 한 일이라고는 그저 미소를 짓고 고개를 끄덕이고 가끔씩 제스처를 취하며 반응하는 것뿐이었습니다.

이런 독특한 발표 끝에 저희 회사가 계약을 체결하는 결과가 일어났습니다. 50만 야드 이상의 시트용 직물이어서 계약금만 무려 160만 달러에 육박했습니다. 제가 따낸 계약 중에 가장 큰 규모의 계약이었습니다.

제가 만약 목소리를 낼 수 있었다면, 오히려 계약을 따내는 데 실패했을 것이라는 사실을 저는 부정할 수 없습니다. 왜냐고요? 장사라는 것이 무엇인지에 대해 한참 잘못된 생각을 가지고 있었기 때문입니다. 그날 저는 우연처럼, 상대방으로 하여금 말을 하게 하는 것이 때로는 큰 이득이 된다는 것을 뼈저리게 배웠습니다."

필라델피아 전기 회사에서 일하는 조셉 S. 웨브도 이것과 똑같은 것을 발견했다. 웨브가 부유한 네덜란드 출신 농부들이 거주하는 펜실베이니아 시골 지역을 시찰하던 때의 일이다.

"저 사람들은 왜 전기를 사용하지 않는 건가요?" 깨끗하게 손질이 되어 있는 농가 앞을 지나가면서 지역 담당자에게 웨브가 질문을 건넸다.

"저 사람들은 워낙 구두쇠이다 보니 어떤 것도 심각하게 고려하지 않습니다." 지역 담당자가 다소 경멸적인 뉘앙스로 대답했다. "게다가 회사 입장에서는 아주 골칫덩어리입니다. 전기를 넣으려고 여러 번 시도해 보았습니다만, 그 어떤 가능성도 찾아볼 수 없습니다."

실제로 그럴 수도 있었다. 하지만 웨브는 한 번 더 시도해 보아야겠다고 마음을 먹고 한 농가를 찾아 문을 두드렸다. 문이 살짝 열리더니 연세가 높은 부인이 바깥을 내다보았다. 지금부터 웨브의 이야기를 직접 들어 보자.

"제가 전기 회사 직원이라는 것을 아시자마자 문을 콩 하고 닫아 버리더군요. 다시 문을 두드리자 부인이 다시 문을 열었습니다. 그러고는 저와 저희 회사에 대해 도둑놈이다 날강도다 이런 식의 이야기를 하시더군요.

'드러켄브로드 부인, 번거롭게 해서 정말로 죄송합니다. 하지만 제가 여기에 온 건 전기를 판매하기 위해서가 아닙니다. 그저 달걀을 조금 사려고 왔을 뿐입니다.'라고 이야기하자, 부인은 문을 조금 더 열고는 의심의 눈초리를 거두지 않고 저희를 살펴보았습니다.

'저희가 보니까 아주 좋은 도미니크종 닭을 키우고 계시더군요. 신선한 달걀을 한 꾸러미 정도 사고 싶습니다.'

문이 조금 더 넓게 열렸습니다. '내가 키우고 있는 닭이 도미니크종인지는 어떻게 아셨소?' 부인이 궁금한 듯 물어 오더군요. '저도 닭을 기르고 있습니다. 하지만 이렇게 훌륭한 도미니크종 닭은 처음 봅니다.' 저는 이렇게 대답했습니다.

'그럼 왜 당신네 달걀을 쓰지 않는 거요?' 여전히 의심의 눈초리를 숨기지 않은 채로 부인이 다시 물어 왔습니다.

'저희 집 닭은 레그혼종이라 달걀이 흰색이거든요. 직접 요리하셔서 잘 아시겠지만, 케이크를 만들 때 흰 달걀은 노란 달걀과는 질적으로 꽤나 큰 차이를 보이죠. 저희 집사람이 케이크를 잘 만든다고 자부하는 편이거든요.'

이런 이야기가 한참 오갈 분위기가 될 때쯤 부인은 훨씬 더 우호적인 태도를 보이며 현관에 나와 있었습니다. 그사이에도 제 눈은 여전히 이곳저곳을 찬찬히 살피고 있었고, 그때 농장에 너무나 훌륭한 농장 설비가 구비되어 있다는 것을 알게 되었습니다.

저는 연이어 이렇게 말했습니다. '사실 남편께서 기르는 암소보다 부인께서 기르시는 닭에서 훨씬 더 큰 수입을 가져온다고 생각하는데요, 어떠신가요?'

저의 이 말은 부인의 마음에 정확히 가 닿았습니다. 그 어떤 것보다 효과가 있는 말이었습니다. 부인은 무척이나 그 이야기를 하고 싶어 했습니다. 하지만 안타깝게도 무지몽매한 남편은 그 부분을 인정하고 싶지 않았던 것 같았습니다.

부인이 저희를 닭장으로 안내해 구경시켜 주었습니다. 닭장을 둘러보는 동안 부인이 직접 고안한 다수의 소형 장치들이 보여서 저는 '진심으로 인정해 주고 아낌없이 칭찬'했습니다. 괜찮은 사료와 사육 온도에 대해서도 조심스럽게 의견을 나누었습니다. 몇몇에 대해서는 부인에게 질문해 보기도 하고요. 순식간에 저희는 유쾌한 마음으로 서로의 경험을 나누는 사이가 되었습니다. 그러다가 부인은 이웃들 가운데 닭장에 전등을 설치해 수확량을 높인 사람이 있는데, 자신도 그렇게 하면 더 큰 이익을 얻을 수 있을지 솔직한 의견을 듣고 싶다고 이야기하더군요.

그로부터 2주일이 지났습니다. 드러켄브로드 부인의 도미니크종 암탉들은 꼬꼬댁거리며 매우 만족스럽게 모이를 쪼아 먹고 있었습니다. 물론 달라진 것이 하나 있었습니다. 바로 환한 전등 불빛 아래에서 모이를 쪼아 먹고 있었다는 사실입니다. 그 전에 저는 전기를 설치하라는 것을 주문받았고, 그 이후 부인은 더 많은 달걀을 얻을 수 있었습니다. 모든 사람이 만족했고, 또 모든 사람이 이익을 얻었습니다. 하지만 제가 지금부터 하려는 이야기가 핵심입니다. 만약에 부인 스스로 먼저 말을 하게끔 하지 않았다면, 저는 절대로 펜실베이니아에 사는 네덜란드 출신 농부들의 가정에 전기를 판매할 수 없을 것입니다.

그런 사람들에게는 절대로 판매할 수 없습니다. 불가능합니다. 그 사람들 스스로 마음이 동해서 구입하도록 만들어야 합니다."

최근 〈뉴욕 헤럴드 트리뷴〉의 금융 섹션에는 뛰어난 능력과 경험을 갖춘 인재를 찾고 있다는 커다란 광고가 실렸다. 그 광고를 본 찰스 T.

큐벨리스는 공개되어 있는 주소로 이력서를 보냈는데, 며칠 뒤 면접을 보러 오라는 연락을 받았다. 면접을 보기 전 큐벨리스는 월 스트리트를 돌아다니면서 회사 창립자에 대한 정보를 샅샅이 찾아보았다. 그리고 면접이 진행되는 동안 그는 이렇게 말했다. "이 회사처럼 놀라운 기록을 세운 조직에서 제가 일을 할 수 있게 된다면 정말로 큰 영광으로 생각하겠습니다. 제가 듣기로 이 회사는 28년 전에 고작 사무실 하나와 속기사 직원 한 명으로만 시작한 곳이라던데, 그것이 사실인가요?"

성공한 사람들은 거의 모두 자신들의 초창기 어려웠던 시절을 떠올려 보는 것을 좋아한다. 내가 질문한 그 사람도 예외는 아니었다. 그는 자신이 450달러와 독창적인 아이디어 몇 개만 가지고 어떻게 사업을 시작할 수 있었고, 또 어떻게 시작했는지에 대해 긴 시간을 할애해 이야기해 주었다. 그가 실망감을 떨쳐 내고 사람들의 조롱으로부터 자유롭기 위해 노력하던 때와, 휴일도 반납하고 하루 12시간에서 16시간을 일에 매진하면서 끝내 이겨낸 어려움들에 대해서 이야기했다. 나아가 이제는 월 스트리트 최고의 거물들이 관련 정보나 가르침을 얻고자 자신을 찾아온다는 자랑거리도 잔뜩 늘어놓았다. 그에게는 그런 역사가 너무나 자랑스러운 것이었다. 실제로 그는 자랑할 만했고, 또 자랑하는 동안 기분도 무척 좋아 보였다. 이야기를 마치고 나서 그는 큐벨리스의 경력에 대해 간단히 물어보더니 부사장을 불러 다음과 같이 이야기했다. "이 사람을 만나려고 우리가 지금껏 기다려 온 것 같군."

큐벨리스는 지원한 회사 사장의 업적에 대해 조사하는 데 엄청난 노력을 기울였다. 그리고 상대방과 상대방의 문제에 대해서도 깊은 관심을 보였다. 상대방이 대부분 이야기를 할 수 있도록 분위기를 이끌어 좋은 인상을 남겼다.

실제로 내 친구들이라고 하더라도 내가 자랑하는 것을 듣고 있는 것보다는 자신이 이룩한 업적에 대해 미주알고주알 늘어놓고 싶어 한다.

프랑스의 철학자 라 로슈푸코는 다음과 같이 말했다.

"적을 만들려면 친구를 이겨라. 벗을 만들려면 친구가 이기게 하라."

If you want enemies, excel your friends; but if you want friends, let your
friends excel you.

생각해 보자. 도대체 왜 그런 것일까? 우리에게 승리한 친구는 자신
의 존재를 인정받았다는 느낌을 가지게 되어 기분이 충만해지지만, 반
면 우리에게 패배를 맛본 친구는 열등감과 부러움, 질투심만 가지게 되
기 때문이다.

독일에 이런 속담이 있다. "Die reinste Freude ist die Schaden freude."
이 말은 '우리가 질투하는 사람들이 어려움에 빠지는 것을 볼 때, 우리
는 그 무엇보다 큰 즐거움을 느낀다.' 혹은 '남의 어려움을 보고 느끼는
즐거움이 가장 크다.' 정도가 그 의미가 될 것이다. 실제로 여러분의 친
구 가운데에서도 여러분이 사기 충만해 있을 때보다는 어려운 상황에
놓였을 때 더 큰 만족감을 얻는 사람이 분명 존재할 것이다.

명심하자. 자신의 업적은 늘 최소한으로 드러내야 한다. 반드시 겸손
의 미덕을 가져야 한다. 이 말은 그 어떤 상황에도 유용하다. 어빈 코브
는 이런 면에서 매우 탁월한 사람이었다. 언젠가 한번은 법정에 증인으
로 출석한 코브에게 변호사가 이렇게 물었다. "제가 알기로 당신은 미
국에서 가장 저명한 작가라고 알려져 있던데, 맞습니까?" 변호사의 물
음에 코브는 이렇게 대답했다. "그저 분에 넘치게 운이 좋았을 뿐입니
다."라고.

우리는 늘 겸손해야 한다. 여러분이나 나나 그리 대단한 존재들이 아

닌 까닭이다. 앞으로 100년 정도 지나고 나면 우리는 모두 이 세상을 떠나 사람들의 기억에서 하나도 남김없이 사라지고 없을 것이다. 얼마 되지도 않는 자신의 업적을 자랑하면서 다른 사람들에게 지겨움을 선사하기에는 우리에게 주어진 인생이 너무나 짧다. 그러니 자기 자랑 따위는 이제 그만두고 상대방이 더 이야기할 수 있는 기회를 마련해 주도록 하자.

생각해 보면 사실 우리에게 자랑할 만한 거리도 별로 없다. 여러분을 백치가 되지 않도록 해 주는 것이 무엇인지 아는가? 별거 아니다. 여러분의 갑상선 안에 들어 있는 아주 소량의 요오드에 불과하다. 5센트 동전 하나면 그 정도 요오드는 살 수 있다. 어느 누구건 목에 있는 갑상선에서 약간의 요오드만 제거해 내면 바로 백치가 되어 버린다. 길거리 어떤 약국에서건 값싸게 살 수 있는 약간의 요오드가 여러분과 정신 병원 사이에 있는 전부다. 5센트의 요오드. 결코 자랑할 만한 것은 아니지 않은가?

상대방을 설득하고 싶은가? 그렇다면 다음 방법을 똑같이 따라 해 보라!

사람을 설득하는 방법 6
상대방이 더 많은 이야기를 하도록 만들어라.
Let the other man do a great deal of the talking.

7

상대방과 협력 관계가 될 수 있는 방법

How to Get Co-operation

여러분은 은쟁반에 담긴 채로 전달된 아이디어보다는 당신이 직접 찾아낸 아이디어를 보다 더 신뢰하지 않는가? 그렇다면 여러분의 의견을 다른 사람에게 억지로 주입시키려 하는 것은 잘못된 판단이지 않을까? 힌트만 살짝 제시하고 상대방으로 하여금 스스로 결론을 낼 수 있게 하는 것이 훨씬 현명한 행동이지 않을까?

예를 들어 이야기해 보자. 필라델피아에 사는 카네기 강좌 수강생 아돌프 젤츠의 이야기다. 젤츠는 어느 날 갑자기 무기력하고 체계도 잡혀 있지 않은 자동차 판매 사원들에게 열정을 불어넣어야 하는 상황에 처하게 되었다. 그는 판매 전략 회의를 열어 판매 사원들이 자신에게 원하는 것이 정확히 무엇인지 이야기하도록 했다. 사원들이 이야기하는 동안 그는 그들의 요구 사항을 칠판에 기록했다. 그러고 나서 이렇게 이야기했다. "여러분이 저에게 바라는 것은 그 무엇이라 해도 다 들어 드리겠습니다. 그러면 이제는 제가 여러분에게 기대해도 괜찮은 것들은 무엇이 있는지 편하게 말씀해 주시기 바랍니다." 다들 이 순간을 기다리기라도 했다는 듯 물밀듯이 대답이 쏟아졌다. 충성, 정직, 솔선수범, 낙관주의, 팀워크, 하루 8시간의 일과 시간 동안 열성적으로 일하기 등이었다. 하루에 14시간을 일하겠다고 말한 사람도 있었다. 회의 결과 그들은 새로운 용기와 의지를 가지게 되었고, 젤츠의 이야기에 따르면 판매 실적은 놀라울 정도로 올라갔다고 한다.

"사원들은 저와 일종의 도덕적 거래를 맺은 것이라고 볼 수 있죠. 저에게 주어진 역할에 최선을 다한다면, 사원들도 자신에게 주어진 역할을 최선을 다해 감당하겠다며 마음을 다잡은 겁니다. 자신의 희망 사항과 요청 사항을 허심탄회하게 털어놓는 것이 그들에게는 너무나 필요했던 활력소였습니다."

판매의 대상이 되고 있다거나 지시를 받고 있다고 느끼고 싶은 사람은 아무도 없다. 우리가 훨씬 더 선호하는 것은, 우리가 원해서 구매를 한다거나 우리 자신의 생각에 따라 행동하고 있다고 느끼는 것이다. 우리는 어떤 희망이나 욕구, 생각을 가지고 있는지를 솔직하게 꺼내 놓는 것을 좋아한다.

유진 웨슨의 사례를 통해 살펴보자. 이런 진리를 깨닫기 전에 그가 놓친 수수료 수입만 어림잡아도 수만 달러는 될 것이다. 웨슨은 디자인을 제공하는 스튜디오에서 만든 스케치를 스타일리스트와 직물업자들에게 판매하는 일을 했다. 그는 3년 동안 매주 한 번씩 뉴욕의 한 유명 스타일리스트를 방문했는데, 단 한 번도 거르는 일이 없었다. 웨슨의 말에 따르면 그는 항상 이런 식이었다고 한다. "저는 그가 방문을 거절하는 일을 단 한 번도 보지 못했습니다. 하지만 사는 일도 없었죠. 내 스케치를 유심히 살펴보고는 '안 되겠네요. 죄송하지만 우리와는 어울리는 그림이 아니에요.'라고 이야기했습니다."

무려 150여 회에 걸친 실패를 통해 웨슨은 귀한 사실을 깨달았다. 그것은 바로 자신의 생각이 너무 상투적인 방식에 사로잡혀 있다는 것이었다. 그래서 그는 일주일에 한 번, 저녁 시간을 활용해 사람의 마음을 다루는 강의를 들으러 다니면서 새로운 아이디어도 개발하고 새로운 열정도 불러일으키겠다고 마음을 고쳐먹었다.

얼마 지나지 않아 그는 새로운 접근 방식을 한번 시도해 보고 싶어졌다. 그래서 미완성 스케치 몇 장을 가지고 그 고객의 사무실로 찾아갔다. 그러고는 "안녕하세요. 부탁드릴 일이 있어서 찾아왔습니다. 작업 중인 스케치를 몇 장 가져왔는데, 어떤 식으로 마무리해야 당신에게 도움을 줄 수 있을지 말씀해 주시면 좋을 것 같습니다."라고 말했다.

고객은 아무 말 하지 않고 잠시 스케치를 바라보다가 이렇게 말했다. "가져오신 스케치는 여기에 두고 가세요. 며칠 후에 다시 오시면 되겠습니다." 웨슨은 4일째 되던 날, 그를 다시 찾아가 고객의 설명을 들은 후 스케치를 가지고 스튜디오로 가서 고객이 생각하는 것에 맞추어 마무리를 하게 했다. 자, 어떤 결과가 일어났을까? 그는 스케치를 전부 팔 수 있었다.

그 일은 9개월 전에 있었던 일이다. 그 이후로 그 고객은 자신의 아이디어를 바탕으로 그려진 스케치를 여러 장 구매했다. 여기에서 웨슨이 거둔 수수료 수입만 무려 6,000달러를 웃돌았다. 이후 웨슨은 이렇게 말했다. "지난 몇 년 동안 도대체 내가 왜 그 고객에게 스케치를 판매하는 데 실패했는지 이제는 잘 압니다. 오직 나의 입장에서만 바라보고 생각한 것을 나는 그 사람에게 구입하라고 압박을 주고 있었습니다. 이제는 그와 정반대로 합니다. 나는 그에게 어떻게 생각하고 있는지를 들려 달라고 이야기합니다. 지금 그는 자신이 디자인을 만들고 있다고 생각하고 있습니다. 그리고 실제로도 그가 만들고 있습니다. 이제 내가 그에게 하는 것은 판매가 아닙니다. 오히려 그가 구매합니다."

시어도어 루스벨트는 뉴욕 주지사 시절 엄청난 재주를 보여 주었다. 정치 지도자들과 좋은 관계를 유지하면서도 그들이 강력히 반대하는 개혁을 뚝심 있게 밀어붙인 것이다. 그때 그가 했던 방법은 다음과 같다.

중요 직책에 대해 인사이동이 필요했을 경우, 그는 정치 지도자들로부터 추천을 받았다. 이때의 일을 루스벨트는 이렇게 이야기했다.

처음에는 자기 정당에서 '신경을 써 주어야 하는' 그저 그런 정치꾼들만 추천하곤 했다. 그러면 나는 그런 사람들을 임명하는 것은 정치에 전혀 능력이 없는 것처럼 보인다고 이야기했다. 유권자들이 용납할 것으로 보이지도 않는다고 말했다. 그다음에 그들은 자기 당 소속 당직자들로서 자신에게 유리하지 않고 불리하지도 않은 사람들을 추천 명단에 올렸다. 그러면 나는 그 사람은 유권자의 기대에 부응하지 못하는 사람이니 조금 더 자리에 걸맞은 사람을 찾아줄 수 없겠느냐고 정중하게 요청했다. 세 번째로 추천되는 사람은 거의 괜찮은 정도이기는 하지만, 여전히 자리에는 부합하지 않는 경우가 많았다.

내가 고마움을 표시하고는 한 번만 더 추천해 줄 수 없겠느냐고 요청하면, 네 번째로는 수용할 수 있을 사람이 추천 명단에 올라와 있었다. 다시 말해, 내가 직접 골라도 문제없을 만한 사람의 이름을 올렸다. 그러면 그 사람들에게 도와주어서 고맙다고 말하면서 나는 추천 명단에서 사람을 뽑았다. 그러면서 그 자리에 임명된 것이 그 사람들의 도움 때문이라고 공을 돌렸다. 그리고 이번에는 내가 여러분을 기쁘게 해 드렸으니 다음에는 여러분이 나를 기쁘게 해 줄 차례라고 이야기해 두었다.

실제로 그들은 보답했다. 그들이 한 보답은, 루스벨트의 개혁 법안인 공무원법이나 프랜차이즈 과세 법률을 지지하는 것이었다. 기억해야 할 것이 있다. 그것은 루스벨트가 상대방의 의견을 들으려고 꽤나 많은 부분에서 양보했다는 점이며, 또한 그들이 건네준 조언을 존중했다는 점이다. 중요한 직책의 인사이동이 필요한 경우 루스벨트는 정계 지도자들에게 자신들이 후보를 선출했고, 선출에 필요한 기준 또한 자신들의 의견이 반영되었다고 느끼게끔 만들었다.

롱아일랜드에서 자동차 거래업에 종사하는 사람 가운데에서도 똑같은 방법을 통해 스코틀랜드인 부부 고객에게 중고차를 판매한 사람이 있다. 이 업자는 그 고객에게 여러 번 차를 보여 주었지만, 그는 어떤 것도 마음에 들어 하지 않았다. 이 차는 나에게 어울리지 않는다, 저 차는 상태가 좋지 않다 등의 이유였다. 그리고 가격이 너무 비쌌다. 가격은 언제나 발목을 잡는 중요한 문제였다. 카네기 강좌를 수강하던 그 업자는 이런 상태에서 강좌 수강생들에게 어떻게 하는 것이 좋겠는지 의견을 구했다.

우리는 그 '샌디(스코틀랜드인을 의미하는 별명)'에게 차를 팔려고 하지 말고, 샌디가 차를 구매하게 만들어야 한다고 조언했다. 샌디에게 어떤 것을 사라고 말하지 말고, 샌디가 어떤 것을 사고 싶다고 말하게 하라는 의미였다. 샌디가 직접 선택한 것처럼 느끼게 만들어야 한다는 것이었다.

이 말은 매우 설득력 있어 보였다. 그래서 며칠 후 어떤 고객이 중고차를 팔고 새 차를 사겠다고 찾아왔을 때, 업자는 이 방법을 적용해 보기로 했다. 업자가 보기에 이번 중고차는 샌디의 마음에 쏙 들 것 같았다. 그래서 업자는 샌디에게 연락해 잠깐만 시간을 내서 조언해 주면 좋겠다고 요청했다.

샌디가 오자 업자는 이렇게 말했다. "손님께서는 세세하게 차를 살피고 차의 적정 가격을 책정할 줄 아시니, 이 차를 한번 타 보시고 상태도 살펴보신 후에 제가 얼마 정도로 이 차를 구입하면 좋을지 고견을 주시지 않겠습니까?" 그의 말을 들은 샌디는 너무나 활짝 웃어 보였다. 마침내 그의 의견이 존중받고 있고, 그의 능력 역시 인정받고 있는 상황이니 충분히 그럴 만했다. 그는 차를 끌고 자메이카에서 포리스트 힐즈까지 퀸스 거리를 쭉 달려 보고 와서 이렇게 말했다. "제 생각에는 이 차는 300달러 정도에 구입한다면 적당할 것 같습니다."

"제가 만약에 300달러에 이 차를 소유한다면, 그 가격에 손님께서는 구입하실 의사가 있으신가요?" 300달러에? 물론 그는 구입한다고 했다. 300달러는 그가 매긴 가격이었다. 거래는 그 즉시 이루어졌다.

어떤 X선 장비 제조업자 역시 이와 똑같은 심리를 이용해 자신의 장비를 브루클린에서 가장 규모가 큰 병원에 판매하는 데 성공했다. 그 병원은 신관을 증축하면서 미국에서 가장 좋은 X선 장비를 구비해 놓으려 하고 있었다. X선 파트를 책임지는 L 박사에게는 세일즈맨들이 쉴 틈도 없이 찾아와 자신들의 장비가 최고라며 한껏 자랑하고 있었다.

하지만 그중에서도 두뇌 회전이 빠른 제조업자가 있었다. 인간의 본성을 다루는 그의 능력은 다른 사람들에 비해 월등히 뛰어났다. 그는 L 박사에게 이런 편지를 보냈다.

폐사는 최근 최신형 X선 장비를 제작했는데, 첫 번째 물량이 조금 전 저희 사무실에 입고되었습니다. 하지만 아직은 완벽한 장비가 못 되고, 저희도 그 점을 모르는 바가 아니기에 성능을 개선하기 위해 부단히도 애쓰고 있습니다. 괜찮으시다면 시간을 내어 주셔서 저희 장비를 살펴봐 주시고 어떤 점을 개선하면 좋을지 제안해 주시지 않으시겠습니까? 정말로 감사하겠습니다. 워낙 바쁘실 터이니 언제든 상관없이 시간을 정해 주시면 저희가 차로 모시러 가도록 하겠습니다.

카네기 강좌에 온 L 박사는 이때의 일을 다음과 같이 이야기했다.

"편지를 받고 저는 무척이나 깜짝 놀랐습니다. 놀란 정도가 아니라 뿌듯한 생각마저 들었죠. 그 어떤 X선 장비 제조업체로부터도 이런 요청을 받은 적은 이제껏 단 한 번도 없었습니다. 뭐랄까요, 제가 인정받고 있다는 생각이 강하게 들었습니다. 그 주에는 저녁 일정이 꽉 차 있어서 만나기가 어려웠지만, 저는 저녁 식사 약속 하나를 취소하고 그 장비를 살펴보러 갔습니다. 장비는 살펴보면 살펴볼수록 정말이지 마음에 쏙 들었습니다.

저에게 그 장비를 팔려고 하는 사람은 아무도 없었습니다. 그 장비를 사서 병원에 설치해야겠다는 생각을 저 스스로 해냈다고 느꼈습니다. 장비가 워낙 성능이 좋다 보니 마음에 들었고, 그래서 결국에는 장비를 구입해서 병원에 설치했습니다."

에드워드 M. 하우스 대령은 우드로 윌슨 대통령 정권 당시 국내외 그 어떤 분야를 막론하고 지대한 영향력을 끼친 사람이었다. 윌슨 대통령은 하우스 대령과의 은밀한 토론과 그가 건네는 조언에 크게 의지하고 있었다. 자기 주변의 어떤 장관이나 참모보다 그에게 깊은 신뢰를 가지고 있었다.

하우스 대령은 윌슨 대통령에게 영향력 있는 사람이 되기 위해 어떤 방법을 쓴 것일까? 다행히도 우리는 그 답이 무엇인지 잘 알고 있다. 아서 스미스가 〈더 새터데이 이브닝 포스트〉에 쓴 글에 하우스 대령이 털어놓은 이야기가 담겨 있기 때문이다.

하우스는 이렇게 말했다. "대통령을 알게 되고 난 이후로 나는 대통령의 생각을 바꾸는 가장 좋은 방법을 깨닫게 되었다. 방법은 간단했다. 대통령에게 슬그머니 어떤 의견을 흘린 다음, 대통령이 그 의견에 관심을 가지고 자신이 깊이 생각하고 판단해 보도록 만드는 것이었다. 이 방법을 알게 된 건 너무나 우연한 일이었다. 한번은 백악관으로 대통령을 찾아가 어떤 정책을 제안했는데, 대통령은 그 제안을 별로 내켜 하지 않았다. 그런데 며칠이 지나고 저녁 식사 자리에서 나는 무척이나 놀랄 수밖에 없었다. 내가 제안했던 정책을 대통령이 마치 자신이 생각해 낸 것처럼 술술 쏟아 내고 있는 모습을 보았기 때문이었다."

하우스 대령이 대통령의 말을 중단시키고 "그건 제가 생각해 낸 것이지 대통령의 것이 아닙니다."라고 말했을까? 당치도 않은 말이다. 그것은 하우스 대령의 방식이 전혀 아니었다. 그는 매우 노련하고 능숙한 사람이었다. 누가 생각했는가 하는 것은 전혀 중요하지 않았다. 그의 관심사는 오로지 결과에 있었다. 그는 그래서 대통령이 자신의 아이디어라고 생각하게끔 가만히 있었다. 그리고 거기에서 한 걸음 더 나아가 하우스 대령은 그 아이디어는 대통령이 생각해 낸 것이라고 공식적으로 이야기했다. 우리가 만나는 사람은 윌슨 대통령과 마찬가지로 인간일 수밖에 없다는 사실을 명심하기 바란다. 그러니 하우스 대령이 사용한 방법을 우리도 잘 활용하도록 하자.

몇 년 전에 있었던 일이다. 캐나다 뉴브룬즈윅에서 숙박업을 하는 사람도 이 방법을 나에게 사용했는데, 이 방법을 통해 나는 그의 단골손님이 되어 버렸다. 당시 나는 뉴브룬즈윅에서 낚시와 카누를 즐기기 위한 여행을 계획하고 있었다. 그래서 그 지역 관광 안내소에 연락해 필요한 정보를 제공해 달라고 요청했다. 그런데 내 이름과 연락처 등의 신상 정보가 어딘가에 공개된 것이 틀림없었다. 여러 캠프와 관광 안내원들이 보낸 편지와 안내 책자, 추천장이 셀 수도 없이 많이 쏟아졌기 때문이다. 정신이 하나도 없었고, 어디를 선택해야 할지 몰라서 골치가 아팠다.

그런데 조금 다른, 자기만의 현명한 방법으로 연락해 온 캠프장 주인이 있었다. 그는 뉴욕에서 자신의 캠프를 방문했던 사람들의 이름과 연락처를 몇 개 알려 주면서 내가 직접 연락을 해 보고 어떤 서비스를 원하는지 알려 달라고 요청했다.

그 명단에는 내가 아는 사람들도 포함되어 있어서 놀라웠다. 나는 그에게 전화해서 캠프에서 어떠했는지 물어보았다. 그러고 난 후 나는 캠프장 주인에게 언제 찾아갈 테니 준비해 달라고 연락했다. 다른 사람들은 자신의 서비스를 팔기 위해서 노력했다. 하지만 그 사람은 나 스스로 선택하게끔 만든 사람이었다. 성공한 것은 오직 그 사람뿐이었다.

2,500년 전 중국의 노자는 『도덕경』에 오늘날 이 책을 읽는 사람들도 잊지 말아야 할 중요한 이야기를 기록해 놓았다.

강과 바다가 산에서 흘러내리는 수많은 냇물로부터 존경받는 이유는 낮은 곳에 있어서다. 낮은 데 있는 것으로 수많은 냇물을 거느릴 수 있다. 이렇듯 현자는 다른 사람의 위에 있고자 하면서도 사람들의 아래에 선다. 앞에 서고자 하면서도 사람들의 뒤에 선다. 그렇게 하면 사람들의 위에 있다고 해도 무겁다 여기지 않으며, 설령 앞에 선다고 해도 무례하다고 생각하지 않는다.

상대방을 설득하고 싶은가? 그렇다면 다음 방법을 똑같이 따라 해 보라!

사람을 설득하는 방법 7

상대방이 그 생각을 스스로 해냈다고 느끼게 하라.
Let the other fellow feel that the idea is his.

8

기적을 불러오는 공식

A Formula That Will Work Wonders for You

상대방이 전적으로 틀리는 경우도 물론 있을 수 있다. 하지만 명심해야 한다. 상대방은 자신이 틀렸다고 생각하지 않는다는 점을 말이다. 상대방이 완전히 틀렸다고 해도 절대로 비난하지 말라. 어떤 바보라도 비난하는 일은 충분히 할 수 있다. 상대방을 이해하려고 노력하라. 이해하고 노력하려는 사람들은 현명하고 참을성 있는 사람들뿐이다. 그들은 예외적이다.

상대방이 그렇게 생각하고 행동하는 것에는 다 나름의 이유가 있다. 숨겨진 이유가 무엇인지 알아내면 그의 행동도 이해할 수 있다. 어쩌면 그의 성격까지도 이해할 수 있다.

진심으로 상대방의 입장에서 보려고 노력하라.

'내가 그의 입장이라면 어떤 생각이 들까? 어떤 반응을 하게 될까?' 하는 생각을 한다면, 모든 일이 빨리 해결되고 짜증날 일도 확연히 줄어든다. 그 이유는 '원인에 관심을 가지면 마찬가지로 결과도 이해하게 되는 법'이기 때문이다. 게다가 인간관계의 기술에도 놀라운 발전이 일어나게 된다.

케네스 M. 구드는 『사람을 황금처럼 빛나게 하는 법』에서 이렇게 말한다.

잠시 멈추어 서서 당신이 자신의 일에는 무척이나 깊은 관심을 가지고 있지만, 이와는 달리 다른 모든 일에는 매우 얕은 수준의 관심밖에 보이지 않고 있다는 점을 생각해 보십시오. 세상 사람 누구나 다 그러하다는 것을 깨달아야 합니다. 그제야 당신도 링컨이나 루스벨트처럼 그 어떤 일을 해도 성공할 수 있는 하나의 기반을 갖춘 것입니다. 다시 말해서, 사람의 마음을 제대로 다루고 못 다루고는 상대방의 입장을 얼마나 잘 이해하는가에 달려 있다는 말입니다.

나는 시간이 날 때마다 집 근처에 있는 공원에서 산책하거나 말을 타면서 기분 전환을 하고 있다. 벌써 몇 년째 해 오고 있는 일이다. 나는 고대 골 지역에 살던 드루이드 족처럼 떡갈나무를 거의 숭배한다고 해도 과언이 아닐 정도인데, 수많은 어린 나무들과 관목들이 화재로 소실되는 것을 보면 마음이 너무나 아프다. 매년 일어나는 이런 화재는 부주의한 담배꽁초로 발생한 것이 아니었다. 화재의 대부분은 자연 발화되는 것이었지만, 공원에서 일어나는 경우는 나무 아래에서 소시지나 달걀을 요리해 먹는 아이들 때문에 일어나는 경우가 많았다. 화재의 규모가 너무 크게 일어나는 바람에 소방차가 출동해서 대형 화재로 번지지 않도록 조치하는 경우도 심심치 않게 일어난다.

공원의 한구석에는 화재의 원인을 제공한 사람에게는 벌금형이나 구류형에 처할 수 있다는 경고문이 적혀 있지만, 사람들의 발걸음이 드문 외진 곳에 있어서 그 경고문을 읽는 아이들은 거의 없다고 보아야 했다.

공원을 관리하는 기마경찰이 있기는 하지만, 임무에 그다지 충실한 것은 아닌지 화재는 매년 어김없이 일어났다.

한번은 공원에 불이 나 크게 번지고 있었다. 그래서 나는 곧장 경찰에게 달려가 소방서에 연락하라고 말했다. 그런데 경찰의 반응이 실로 놀라웠다. 경찰은 아무 일 아니라는 듯이 그곳은 자신의 담당 지역이 아니니 알 바 아니라는 것이 아닌가! 나는 그 일로 크게 실망하고 나서는 그 이후로 말을 타고 공원에 갈 때면 내가 공공 재산 보호위원회 위원이나 된 것처럼 자처하게 되었다.

유감스럽지만, 처음 나는 아이들의 입장에서 생각해 보려는 시도조차 전혀 하지 않았다. 나무 아래서 불을 피우는 것이 눈에 띄면 기분이 매우 불쾌했고, 또 얼른 옳은 일을 해야겠다는 마음에 지금 보면 분명하지 말아야 하는 일도 쉽사리 저지르곤 했다. 나는 말을 타고 아이들에게 다가가 불을 피우면 교도소에 갈 수도 있다고 경고했다. 위엄에 가득 찬 목소리로 으름장을 놓으며 불을 끄라고 명령했다. 그래도 말을 듣지 않으면 체포하겠다고 협박하듯 강하게 이야기하기도 했다. 아이들의 입장은 단 한 번도 생각해 보지 않았다. 내가 한 것이라고는 다만 내 감정을 있는 그대로 마구 쏟아 내는 것뿐이었다.

결과는 어떠했을까? 물론 아이들은 내 말을 따랐다. 불쾌하다는 감정도 드러내고 저항하는 목소리도 내기는 했지만 결국에는 불을 껐다. 하지만 내가 말을 몰고 언덕을 넘자마자 그들은 분명 다시 불을 피웠을 것이다. 어쩌면 숲을 모조리 다 태워 버리고 싶었을지도 모른다. 내 생각이기는 하다. 세월이 흐르는 동안 나도 인간관계에 대해 아주 조금은 유연해진 것 같기도 하고, 어떻게 해야 할지에 대해서 약간의 지혜도 얻은 것 같고, 상대방의 입장에서 사물을 보려는 경향도 예전보다는 나아진 것 같다. 그 이후로는 명령하는 대신 아이들 옆으로 가 이렇게 말을 건

넨다.

"얘들아, 안녕? 재미있게 놀고 있구나. 저녁거리로는 어떤 걸 준비하고 있니? 어디 보자……. 나도 너희처럼 어릴 적에는 불 피우고 노는 게 참 재미있었어. 지금도 마찬가지고. 그런데 너희들도 잘 알겠지만, 여기 공원에서는 불을 피우면 많이 위험해질 수도 있단다. 여기 있는 너희들이 나쁜 마음이 없다는 건 잘 알지만, 조심하지 않는 아이들도 종종 있어서 하는 말이야.

너희들이 불 피우는 걸 보고 다른 아이들도 불을 피우는데, 그 아이들은 돌아갈 때 불을 확실하게 잘 끄고 가지 않거든. 그러면 어떻게 되는지 아니? 마른 잎에 불씨가 튀어서 나무들을 모두 불태워 버리게 돼. 지금보다 더 조심하지 않으면 아마 이 숲은 나무가 하나도 없게 될 거야. 이렇게 불을 피우면 교도소에 갈 수도 있단다. 하지만 내가 너희에게 이러쿵저러쿵 간섭하거나 즐겁게 노는 걸 방해할 생각은 없어. 재미있게 놀다 가렴. 그래도 불 근처에 있는 낙엽들은 지금 바로 치우면 좋지 않을까? 그리고 집에 갈 때는 꼭 충분히 많은 양의 흙으로 불을 잘 끄고 가주면 좋을 것 같아. 하나만 더 이야기하자면, 다음번에 여기에 또 놀러 올 일이 있으면 그때는 저기 언덕 너머 모래밭에서 불을 피우는 게 어떨까? 그곳이라면 번거롭지도 않고 안전하니까 말이야. 고맙다, 얘들아. 재미있게 잘 놀다 가렴."

이런 식으로 처음부터 친근하게 말을 할 경우와 그렇지 않은 경우는 그 차이가 어마어마하다. 친근하게 말을 걸면 아이들은 협조하고 싶은 마음을 가진다. 기분이 나쁘게 만들지도 않고, 화가 나게 만들지도 않는다. 시키는 대로 하라고 강요받은 기분도 들지 않고, 자신의 자존심에 상처를 입은 것도 아니기 때문이다. 아이들이 어떤 입장에 있을지를 세심하게 고려하면서도 상황을 능숙하게 처리했기 때문에 아이들이나 나나 모두 기분이 좋다.

　자, 그러니 여러분도 앞으로 누군가에게 불을 끄라고 하거나, 세제를 한 통 사 오라고 심부름을 보내거나, 적십자에 50달러를 기부하라고 이 야기를 할 때에는 잠깐 멈추어 서서 눈을 감고 다른 사람의 입장에서 충분히 생각해 보고 어떻게 해야 할지를 고민하는 것이 좋지 않을까? 이렇게 자신에게 질문해 보라. '어떻게 하면 저 일을 하고 싶도록 만들 수 있을까?'라고. 물론 이렇게 하려면 시간이 걸린다. 하지만 이렇게 해야 수고를 줄일 수 있고, 불필요한 마찰이나 충돌도 줄이면서 친구도 만들 수 있고, 훨씬 더 좋은 결과도 가져올 수 있다.

　하버드 비즈니스 스쿨의 도넘 학장은 다음과 같이 말했다. 너무나 중요한 말이니 차근차근 곱씹어 보기를 바란다. "누군가와 면담하러 가면서 '내가 어떤 말을 하게 될 것인지, 그리고 그의 관심사와 의도를 고려해 볼 때 그가 어떤 대답을 할 것인지'가 선명하게 그려지지 않는다면, 나는 그의 사무실 앞 골목길에서 두 시간이라도 서성거리면서 내 생각을 정리할 것이다."

　이 책을 읽은 여러분이 이 한 가지를 얻는다면, 다시 말해 항상 상대방의 입장에서 먼저 생각하고 여러분 자신과 상대방의 관점을 모두 가지고 사물을 바라보려는 경향이 늘어나기만 한다면, 그것은 여러분의 삶에 커다란 이정표가 될 것이다. 나는 이것을 너무나도 확신한다.

　그러므로 상대방의 기분을 상하게 하거나 원한을 사지도 않으면서 좋은 방향으로 상대방을 변화시키고자 한다면, 다음 방법과 같이 해 보라!

사람을 설득하는 방법 8

상대방의 관점에서 사물을 보기 위해 진심으로
노력하라.

Try honestly to see things from the other person's
point of view.

모든 인간이 갈망하는 것
What Everybody Wants

논쟁을 그치게 하는 말, 반감을 없애 주며 호의를 불러일으키는 말, 상대방으로 하여금 관심을 가지고 귀 기울이도록 만드는 마법의 말이 있다.

그 말이 무엇인지 알고 싶은가? 자, 지금부터 주목하라. 여기에 있다. 그 말은 이렇게 시작한다. "그렇게 생각하시는 것이 당연합니다. 나라도 틀림없이 그렇게 생각했을 것입니다."

이렇게 대답하면 상대방이 아무리 고약한 시비꾼이라 해도 마음의 평정심을 찾지 않을 수 없다. 그리고 여러분은 100% 진심을 다해 상대방에게 이 말을 건넬 수 있다. 그 이유는 간단하다. 실제로 여러분이 그 입장에 놓인다면 그렇게 생각할 수밖에 없을 것이기 때문이다.

예를 들어 보겠다. 알 카포네의 경우를 살펴보자. 가령 여러분이 알 카포네와 같은 신체, 같은 기질, 같은 사고방식을 가지고 있다고 가정해 보자. 그리고 환경과 경험까지도 그와 똑같이 주어졌다고 생각해 보자. 여러분의 생김새나 동작이나 행동이 그와 똑같을 수밖에 없을 것이다.

왜냐하면 현재의 그를 만든 것은 바로 앞에서 말한 것들이지, 그 외에 다른 어떤 것도 아니기 때문이다.

예를 들면, 여러분이 방울뱀이 아닌 단 하나의 이유는 여러분의 부모님이 방울뱀이 아니었기 때문이다. 여러분이 소에게 입을 맞추거나 뱀을 신성하게 생각하지 않는 이유가 있는가? 그렇다면 그것은 여러분이 인도의 브라마푸트라 강가에 사는 힌두교 가정에서 태어나지 않았기 때문이다. 이유는 간단하다.

당신이 잘났기 때문에 지금의 당신의 모습이 있는 것이 아니다. 당신에게 불같이 화를 내고 말도 통하지 않고, 고집불통인 사람들도 그런 모습을 가지게 된 데에는 저마다의 이유가 있다. 그들을 보면서 안타깝게 생각하는 마음을 가질 필요가 있다. 동정하는 마음을 품을 줄 알아야 한다. 이해하는 마음을 반드시 가져야 한다. 주정뱅이가 거리에서 비틀거리는 것을 보면서 존 B. 가프가 하던 말을 반드시 기억해 두기 바란다. "하느님의 은총이 없었다면, 저기 가는 사람은 다름 아닌 바로 나였을 거야."

기억해 두자. 여러분이 만나는 사람 다섯 명 가운데 네 명은 다른 이의 공감에 메마른 사람들이다. 여러분이 그들에게 공감해 준다면, 그들은 여러분을 진심으로 사랑하게 될 것이다.

언젠가 나는 어느 방송에서 『작은 아씨들』의 작가 루이자 메이 올컷 여사에 관한 일화를 꺼낸 적이 있다. 물론 나는 그녀가 매사추세츠주의 콩코드에 사는 동안 불멸의 역작을 쓴 것을 잘 알고 있었다. 그런데 나도 모르게 뉴햄프셔주의 콩코드라고 잘못된 말을 하고 말았다. 그것도 한 번으로 끝났다면 넘어갈 수도 있었겠는데, 무려 두 번이나 그렇게 이야기하고 말았다. 발을 동동 구를 수밖에 없었다.

마치 기다리기라도 했다는 듯 날카로운 비난을 퍼붓는 편지와 전보,

메시지가 파도처럼 밀려와 내 머릿속을 어지럽게 만들었다. 대부분은 화를 내는 내용이었지만, 모욕적인 내용들도 조금 있었다. 특히 매사추세츠주 콩코드에서 자랐고 지금은 필라델피아에서 산다는 나이 든 부인은 화를 내는 것이 여간내기가 아니었다. 올컷 여사가 뉴기니에 사는 식인종이라고 이야기했어도 이것보다 더 화를 낼 수는 없을 만큼 심각했다.

그녀의 편지를 읽다 보니 이런 말이 툭 튀어나왔다. "하느님, 감사합니다. 이런 여자와 결혼하지 않게 해 주셔서요. 정말로 감사합니다." 그리고 당장 편지를 써서 내가 비록 지명을 잘못 이야기하기는 했지만, 예의라고는 하나도 보이지 않는 그녀의 섣부른 행동이 훨씬 더 큰 잘못이라고 이야기해 주고 싶었다. 이 정도 이야기는 단지 시작일 뿐이고, 그렇게 한 후에 팔을 걷어붙이고 제대로 시시비비를 가리고 싶었다. 하지만 나는 그렇게 하지 않았다. 힘들지만 꾹 참았다. 어떤 바보라도 화가 나면 그렇게 할 수 있고, 또 바보들은 대부분 그렇게 한다.

나는 바보처럼 행동하고 싶지는 않았다. 그래서 그녀가 가진 적대감을 호의로 바꾸어 놓기로 결심했다. 하나의 도전이자 내가 즐길 수 있는 일종의 게임과도 같았던 셈이다. 나는 이렇게 생각해 보았다. '사실 내가 그녀의 입장에 있다면 아마 나 역시 그렇게 생각했을 거야.' 이렇게 그녀의 상황에 공감하기로 마음을 먹었다. 그래서 그 이후에 필라델피아를 방문했을 때 나는 그녀에게 연락을 취했다. 대화는 이런 식으로 진행되었다.

나: 안녕하세요. 지난번에 보내 주신 편지는 잘 받았습니다. 감사하다는 말씀을 드리고 싶어서 이렇게 연락드렸습니다.

부인: (날카로우면서도 교양 있고 예의 바른 목소리로) 누구신지요?

나: 데일 카네기라고 합니다. 아마도 저를 잘 모르실 것 같습니다. 몇 주 전이죠. 일요일 방송에서 루이자 메이 올컷 여사에 관해 이야기하다가 그녀의 출신지가 뉴햄프셔주 콩코드라고 말하는 어처구니없는 실수를 저지른 바로 그 사람입니다. 아무리 생각해도 이해하기 힘들 만큼 너무나 큰 실수였기에 진심으로 사과를 드리고자 합니다. 친절하게 편지를 보내 주셔서 너무 감사했습니다.

부인: 아닙니다, 카네기 씨. 사과는 제가 해야죠. 그런 편지를 쓰다니. 화가 나서 제정신이 아니었습니다. 정말로 미안합니다.

나: 아니에요, 아닙니다. 부인께서 사과해야 할 일이 아닙니다. 사과는 제가 해야죠. 아무리 어린 학생들이라고 해도 그런 실수는 하지 않았을 겁니다. 그다음 주 일요일 방송을 통해 사과했습니다만, 부인께 개인적으로 따로 사과드리고 싶었어요. 그래서 이렇게 용기를 내어 전화를 드렸습니다.

부인: 네, 고맙습니다. 저는 매사추세츠주 콩코드에서 태어났어요. 저희 집안은 지난 200년 동안 매사추세츠주에서 잘 알려진 집안이었습니다. 저는 제 고향에 대해 대단한 자부심을 가지고 있습니다. 그런데 당신이 올컷 여사가 뉴햄프셔주 출신이라고 말하는 것을 듣는데, 정말 참을 수가 없더군요. 그래서 그랬습니다. 하지만 그 편지를 쓴 것에 대해서는 너무 부끄럽군요. 미안합니다.

나: 부인처럼 저도 엄청나게 마음고생을 했다는 점을 말씀드릴 수밖에 없겠네요. 제가 저지른 실수가 매사추세츠의 이름에 먹칠하는 결과는 일어나지 않을 겁니다. 그렇지만, 저 자신에게는 작은 상처가 되었을 따름입니다. 부인처럼 지위가 있고 교양 있는 분께서 저처럼 방송에서 떠드는 사람들에게 편지를 쓰는 일이 결코 쉬운 것은 아니었을 거라고 짐작합니다. 앞으로도 많이 가르쳐 주시고 도와주시면 감사하겠습니다.

부인: 제가 한 비판을 이렇게까지 이해해 주시다니 정말로 대단한 분이

라는 생각밖에 들지 않는군요. 언젠가 기회가 된다면 직접 만나뵙고 인사 나눌 수 있기를 바랍니다.

내가 이렇게 사과하고 상대방의 입장에서 생각하고 공감하니 상대방도 나에게 사과하고 내 입장에서 생각해 보는 일이 일어났다. 또한 나는 내 감정을 조절했다는 깊은 만족감도 얻었을 뿐만 아니라, 모욕을 받고도 호의를 보여 주었다는 성취감까지 얻게 되었다. 그녀가 나에 대해 호감을 느끼도록 만들면서, 나는 그녀에게 강물에 뛰어들어 버리라는 식으로 소리칠 때 얻을 수 있는 즐거움과는 비교할 수 없는 정도로 매우 큰 즐거움을 얻었다.

백악관의 주인이 된 사람은 거의 매일 인간관계와 관련되어 있는 예민한 문제들에 직면하게 된다. 그 누구라 해도 마찬가지다. 태프트 대통령도 거기서 벗어날 수는 없었다. 그는 경험을 통해 악감정이라는 산(acid)을 중화시키려면 공감만큼 커다란 가치를 지닌 화학 물질이 없다는 사실을 깨닫게 되었다. 그는 자신의 저서 『공직자의 윤리』에서 야망이 있지만 실망으로 끝이 난 어느 어머니의 분노를 가라앉힌 흥미로운 이야기를 다음과 같이 들려주고 있다.

워싱턴에 살고 있는 어떤 부인이 있는데, 그녀의 남편은 정치적 영향력을 조금 가지고 있던 사람이었다. 그런데 그 부인이 자신의 아들에게 자리 하나만 부탁한다며 6주 정도인가 그 이상인가를 나에게 계속 연락해 왔다. 상원과 하원 의원들까지 동행하면서 특별히 부탁하게끔 분위기를 몰고 갔다. 하지만 그 자리는 기술적인 전문성이 없으면 직책 수행이 불가능한 자리인지라 나는 그 부처 주무장관에게 추천을 받아 다른 사람을 임명했다. 그러자 그 부인은 나에게 편지를 한 통 써서 보냈다. 내용인즉슨 내가 은혜도 모르는 사람이라는 것이었다. 내가 마음만 먹으면 그녀를 행복하게 만들 수 있는 데도 그렇게 하기를 거부했다는 것이 주된 이유였다. 그뿐만이 아니었다. 자신이 주 의회 의원들을 열심히 설득해 내가 특별히 관심을 두며 추진하던 법안이 통과되도록 힘써 주었는데, 어떻게 이런 식으로 보답할 수 있느냐는 것도 있었다.

이런 종류의 편지를 받으면 어떤 반응이 나오게 될까? 우선은 적절하지도 않을뿐더러 굉장히 무례하다고 볼 수도 있는 행동을 나에게 한 이 사람을 어떻게 혼내 줄 수 있을지를 고민하게 된다. 그런 다음에는 편지를 쓴다.

하지만 현명한 사람이라면 이와는 다른 반응을 행동으로 옮긴다. 그는 자신이 쓴 편지를 서랍에 넣고 잠금장치를 해 두는 방법을 선택한다. 이런 서신 왕래는 이틀 정도의 시간이 소요되는 것이 일반적이므로 이틀이 지나고 나서 편지를 꺼내 보면 보내지 않게 된다. 나도 이런 방법을 선택했다. 그래서 자리에 앉아 가능한 한 정중한 어조로 이렇게 편지를 썼다. 이런 상황에서 부인이 실망한 것은 충분히 이해하지만, 이번 임명 건은 나의 개인적 판단으로 결정할 수 있지 않을 뿐만 아니라 해당 직책이 워낙 기술적 전문성을 필요로 하는 자리인지라 부처 주무장관의 추천을 따라야 한다는 내용이었다. 또한 부인이 기대하는 바를 아드님이 지금의 자리에서도 부족함 없이 이루어 낼 수 있으리라는 내용도 썼다. 부인은 마음이 누그러졌는지 나에게 지난번에 보낸 편지로 불편하게 해서 미안하다는 말을 전했다.

하지만 그 자리에 대한 임명 안건이 곧바로 승인되지 않고 시간이 늘어진 사이에 나는 편지를 한 통 더 받았다. 필적은 이전 것과 같았는데 보낸 사람은 부인의 남편이라고 되어 있었다. 편지에는 부인이 이번 일로 매우 크게 상심했고, 신경 쇠약까지 걸려 자리에서 일어나지 못하는 상황이 되었는데 하필이면 아주 심각한 위암으로 이어졌다는 내용이었다. 그러니 부인이 건강을 회복할 수 있도록 임명을 철회하고, 자신의 아들을 임명해주기를 바란다는 내용이었다.

나는 부인의 남편을 수신인으로 해서 다시 한번 편지를 보내야 했다. 편지에는 진단이 오진으로 판명나기를 진심으로 바라며, 부인의 건강 때문에 심려가 크신 것은 알지만 임명 철회는 어렵다는 이야기를 전했다. 결국 임명 건은 원래대로 승인되었다.

내가 그 편지를 받고 이틀이 지났다. 백악관에서는 작은 음악회가 열렸다. 거기에서 나와 내 집사람에게 가장 먼저 인사를 건넨 두 사람은 바로 그 남편과 며칠 전까지만 해도 사경을 헤매고 있다고 했던 부인이었다.

솔 휴로크는 아마 미국 음악계에서 가장 알아주는 최고의 감독일 것이다. 그는 무려 20년이라는 세월에 걸쳐 샬리아핀, 이사도라 덩컨, 파블로바와 같은 세계 유명 예술가들과 작업해 왔다. 언젠가 휴로크는 나에게 성미가 까다로운 스타들을 접하면서, 그들의 우스꽝스러울 정도로 강한 개성을 이해하고, 이해하고, 또 이해해야 한다고 털어놓았다. 그것이 그가 가장 먼저 배운 교훈이었다.

그는 3년 동안 표도르 샬리아핀의 공연을 성공적으로 연출한 적이 있었다. 세계적인 베이스 가수 샬리아핀은 굵직한 저음으로 메트로폴리탄 오페라 극장을 찾은 상류층 청중들에게 전율을 선사해 왔다. 하지만 안타깝게도 샬리아핀은 항상 문제를 일으켰다. 마치 버릇없는 아이처럼 행동하며 말썽을 부렸다. 휴로크가 했던 독특한 표현을 그대로 가져오자면 "그는 모든 면에서 구제불능인 친구였다."

한 가지 일화를 살펴보자. 샬리아핀은 공연이 있는 날, 낮에 휴로크에게 연락해서 다음과 같이 말하곤 했다. "솔, 미안한데 나 지금 몸 상태가 좋지 않아. 익히지 않은 햄버거처럼 목이 꺼칠꺼칠해. 오늘 밤 공연에 서기가 쉽지 않을 것 같은데, 어떻게 할까?" 휴로크가 안 된다며 그와 다투었을까? 절대 그러지 않았다. 흥행사가 알고 있는 것, 그것은 예술 가를 그렇게 다루어서는 안 된다는 것이었다. 휴로크는 샬리아핀이 묵고 있는 호텔로 곧장 달려갔고, 그에게 지나치다 싶을 정도로 동정심을 표시했다. "아이고, 이 불쌍한 친구 같으니. 어떻게 하나? 정말 안됐네. 당연히 노래하면 안 되지. 공연은 취소할 테니 걱정하지 말고 푹 쉬게. 몇천 달러 정도 손해 좀 보겠지만 자네의 명성이 떨어지는 것에 비하면 그야 아무것도 아니지."

그러면 샬리아핀은 한숨을 내쉬며 이렇게 말했다. "나중에 다시 와 주면 좋겠네. 5시에 와서 내 상태를 다시 체크해 주게나."

5시가 되어 휴로크는 다시 호텔로 가서 동정심을 드러냈다. 그리고 다시 한번 공연을 취소하자고 말했다. 그러면 샬리아핀은 한숨을 쉬면서 이렇게 말했다. "한 번 더 와 주는 게 어떻겠나. 그때가 되면 조금 나아질지도 모르니 말이야."

7시 30분이 되었다. 바로 그때 샬리아핀은 노래하는 것에 동의했다. 다만 휴로크가 메트로폴리탄 오페라극장 무대에 나가서 샬리아핀이 지금 지독한 감기에 걸려 목 상태가 정상적이지 않다는 것을 관객들에게 미리 알려야 한다는 것을 조건으로 해서 동의하는 것이다. 휴로크는 실제로는 말하지 않았지만 일단은 그렇게 하겠다고 대답했다. 왜냐하면 그것만이 이 베이스 가수를 무대에 세우는 단 하나의 방법이라는 점을 그 누구보다 잘 알고 있었기 때문이다.

아서 I. 게이츠 박사는 그의 명저 『교육 심리학』에서 이렇게 말했다.

동정심, 그것은 모든 인간이 동일하게 갈망하는 것이다. 아이들은 자신의 상처를 보여 주려고 애쓰기도 하고, 심지어는 더 많은 동정심을 얻기 위해 자신에게 일부러 상처를 내기도 한다. 이와 동일한 이유로 어른들도 자신의 상처를 드러내 보이고 사건이나 질병에 대해, 특히 외과 수술의 경우에는 아무 작은 부분까지 하나하나 모두 이야기하려고 한다. 현실의 일이든 상상 속의 일이든 다르지 않다. 불행한 일에 대한 '자기 연민'은 어느 정도는 누구에게나 있는 법이다.

상대방을 설득하고 싶은가? 그렇다면 다음 방법을 똑같이 따라 해 보라!

사람을 설득하는 방법 9
상대방의 생각과 욕구에 동조하라.
Be sympathetic with the other person's ideas and desires.

10

누구나 좋아하는 호소 방법

An Appeal That Everybody Likes

나는 미주리주의 변두리 지역에서 자랐다. 마침 그곳은 제시 제임스라는, 미국 서부 역사상 가장 악명 높았던 갱이 활약하던 지역에서 가까운 곳이었는데, 나는 커니에 있는 그의 농장을 방문했던 적이 있다. 농장에는 제시 제임스의 아들이 여전히 살고 있었다. 그의 아내는 나에게 여러 이야기들을 들려주었다. 제시가 기차를 강탈하고 은행을 털던 이야기며, 그렇게 얻은 돈을 근처 농부들에게 나누어 주고 빚을 갚도록 했던 일 등에 대해서 말이다.

제시는 자신보다 1세기가 지난 시점에 등장하는 더치 슐츠나 '쌍권총 크로울리', 알 카포네와 마찬가지로 속으로는 자신을 이상주의자라고 생각하고 있었던 것 같다. 알고 있는가? 여러분 자신을 포함해 우리가 만나는 모든 사람들은 실은 스스로를 괜찮은 사람으로 여기고 있으며, 자기 나름대로는 남을 배려할 줄 아는 꽤 괜찮은 사람이 되고 싶어 한다.

미국의 대은행가이자 미술품 수집가로도 유명한 J. P. 모건은 자신의 경험을 이야기하다가 이런 말을 했다. 그가 생각하기로는, 사람들이 어떤 행동을 하는 데는 크게 두 가지 이유, 즉 그럴듯해 보이는 이유와 진짜 이유가 있다고 했다.

인간은 진짜 이유가 무엇인지를 깊이 생각하게 마련이다. 그 점에 대해서는 두말할 필요가 없다. 하지만 인간은 누구나 마음으로는 이상주의자이므로 그럴듯해 보이는 동기 또한 마찬가지로 깊이 생각하고 고려해 보고 싶어 한다. 그러므로 상대방을 변화시키고 싶다면 고상한 동기에 호소해야 한다.

사업에 적용하기에는 너무 거리가 먼 듯한 방법 같은가? 그렇다면 예를 들어 살펴보도록 하자. 펜실베이니아주 글레놀던에 있는 파렐 미첼의 사장 해밀턴 J. 파렐의 이야기다.

파렐이 세를 놓으려고 할 때였다. 세입자 가운데 한 사람이 무슨 이유로 화가 났는지 이사를 하겠다고 씩씩거리며 위협해 왔다. 월 임대료는 55달러였고, 계약 만료 시점은 4개월 정도 남아 있었다. 그런데도 세입자는 임대 계약에 개의치 않고 즉시 방을 비우겠다며 일방적으로 통보해 왔다.

파렐은 그때의 일을 이렇게 기억한다.

"이 사람들은 추운 겨울 동안 내 집에서 보냈습니다. 사실 비용이 가장 많이 드는 계절은 겨울입니다. 그리고 지금 방이 비게 되면 내년 가을까지는 방을 세놓기가 쉽지 않다는 것을 누구보다 나는 잘 알고 있었습니다. 220달러가 공중분해되는 것이 너무나 훤하더군요. 네, 정말로 화가 났습니다.

다른 때 같았으면 당장 세입자에게 가서 계약서를 좀 읽어 보라고 이야기했을 것입니다. 만약에 지금 이사를 하면 전체 계약 기간에 대한 임대료를 그 즉시 내야 한다고 못 박았을 것입니다. 그리고 당연히 임대료를 받아 낼 수 있다고 큰소리를 쳤겠죠.

하지만 저는 그렇게 하지 않았습니다. 분통을 터뜨리며 소란을 피우지 않고 다른 방법을 써서 그와 대화해 보기로 했습니다. 그래서 이렇게 말하기 시작했습니다. '선생님이 어떤 것을 말씀하시는지 잘 알겠습니다. 하지만 이사하실 거라고는 믿고 싶지 않네요. 오랫동안 임대업을 해 와서 제가 나름 사람 보는 눈이 있다고 생각하는데요, 그 누가 보아도 선생님은 한눈에 약속을 잘 지키시는 분이라고 생각이 들었습니다. 사실 그런지 아닌지 내기를 걸어도 좋을 정도로 저는 선생님을 믿고 확신하고 있죠.

제가 선생님께 한 가지 제안을 해도 될까요? 며칠 시간을 두고 어떻게 하실지 생각해 보시기 바랍니다. 다음 달 1일이 임대료를 납입하는 날이니 그때까지 오셔서 여전히 이사해야겠다고 말씀하신다면, 그것이 선생님의 최종 결정이라고 알고 받아들이도록 하겠습니다. 간단합니다. 이사할 수 있는 권리를 선생님께 드리고, 저의 판단이 틀렸다고 저 스스로를 인정하면 끝입니다. 하지만 저는 아직 선생님을 믿습니다. 선생님께서 약속을 워낙 잘 지키는 분이셔서 계약 기간까지 계속 있어 주실 거라는 것을요. 우리가 사람이 될지 원숭이가 될지 하는 것은 어찌되었든 우리의 선택에 달려 있는 일 아닐까요?'

다음 달이 되었습니다. 그 세입자분이 직접 찾아와 임대료를 지불하고 가셨습니다. 그의 이야기로는 부인과 상의한 결과 계속 있기로 했다더군요. 자신의 명예를 지키는 방법은 오직 계약 기간이 끝날 때까지 사는 것밖에 없다고 판단한 것이죠."

고(故) 노스클리프 경은 공개를 원하지 않는 사진이 신문에 실린 것을 보고는 해당 신문의 편집장에게 편지를 한 통 보냈다. 그런데 노스클리프 경이 "그 사진을 더 이상 사용하지 말아 주셨으면 좋겠습니다. 미안하지만 저는 그것을 원하지 않습니다."라고 했을까? 전혀 그렇지 않다. 그는 더 고상한 동기에 호소하는 방법을 택했다. 어머니에 대한 사랑과 존경, 바로 사람이라면 그 누구나 가지고 있을 두 가지 동기에 호소한 것이다. 그는 이렇게 쓴다. "그 사진은 더 이상 사용하지 말아 주십시오. 어머니께서 그 사진을 좋아하지 않으십니다."

존 D. 록펠러 2세가 사진 기자들이 자신의 아이들을 쫓아다니며 사진을 마구잡이로 찍는 것을 막을 때 쓴 방법도 노스클리프 경과 마찬가지였다. 바로 이 고상한 동기에 호소하는 것이었다. 그는 "나는 우리 아이들 사진이 신문에 실리는 것을 원하지 않습니다."라고 말하지 않았다. 그가 쓴 방법은, 사람이라면 누구나 근본적으로 가지고 있는, 아이들에게 피해를 주고 싶지 않다는 욕구에 호소하는 방법을 썼다. 그는 이렇게 말했다. "왜 그런지는 여러분도 잘 아시잖습니까? 여러분 중에도 자녀를 둔 분이 있을 텐데, 아이들 얼굴이 세간에 너무 알려져서 좋을 게 없다는 건 누구나 다 아는 이야기 아닌가요?"

〈더 새터데이 이브닝 포스트〉, 〈레이디스 홈 저널〉 등을 소유한 백만장자 사이러스 H. K. 커티스도 처음에는 메인주 출신의 가난한 소년일 뿐이었다. 그가 백만장자로 가는 화려한 경력을 쌓기 시작하던 초창기 시절, 그는 다른 잡지사처럼 원고료를 지불할 상황이 되지 않았다. 돈을 주어야만 글을 써 주던 일급 작가들을 고용할 수도 없었다. 그래서 그는 고상한 동기에 호소하는 방법을 통해 글을 받아 내기 시작했다. 예를 들면, 그는 단지 100달러만 들이고도 당시 최고의 명성을 날리던『작은 아씨들』의 작가 루이자 메이 올컷 여사의 글을 입수하는 데 성공했다. 여사 본인이 아니라 여사가 가장 소중히 생각하는 자선 단체 앞으로 수표를 발행하는 것에 그 비결이 있었다.

이 말을 들은 비판론자들은 "그런 건 노스클리프나 록펠러나 감상적인 소설가에게나 적용할 수 있는 이야기지. 내가 돈을 받아 내야 하는 드센 인간들한테 그런 방법이 통하겠어?"라고 말할지도 모르겠다.

그렇다. 그들의 말이 맞을 수도 있다. 모든 경우에, 그리고 모든 사람에게 통하는 법칙 같은 것은 이 세상에 존재하지 않는다. 지금 거두고 있는 결과에 만족한다면 굳이 바꿀 필요는 없다. 하지만 그 반대라면 어떻게 할 것인가? 만족하지 못한다면 충분히 시도해 볼 만하지 않은가?

카네기 강좌 수강생이던 제임스 L. 토머스가 들려주는 실제 경험담을 편안한 마음으로 들어 보기를 바란다.

한 자동차 회사의 고객 여섯 명이 이용료를 내지 않겠다고 이야기했다. 청구서 전체를 거부한 사람은 없었고, 어떤 항목의 계산이 틀렸다고 주장했다. 회사는 자신들의 옳음을 주장했다. 왜냐하면 고객들 모두 서비스를 받을 때 확인하고 날인했기 때문이다. 그래서 회사는 그 점을 고객들에게 이야기했다. 하지만 이것이 첫 번째 실수였다.

회사의 채권 파트 담당자는 과다 청구된 금액을 회수하기 위해 다음 조치를 취했다. 여러분이 보기에는 어떠했을 것 같은가?

1. 모든 고객을 개별 방문해 납기일이 많이 지난 대금을 회수하러 왔다고 퉁명스럽게 말했다.

2. 청구서는 완벽하며, 그 어떤 의심의 여지도 없으므로 고객이 완벽히, 조금도 의심할 여지도 없이 틀렸다고 선을 그었다.

3. 자동차에 대해서는 고객이 무엇을 생각하든 그 이상으로 회사가 더 잘 알고 있다는 점을 은근슬쩍 내비쳤다. 그러니 다투어 본들 어떤 이익이 있겠는가?

4. 결과: 회사와 고객 사이에 다툼이 일어났다.

이 가운데 단 하나라도 고객의 마음을 돌리고 분쟁을 멈추게 할 수 있었을까? 답은 너무나 빤하다.

상황이 이렇게 되어 채권 파트 과장이 법적인 절차에 막 들어가려는 찰나에, 다행스럽게도 부장이 이 상황을 알게 되었다. 부장이 이 미납 고객들을 살펴보았더니 단 한 번도 체납한 이력이 없는 사람들이었다. 문제는 대금 회수 방식에 있는 것이 분명했다. 그래서 부장은 제임스 L. 토머스에게 이 '악성 채권'을 회수해 줄 것을 요청했다.

자, 그럼 이번에는 토머스가 취한 방법을 직접 들어 보도록 하자.

"1. 고객들을 방문한 이유는 예전과 마찬가지였습니다. 우리가 보기에는 정확히 청구되었지만, 오랫동안 납부되지 않고 있는 대금을 회수하는 것이었습니다. 하지만 저는 그런 말은 일절 하지 않았습니다. 회사가 어떤 서비스를 제공했고 어떤 점이 부족했는지를 확인하러 온 것이라고만 이야기했습니다.

2. 저는 고객에게 이야기를 듣기 전까지는 그 어떤 것도 판단하거나 재단하지 않겠다고 분명히 선을 그었습니다. 회사라고 해서 반드시 오류가 없다고 주장하지 않겠다고 강조했습니다.

3. 저는 고객이 사용하고 있는 차에 대해서만 관심을 두고 있으며, 그 차에 대해서는 고객이 누구보다도 잘 알고 계시고, 고객이 그 주제에 대해서는 가장 권위 있는 사람이라고 이야기했습니다.

4. 저는 고객이 하고 싶은 이야기를 모두 하게끔 만들고는 주의 깊게, 그리고 공감을 표시하며 그의 이야기에 집중했습니다. 고객이 그토록 기대하고 원하던 것이었습니다.

5. 마침내 고객이 냉정을 찾자 저는 그의 페어플레이 정신에 호소했습니다. 고상한 동기를 두고 호소한 것입니다. 이렇게 말했습니다. '제가 생각하기에도 이 일의 처리 절차가 무척 잘못되었다는 점을 이야기

하고 싶습니다. 저희 직원의 태도 때문에 불편하셨고, 짜증도 나고 화도 나셨던 것으로 알고 있습니다. 절대로 있을 수가 없는 일인데 말이죠. 회사를 대표해 대신 사과드립니다. 정말로 죄송합니다. 이 자리에 앉아서 선생님이 하시는 말씀을 듣고 있자니 무척 공정하고 인내심 많은 분이라는 생각을 하지 않을 수 없습니다. 이토록 공정하고 인내심 많은 분이시니 하나만 부탁을 드리고 싶습니다. 선생님보다 이 일을 잘하거나 더 잘 아는 사람은 아무도 없을 겁니다. 선생님에 대한 청구서가 있는데요, 선생님께서 저희 회사의 사장이다 생각하시고 이 청구서를 정정해 주시면 저도 참으로 안심할 수 있을 듯합니다. 전적으로 선생님께 맡깁니다. 어떤 말씀을 하신다 해도 그대로 따르겠습니다.'

고객이 과연 청구서를 정정했을까요? 네, 물론 그렇게 했습니다. 그리고 그렇게 하면서 무척이나 즐거워하는 것 같았습니다. 청구서 금액은 150달러부터 400달러까지 있었는데, 고객이 자신에게만 유리하게 했을까요? 네, 맞습니다. 한 사람은 그렇게 했습니다. 그 사람은 논란이 된 부분에 대해서는 한 푼도 낼 수 없다며 으름장을 놓았습니다. 하지만 나머지 다섯 사람은 전액을 납부했습니다. 무엇보다 이 이야기에서 가장 재미있는 점은 그 후 2년 안에 고객 여섯 명 모두 차량을 새로 주문했다는 겁니다.

저는 고객에 관해 아무 정보도 가지고 있지 않을 때, 고객은 양심적이고 계산이 제대로 되었다는 확신이 든다면 그게 언제가 되든 대금을 납부하고자 하는 사람이라고 생각하는 것이 일을 진행할 때 무엇보다 중요한 점이라는 사실을 깨달았습니다. 조금 다르게 표현하자면, 사람들은 정직하다는 것, 그리고 자신들에게 주어진 의무를 다하고자 한다는 것입니다. 이 원칙에서 벗어나는 사람들은 비교적 드뭅니다. 저는 확신합니다. 여러분을 속이려고 하는 사람도 여러분이 그를 정직하고 똑바르며 공정한 사람으로 대해 주면 대부분 호의적으로 반응할 거라고요."

상대방을 설득하고 싶은가? 그렇다면 다음 방법을 똑같이 따라 해 보라!

사람을 설득하는 방법 10

상대방의 고상한 동기에 호소하라.
Appeal to the nobler motives.

11

영화와 TV에서도 이 방법을 사용한다

The Movies Do It. Radio Does It. Why Don't You Do It?

몇 년 전 〈필라델피아 이브닝 불리튼〉은 악의적인 소문이 유포되어 골머리를 앓고 있었다. 광고주들에게 '해당 신문이 광고는 너무 많이 싣고, 뉴스는 상대적으로 너무 적게 실린 나머지 독자를 잃고 있다'는 가짜 뉴스가 흘러간 것이다. 소문을 잠재우기 위해 즉시 조치를 취해야 했다. 하지만 과연 어떻게 해야 할까? 이 문제에 대해 신문사 측은 이렇게 대응했다.

〈불리튼〉은 어느 하루를 택해 그날의 정규판 신문에 실린 모든 읽을거리를 하나도 남김없이 골라내고 분류해 책으로 만들었다. 그리고 책의 제목을 『하루』라고 정했다. 〈불리튼〉에 하루 동안 실린 뉴스와 특집을 뽑아 편집한 이 책은 무려 307쪽에 달하는 분량이어서 2달러를 받아도 괜찮았지만, 〈불리튼〉은 이 책의 가격을 단돈 2센트로 책정했다. 이 책의 출간은 〈불리튼〉이 엄청나게 많은 양의 기사를, 그것도 재미있는 기사를 게재하고 있다는 사실을 매우 드라마틱하게 보여 주었다. 이 책은 몇 날 며칠 동안 숫자를 대고 주장하는 것보다 더 생생하고, 더 재미있고, 더 인상적으로 사실을 전달했다.

케네스 구드와 젠 카우프만이 지은 『사업과 쇼맨십』이라는 책을 보면, 연출을 통해 매출을 신장한 다양한 사례를 생생하게 접할 수 있다. 예를 들면, 일렉트로룩스가 냉장고를 팔 때 소음이 얼마나 작은지를 극적으로 보여 주기 위해 고객의 귀에 성냥 긋는 소리를 들려준 일, 1.95 달러짜리 모자에 명배우 앤 소던의 자필 서명을 넣은 방법으로 유명인을 활용한 사례가 된 시어즈 로벅의 카탈로그, 움직이는 윈도 디스플레이가 멈출 경우 관심도가 80%나 감소한다는 것을 보여 준 조지 웰바움, 미키 마우스가 백과사전에 이름을 올리게 된 사연과 장난감에 미키 마우스의 이름을 붙인 이후로 나락으로 빠져 가던 회사가 극적으로 회생한 일, 이스턴 항공이 창가를 더글러스 항공의 실제 조종간처럼 만들어 고객들을 창가에 앉도록 유도한 일, 헤리 알렉산더가 자사 제품과 경쟁사 제품이 벌이는 가상의 복싱 시합을 방송으로 공개해 세일즈맨들의 사기를 높여 주던 일, 우연히 캔디 디스플레이에 조명을 비추었더니 매상이 무려 2배나 늘어났던 사례, 크라이슬러가 자기 회사 자동차가 얼마나 튼튼한지를 보여 주기 위해 코끼리를 차량 위에 올려놓은 일 등이 그것이다.

뉴욕대의 리처드 보든과 앨빈 뷔스는 무려 1만 5,000건에 달하는 매출 상담을 분석한 결과를 토대로 『토론에서 이기는 법』이라는 책을 썼고, 같은 주제로 '판매의 6가지 원칙'이라는 강의도 했다. 이후에 이 책은 영화로도 만들어져 수백 개 대기업의 판매 사원들의 뇌리에 각인되었다. 이것들은 그들이 발견한 원칙을 설명할 뿐만 아니라 실제로 구현해서 보여 주기도 한다. 관객들을 앞에 두고 논쟁하게끔 만든 후에 판매를 하는 좋은 방법과 나쁜 방법을 모두 보여 주는 것이다.

기억하자. 요즘은 연출의 시대다. 사실을 말하는 것만으로는 2% 부족하다. 생생하고, 재미있게, 극적으로 사실을 제시해야 한다. 어느 정도 쇼맨십을 사용하는 것이 필요하다. 영화나 라디오, TV에서도 그렇게 하고 있다. 관심을 끌고 싶은가? 그렇다면 여러분도 그렇게 해야 한다.

쇼윈도 디스플레이 전문가들은 극적 연출이 주는 놀라운 힘을 잘 알고 있다. 예를 들면, 새로 쥐약을 개발한 어느 업체는 대리점 쇼윈도에 살아 있는 쥐 두 마리를 전시했다. 그러자 그 주 매출이 평소보다 5배나 증가했다. 〈아메리칸 위클리〉의 제임스 B. 보인튼은 상세한 시장 조사 보고서를 브리핑해야 하는 상황에 놓여 있었다. 그의 회사는 유명한 콜드크림 브랜드에 대해 실시한 방대한 조사를 금방 마친 상태였다. 경쟁업체의 가격 인하 정책에 대응하기 위한 자료를 조금도 지체하지 않고 곧바로 제공해 주어야 하는 상황이었다. 자료를 요청한 사람은 광고업계에서 막강하고 영향력도 무척 컸다. 게다가 첫 번째 브리핑에서 이미 한 번 실패를 경험한 상황이었다. 보인튼의 말을 들어 보자.

"지난번 브리핑에서는 조사 방법론에 대해 왈가왈부하느라 시간을 허비했습니다. 그도 우겼고 나도 우겼죠. 그는 내 방법이 틀렸다고 말하고, 나는 내 방법이 옳다는 것을 보여 주려고 무척 애썼습니다. 결국에는 내가 이겨서 만족스러웠습니다. 하지만 시간이 순식간에 흘러가서 회의가 끝나 버렸습니다. 본론으로 들어가지도 못했는데 말이죠.

두 번째로 갈 때는 숫자나 데이터를 도표화해서 보여 주는 것에는 하나도 신경 쓰지 않았습니다. 나는 그 사람을 찾아가서 사실을 극적으로 보여 주려 했습니다. 사무실에 들어갔을 때 그는 통화하고 있었습니다. 그가 통화하며 이야기를 하는 사이에 나는 가방에서 콜드크림 32개를 꺼내 책상 위에 쫙 펼쳐 놓았습니다. 모두 그가 아는 제품이었죠. 그의 경쟁사 제품이었으니까요.

모든 콜드크림 병에는 시장 조사 결과가 적힌 메모지를 붙여 두었습니다. 각각의 메모지가 간단하게 자신의 이야기를 하고 있었죠. 그것도 매우 극적인 형태로 말입니다. 결과는 어떠했을까요? 다툴 일은 하나도 없었습니다. 왜냐하면 기존과는 전혀 다른 신선한 방식이었으니까요. 그는 콜드크림 병을 하나하나 들어 올리면서 병에 붙어 있는 메모지를 천천히 읽어 나가기 시작했습니다. 그러면서 그와 나는 편하게 대화를 나누었습니다. 추가적인 질문도 있었습니다. 그가 얼마나 관심을 가지고 있는지 알 수 있는 대목이었습니다. 원래 보고서 설명에 허락된 시간은 10분 정도였지만, 그 10분이 지나고, 20분이 지나고, 30분 40분이 지나더니, 나중에는 한 시간이 지났는데도 우리는 여전히 대화에 빠져 있었습니다.

이번에 가지고 온 자료는 지난번과 완전 동일했습니다. 하지만 극적인 효과와 쇼맨십을 사용한 결과는 너무나 달랐습니다."

상대방을 설득하고 싶은가? 그렇다면 다음 방법을 똑같이 따라 해 보라!

사람을 설득하는 방법 11
당신의 생각을 극적인 형태로 보여 주라.
Dramatize your ideas.

방법이 통하지 않을 때 쓸 수 있는
비장의 카드

When Nothing Else Works, Try This

찰스 슈워브가 경영하는 공장 가운데 생산량이 기대치를 달성하지 못하는 공장이 있었다. 슈워브가 공장장에게 "당신처럼 유능한 사람이 있는데, 왜 실적은 기대치를 달성하지 못하는 거죠?" 하고 물었더니, 공장장은 "저도 모르겠습니다. 달래도 보고, 밀어붙여도 보고, 화도 내고 심지어는 모조리 해고해 버리겠다고 반 협박조로 이야기해도 통하지 않습니다. 직원들이 일하려고 하지를 않아요."라고 대답했다.

때마침 야간 근무조가 투입될 저녁 시간이었다. 슈워브는 분필을 하나 달라고 하고는 근처에 있는 직원에게 "이번 조는 오늘 용해 작업을 몇 번이나 했나요?"라고 물었다. 직원이 여섯 번이라고 대답하자 아무 말 없이 바닥에 '6'이라고 크게 쓰고는 가 버렸다.

야간 근무조가 들어와서는 바닥에 '6'이라는 숫자가 있는 것을 보고 이게 무엇인지 물었다. 그러자 주간 근무조 직원은 "사장님이 오늘 다녀가셨는데, 용해 작업을 오늘 몇 번 했는지 물으셔서 여섯 번 했다고 말씀드렸다. 그랬더니 바닥에 '6'이라고 쓰고는 가 버리셨다."라고 대답했다.

다음 날 아침에 슈워브가 다시 공장을 찾았다. 전날 야간 근무조가 '6'이라는 숫자를 지우고 '7'이라고 써 놓았다. 그날 출근한 주간 근무조는 바닥에 '6'이 아닌 '7'이라는 숫자가 커다랗게 쓰여 있는 것을 보았다. '야간 근무조가 주간 근무조보다 더 낫다고 생각한다는 건가?' 주간 근무조는 야간 근무조를 골탕 먹이고 싶었다. 그래서 정열적으로 작업에 매달렸다. 마침내 그날 일을 끝내고 나가면서 그들은 '10'이라는 엄청난 숫자를 커다랗게 써 놓았다. 점차 상황이 나아지고 있었다.

얼마 전까지만 해도 다른 공장에 비해 생산량이 부족했던 이 공장은 순식간에 다른 공장보다도 더 많은 생산량을 이루기 시작했다.

과연 비결은 어디에 있었을까? 이에 대해 찰스 슈워브는 이렇게 말했다. "경쟁심을 자극해야 일이 진행됩니다. 돈벌이에 급급한 경쟁심, 치사한 경쟁심이 아니라 남보다 앞에 있고 싶다는 경쟁심 말입니다."

남보다 앞에 있고 싶다는 욕구! 도전! 과감히 덤비기! 이런 것이야말로 용감한 사람들에게 호소할 수 있는 절대적인 방법이다.

시어도어 루스벨트는 도전했기 때문에 미국 대통령이 될 수 있었다. 루스벨트는 종전 후 쿠바에서 귀국하자마자 뉴욕 주지사에 선출되었다. 하지만 그가 더 이상 뉴욕 주의 법적 거주자가 아님이 반대파들을 통해 드러나자 지레 겁을 먹은 루스벨트는 주지사 직에서 사퇴하고자 했다. 이때였다. 뉴욕 출신의 거물급 상원 의원인 토머스 콜리어 플래트가 루스벨트에게 도전 의욕을 심어 주었다. 갑자기 루스벨트를 찾아가서 그는 이렇게 호통 쳤다. "이보게, 루스벨트. 스페인전의 영웅이 도대체 왜 이렇게 갑자기 겁쟁이가 되었단 말인가?"

루스벨트는 싸우기로 마음을 먹었고, 그 결과 부통령을 거쳐 대통령까지 될 수 있었다. 단 한 번의 도전으로 그의 삶은 송두리째 바뀌었을 뿐만 아니라 이후 미국 역사에까지 지대한 영향을 끼쳤다.

찰스 슈워브는 도전이 가진 엄청난 힘의 정체를 알고 있었다. 플래트 상원 의원도 그랬고, 알 스미스도 그랬다. 알 스미스가 뉴욕 주지사였을 때, 그는 어려운 문제에 봉착한 적이 있었다. 데블스 아일랜드 서쪽에 있는 싱싱 교도소에는 소장이 공석이었다. 스캔들과 추잡한 소문들이 교도소 안팎에 넘쳐 나고 있었다. 스미스 주지사는 싱싱 교도소를 관리할 강력한 사람, 철인을 필요로 했다. 누구를 보낼 것인가? 이 물음에 대한 답으로 그는 뉴 햄프턴에 있던 루이스 E. 로스를 불렀다.

"로스, 자네가 싱싱 교도소를 맡아 주는 게 어떤가?" 로스가 오자, 그는 가볍게 말을 꺼냈다. "경험 많은 사람이 절실히 필요하다네."

로스는 난감했다. 그는 싱싱 교도소에 어떤 위험이 도사리고 있는지 잘 알고 있었다. 그것은 정치적 인사였고, 정치 동향에 따라 하염없이 흔들리는 자리였다. 교도소장은 너무나 자주 바뀌었다. 어떤 때는 3주 만에 바뀌는 일도 있었다. '앞으로의 경력도 생각해야 하는데, 과연 위험을 감수할 만한 일일까?'

망설이는 그의 모습을 본 스미스는 몸을 뒤로 젖혀 의자에 기대었다. 그러고는 웃음을 지으며 이렇게 말했다. "아직 젊은 친구니 겁먹는 거 가지고 괜히 탓하거나 심술부리지는 않겠네. 그 자리가 힘든 자리인 건 맞지. 그 자리를 책임져 줄 거물급 인사를 찾아보겠네."

이렇게 스미스는 로스에게 도전 의욕을 심어 주며 자극하고 있었다. 로스는 거물급 인사를 필요로 하는 자리에 도전한다는 생각이 마음에 들었다.

결국 그는 싱싱 교도소로 갔다. 그 후 교도소장으로 오랫동안 재임하며 살아 있는 교도소장으로는 가장 유명한 사람이 되었다. 그가 쓴 『싱싱 교도소에서 보낸 2만 년』이라는 책은 몇 만 부가 팔렸다. 그는 방송에도 나갔고, 교도소 생활에 대한 그의 이야기를 토대로 수십 편의 영화가 만들어졌다. 수감자들을 '인간적으로 대하는' 그의 방식은 교도소 개혁이라는 관점에서 기적을 만들어 냈다.

파이어스톤 타이어 앤드 러버를 설립한 하비 S. 파이어스톤은 이렇게 말했다. "돈만으로는 좋은 사람들을 데려오거나 붙들 수 없습니다. 그래서 저는 게임 자체가 중요하다고 생각합니다."

성공한 사람 중에 이 말을 싫어할 사람은 결코 없다. 게임! 자기표현의 기회! 자신의 가치를 증명하고, 남보다 앞서고, 이길 수 있는 기회! 도보 경주나 고함지르기 시합, 파이 먹기 대회 등이 열리는 이유가 궁금한가? 그 이유가 바로 여기에 있다. 단순하다. 남보다 앞에 있고자 하는 욕망, 남에게 인정받으려는 욕망이다.

다른 사람, 그중에서도 용기 있는 사람, 정열이 넘치는 사람을 설득하고 싶은가? 그렇다면 다음 방법을 똑같이 따라 해 보라!

사람을 설득하는 방법 12
도전하도록 하라.
Throw down a challenge.

사람을 설득하는 12가지 방법

★★★★★★★★

1 논쟁에서 가장 좋은 유일한 방법은 논쟁을 피하는 것뿐이다.

2 상대방의 의견을 존중하는 태도를 보여라. 상대방이 잘못한 점을 지적하지 말라.

3 잘못을 저질렀다면, 신속하고 분명하게 잘못을 인정하라.

4 친근한 방법으로 시작하라.

5 상대방이 "네, 네."라고 대답할 수 있도록 해라.

6 상대방이 더 많은 이야기를 하도록 만들어라.

7 상대방이 그 생각을 스스로 해냈다고 느끼게 하라.

8 상대방의 관점에서 사물을 보기 위해 진심으로 노력하라.

9 상대방의 생각과 욕구에 동조하라.

10 상대방의 고상한 동기에 호소하라.

11 당신의 생각을 극적인 형태로 보여 주라.

12 도전하도록 하라.

PART 4

사람을 변화시키는 9가지 방법

Nine Ways To Change People Without Giving
Offence Or Arousing Resentment

상대방을 비판하기 전에 자신의 실수를
먼저 말하라.
Talk about your own mistakes before criticizing
the other person.

1

칭찬과 감사의 말로 시작하라

If You Must Find Fault, This Is the Way to Begin

내 친구 한 명은 캘빈 쿨리지 대통령의 초청을 받아 백악관에서 주말을 보내게 되었다. 그는 대통령의 개인 서재로 들어서다가 대통령이 비서에게 말하는 것을 들었다. "오늘 아침은 옷이 참 예쁘군. 자네는 정말 매력 넘치는 아가씨라는 생각이 드네."

대통령은 '침묵의 캘빈'이라고 불릴 만큼 말수가 적었다. 따라서 비서는 대통령이 이 정도로 칭찬하는 말을 처음 들었을 것이다. 전에 없던 일이면서 예상 밖의 일인지라 당황한 비서의 얼굴이 새빨개졌다. 그러자 대통령이 말했다. "그렇다고 너무 우쭐해 있지는 말게. 기분이 좋아졌으면 하는 마음으로 한 말이니까. 그런데 말이야, 앞으로 문장 부호에 조금 더 신경을 써 주면 좋겠어."

쿨리지 대통령의 경우는 약간 노골적으로 보이기도 한다. 하지만 그래도 그는 인간 심리에 대해 무척이나 훌륭하게 이해하고 있었다. 때와 장소에 상관없이 장점에 대해 칭찬받고 나면 안 좋은 소리를 듣기가 훨씬 편해지는 법이다.

이발사는 비누칠을 한 후에야 면도한다. 그 전에는 면도하지 않는다.

매킨리가 1896년 대통령 선거에 출마했을 때 사용한 방법이 바로 이런 것이었다. 당시 공화당의 열혈 당원 가운데 한 사람이 선거 연설문을 작성해 왔다. 그 사람은 자신의 글이 자유가 아니면 죽음을 달라던 패트릭 헨리, 그리고 키케로나 대니얼 웹스터 같은 유명 연설가를 다 합친 것보다도 훨씬 더 잘 쓴 연설문이라며 자신감에 벅차올라 있었다. 뿌듯해진 그 친구는 자신이 쓴 최고의 연설문을 매킨리에게 큰 소리로 읽어 주었다.

연설문에 장점이 없는 것은 아니었다. 하지만 그대로 사용할 수는 없었다. 비난의 목소리가 자신을 향해 쏟아질 것이 분명했다. 매킨리는 그의 감정을 지켜 주고 싶었다. 그의 뛰어난 열정을 감싸 주면서도 그 연설문을 사용할 수는 없다는 말을 해야만 했다. 그가 얼마나 멋지게 이 일을 해냈는지 함께 살펴보자.

매킨리는 그에게 이렇게 말했다. "정말 멋진 연설이군. 너무나 훌륭한 연설이야. 그 누구도 이것보다 나은 연설문을 가져오지는 못할 거야. 아주 정확한 지적들을 많이 했군. 그런데 말이야, 이번 대선과 같은 상황에서는 그런 말이 잘 먹혀들지 의문이군. 개인의 관점에서 본다면 합리적이고 건전한 발언인 것은 분명하지만, 음, 나는 당의 관점에서 그 효과를 고려해야 하는 입장이라네. 그러니 돌아가서 내가 한 말을 염두에 두고 다시 한번 연설문을 써서 보내 주겠나?"

그는 매킨리가 시키는 대로 했다. 그의 두 번째 연설문을 검토한 후 매킨리는 그가 다시 고쳐 쓸 수 있도록 도와주었다. 이렇게 그는 선거 기간 동안 훌륭한 연사로 활약했다.

여러분과 함께 다음으로 살펴볼 것은 에이브러햄 링컨 대통령이 쓴 편지 중 두 번째로 유명한 편지다(링컨의 가장 유명한 편지는 빅스비 여사에게 보낸 것으로, 여사가 전쟁으로 다섯 아들을 잃은 것을 애도하는 내용을 담고 있다). 링컨은 이 편지를 5분 안에 모두 쓴 것으로 보인다. 이 편지는 1926년 경매에 붙여졌을 때 1만 2,000달러에 낙찰되었다. 참고로 말하자면, 이 금액은 링컨이 무려 반세기를 열심히 일해 모을 수 있는 돈보다도 훨씬 더 많은 금액이었다.

링컨이 이 편지를 쓴 1863년 4월 26일은 남북 전쟁에서 북군이 가장 고전을 면치 못하던 때였다. 링컨이 임명한 북군 사령관들은 무려 1년 6개월 동안 연이은 패배의 잔을 마시고 있었다. 아무런 소득도 없는 미련한 인간 학살에 머물고 있을 뿐이었다.

온 나라가 공포에 치를 떨었다. 수천 명이 넘는 병사들이 탈영병이 되었다. 엎친 데 덮친 격으로 자신이 소속된 공화당 의원들까지 반발해 링컨이 퇴진할 것을 종용하기에 이르렀다. 당시 링컨은 "우리는 지금 파멸 직전에 있습니다. 하느님도 우리를 버린 것으로 여겨질 정도입니다. 희망의 빛은 우리에게 조금도 보이지 않습니다."라고 말했다.

이 편지는 이처럼 어두운 슬픔과 혼란이 가득 찬 시기에 쓰인 것이다. 내가 지금 이 편지를 인용하는 이유는, 국가의 운명이 장군 한 사람의 행동에 의해 결정될 수 있던 너무나 중차대한 시기에 자기 멋대로 행동하는 장군을 바꾸어 놓기 위해서 링컨 대통령이 어떤 노력을 했는지 알아보기 위해서다.

이 편지는 아마 에이브러햄 링컨이 대통령이 된 후 쓴 편지 중 가장 비판적으로 쓰인 편지일 것이다. 하지만 걱정하지 말라. 이런 편지에서조차 여러분은 중대한 잘못에 대해 언급하기 전에 먼저 장군을 칭찬하고 있는 링컨의 모습을 보게 될 것이니 말이다.

후커 장군은 분명 너무나 뼈아픈 잘못을 했다. 누가 보아도 분명했다. 하지만 링컨은 그렇게 말하지 않았다. 링컨은 매우 온건하고 외교적으로 나아갔다. 링컨은 편지에 이렇게 쓰고 있다. "장군에게 충분히 만족할 수 없는 점이 몇 가지 있습니다." 은근한 말, 외교적인 말은 바로 이런 것을 말하는 것이다.

이제 링컨이 후커 장군에게 보낸 편지를 살펴보자.

나는 장군을 포토맥 부대의 지휘관으로 임명했습니다. 당연히 이유가 있어서 그렇게 한 것이죠. 하지만 그럼에도 불구하고 장군에게 내가 충분히 만족할 수 없는 점이 몇 가지 있다는 것을 장군도 알아주기를 바랍니다.

나는 장군이 용감하고 유능한 군인이라고 믿고 있습니다. 그런 점이 무척이나 마음에 듭니다. 또한 장군이 정치와 자신의 본분 사이에서 혼란을 겪지 않고 있다고 믿고 있으며, 나는 그런 맥락에서 장군을 바르다고 생각하고 있습니다. 장군은 자신에 대한 확신이 있는 사람입니다. 그리고 그런 점은 필수적이라고 볼 수는 없을지 모르지만, 분명 소중한 자질입니다.

장군이 야심을 가지고 있는 것은 합리적인 경계 안에서라면 분명 도움이 되는 일입니다. 하지만 번사이드 장군의 지휘 아래 있는 동안, 야심에 사로잡힌 장군은 최대한 그의 명령을 불이행하면서 혁혁한 전공을 쌓은 명예로운 동료 장군과 국가에 중대한 잘못을 저질렀습니다.

나는 알고 있습니다. 장군이 최근 군대와 국가에는 모두 독재자가 필요하다고 말했다는 것을 전해 들었죠. 내가 장군을 지휘관으로 임명한 것은 그 말을 했기 때문이 아니라, 그 말을 했음에도 임명한 것이라는 사실을 모르지 않을 거라고 생각합니다. 성공을 이룬 장군들만이 독재자라는 호칭을 쓸 수 있습니다. 나는 장군에게 군사적 성공을 요구하는 것입니다. 장군이 그렇게만 할 수 있다면 독재라도 감수할 생각이 있습니다.

정부는 할 수 있는 모든 것을 총동원해서 장군을 도울 것입니다. 지금까지도 그렇게 해 왔고, 어떤 지휘관에게라도 마찬가지입니다. 장군은 병사들 사이에서 지휘관을 비판하는 발언을 했고, 지휘관을 신뢰하지 않는 풍조가 생기는 데 일조했습니다. 이제 그 결과가 장군에게 부메랑이 되어 되돌아오지 않을까 무척이나 염려됩니다. 나는 그러한 사태를 막기 위해 할 수 있는 최선을 다해 도울 생각입니다.

장군은 물론 나폴레옹이 다시 살아난다 해도 그런 분위기가 만연해 있는 군대로 좋은 성과를 이룰 수는 없을 것입니다. 그러니 앞으로는 경솔한 언행을 삼가시기 바랍니다. 경솔한 언행은 삼가고, 온 마음과 온 힘을 다해 전투에 임해서 우리에게 승리의 깃발을 안겨 주시기 바랍니다.

여러분은 쿨리지도 아니고 매킨리도 아니며 링컨도 아니다. 과연 이런 철학이 여러분의 실제 사업 관계에서도 유효한 것인지 여러분은 알고 싶을 것이다. 과연 유효할까? 사례 하나를 살펴보자.

W. P. 고는 여러분이나 나와 마찬가지로 평범한 시민이다. 그는 필라델피아에 있는 와크 컴퍼니에서 일하고 있다. 그는 필라델피아에서 진행된 카네기 강좌의 수강생이었는데, 앞으로 나눌 이야기는 강의 시간에 들려준 그의 이야기 가운데 하나다.

와크 컴퍼니가 따낸 계약은 필라델피아에서 정해진 기한까지 대형 사무용 빌딩을 완공하는 것이었다. 공사는 일정대로 잘 진척되어 완공 시기가 코앞으로 다가오고 있었다. 그런데 일이 생겼다. 빌딩 외벽에 붙일 청동 장식을 납품하기로 한 외부 업체에서 정해진 날까지 납품할 수 없다고 급히 연락을 해 왔다. 큰일이었다. 공사가 전면 중단될 위기에 놓였다. 공사가 중단된다면, 막대한 배상금을 포함해 입게 될 피해가 막심했다. 모든 게 단 한 사람 때문이었다. 장거리 통화를 몇 번씩이나 걸고 논쟁을 벌이며 열띤 대화를 나누었다. 하지만 밑 빠진 항아리에 물을 붓는 꼴이었다. 그래서 그는 하청 업체와 담판을 벌이기 위해 뉴욕으로 향했다.

"사장님 성함을 가진 사람이 브루클린에 딱 한 사람뿐이란 건 알고 계신가요?" 고는 하청 업체의 사장실로 들어서면서 이렇게 말했다. 사장은 깜짝 놀란 표정을 지었다. "아니요, 전혀 몰랐습니다."

"오늘 아침 기차에서 내려서 사장님 회사 주소를 알기 위해 전화번호부를 펼쳐 보았습니다. 그런데 브루클린에 사장님 성함을 가진 사람은 사장님 딱 한 사람밖에 없더군요."

"전혀 몰랐네요." 사장은 이렇게 대답하고는 흥미로운 듯 전화번호부를 뒤져보았다. "정말 흔하지 않은 이름이네요." 사장은 몹시 뿌듯해하며 말했다. "우리 집안이 네덜란드를 떠나 여기 뉴욕에 정착한 지 어느덧 200년 가까이 지났습니다."라고 하면서 그는 자신의 집안과 선조들에 대해 몇 분간 더 이야기를 이어 나갔다. 그가 이야기를 마치자 고는 공장의 거대한 규모를 칭찬하며 그가 가 보았던 다른 공장들과 비교해 보았을 때 최고인 것 같다고 이야기했다. "제가 가 본 공장 중에서 가장 깨끗할 뿐만 아니라 정돈도 무척 잘되어 있군요."

그러자 사장은 "이 사업을 이렇게 일으키는 데 저의 일생을 바쳤습니다. 지금은 무척 자랑스럽답니다. 공장을 좀 둘러보시겠습니까?"라고 말했다.

고는 공장을 둘러보면서 제작 시스템을 칭찬하며 경쟁 업체들의 시스템에 비해 어떤 점이 더 뛰어나다고 생각하는지를 이야기해 주었다. 고가 몇 가지 처음 보는 기계들에 대해 언급하자, 사장은 자신이 직접 그 기계들을 발명했다고 입에 침이 마르도록 자랑하면서 꽤 긴 시간 동안 그 기계들의 작동법과 우수한 결과에 대해 열심히 설명해 주었다. 그러고는 자기와 점심 식사를 같이하자고 바득바득 우겨 댔다. 지금까지 고가 방문한 진짜 목적에 대해서는 한마디도 나오지 않았다는 점에 집중해 주기 바란다.

점심 식사를 마치고 나서 사장은 이렇게 말했다. "자, 이제 사업 이야기를 해 보시죠. 무슨 일로 오셨는지 물론 알고 있습니다. 하지만 우리의 만남이 이렇게 즐겁게 이루어질 줄은 꿈에도 몰랐습니다. 필라델피아로 돌아가서서 다른 작업을 배제해 놓더라도 주문하신 물건은 제때 맞추어서 납품하겠다고 약속하더라고 말씀하셔도 괜찮습니다."

고는 요청하지도 않았는데도 자신이 원하던 것을 하나도 남김없이 얻게 되었다. 물건은 제때에 납품되었다. 건물 완공은 계약 기간이 끝나는 날에 맞추어 이루어졌다. 만약에 고가 그런 상황에서 보통 사용하는 고압적인 방법을 썼다 해도 이런 결과를 얻을 수 있었을까?

반감이나 반발을 사지 않으면서 다른 사람을 변화시키고 싶은가? 그렇다면 다음 방법과 같이 해 보라!

사람을 변화시키는 방법 1
칭찬과 정직한 감사의 말로 시작하라.
Begin with praise and honest appreciation.

2

원망을 받지 않으면서 비판하는 방법

How to Criticize and Not Be Hated for It

어느 날 점심 무렵에 있었던 일이다. 찰스 슈워브는 한 제철 공장을 돌아보다가 담배를 피우고 있는 직원들을 보았다. 직원들 머리 바로 위에는 '금연' 표시가 붙어 있었다. 슈워브가 표시를 가리키며 "글 읽을 줄 모르나?"라고 그들에게 말했을까? 아니, 그는 절대 그렇게 말하지 않았다. 슈워브의 방식은 달랐다.

그는 직원들에게 다가가더니 시가를 하나씩 손에 쥐어 주며 "이보게, 친구들. 밖으로 나가서 이 시가를 태워 주면 고맙겠네."라고 말했다. 자신들이 규칙을 어겼다는 것을 슈워브가 알고 있다는 것은 직원들도 잘 알고 있었다. 하지만 그 점에 대해서는 말 한마디 없고, 오히려 작은 선물까지 주면서 자신들이 인정받고 있다고 느끼게 해 주어서였을까? 직원들은 이런 슈워브를 깊이 존경하게 되었다. 여러분이었어도 마찬가지지 않겠는가?

존 워너메이커도 똑같은 방법을 사용했다. 워너메이커는 필라델피아에 있던 자신의 대형 매장을 하루도 빠짐없이 살펴보았다. 그러던 어느 날이었다. 그는 고객이 계산대에서 기다리고 있는 모습을 보게 되었다. 그런데 그 어느 누구도 그 고객에게 신경을 쓰지 않고 있었다. 판매 사원들은 계산대 한쪽 구석에 옹기종기 모여서는 주변은 아랑곳하지 않고 잡담에 빠져 있었다. 워너메이커는 아무런 말도 하지 않았다. 그는 조용히 계산대로 들어가 자신이 직접 고객의 계산을 처리한 뒤, 판매 사원들에게 물건을 건네주어 포장하게 하고는 조용히 자리를 벗어났다.

1887년 3월 8일, 유명 설교자인 헨리 워드 비처가 유명을 달리했다. 라이먼 애벗은 비처가 세상을 떠나며 비게 된 설교대에서 그다음 주일에 설교해 달라는 요청을 받았다. 그는 최선을 다해 플로베르처럼 매우 꼼꼼한 태도로 신경을 써 가며 설교문을 쓰고 또 고쳐 썼다. 그러고 나서 설교문을 아내에게 읽어 주었다. 종이에 쓴 연설문이 대부분 그렇듯 그의 설교문도 형편없기는 매한가지였다.

판단력이 떨어지는 아내였다면 이렇게 말했을 수도 있다. "음, 내가 보기에 이 설교문은 아주 형편없어요. 그거로는 안 되겠어요. 사람들을 다 잠들게 할 생각이에요? 뭐랄까, 마치 백과사전을 읽는 것 같아요. 그렇게 오랫동안 설교했는데 이 정도밖에 못 하나요? 세상에, 왜 사람이 말하는 것처럼 말하지 않는 거예요? 조금 더 자연스럽게 쓸 수는 없어요? 망신살 제대로 뻗칠 것 같아요."

그의 아내는 이렇게 말할 수도 있었다. 만약 정말로 그랬다면 어떤 일이 일어났을지는 굳이 말하지 않아도 잘 알 것이다. 그의 아내도 물론 알고 있었다. 그래서 그녀는 〈노스 아메리칸 리뷰〉에 이 설교문을 게재한다면 정말 좋은 글이 될 것 같다고 이야기해 주었다. 달리 말하면 그의 글을 칭찬하면서도 동시에 연설로는 그리 좋지 않다는 것을 은근히 이야기했던 셈이다. 애벗은 아내의 말뜻을 알아채고는 열심히 준비한 원고를 북 찢어 버렸다. 그러고는 심지어 메모 하나 없이 설교했다.

반감이나 반발을 사지 않으면서 다른 사람을 변화시키고 싶은가? 그렇다면 다음 방법과 같이 해 보라!

사람을 변화시키는 방법 2

상대방의 잘못을 간접적으로 지적하라.
Call attention to people's mistakes indirectly.

3

자신의 잘못을 먼저 이야기하라

Talk About Your Own Mistakes First

몇 년 전 캔자스 시에서 살던 내 조카딸 조세핀 카네기가 나의 비서가 되겠다며 뉴욕으로 왔다. 조세핀은 당시 19세였고 고등학교를 졸업한 지 3년이 지났지만, 사회생활에 대한 경험은 거의 없었다. 비록 지금은 서구 사회에서 가장 완벽한 비서로 우뚝 섰지만, 처음에는 뭐랄까…….'개선의 여지가 상당했다.'

언젠가 하루는 조세핀을 야단치려고 했는데, 문득 이런 생각이 들었다. '카네기, 잠깐만. 너는 조세핀보다 나이가 2배는 많고, 사회생활 경험은 1만 배는 더 많지. 그런데 어떻게 그이가 자네가 가진 시각이나 판단력, 적극성 등을 가질 수 있다고 생각해? 너도 그다지 좋지는 않지만 말이야. 그리고 잠깐만, 카네기. 너는 19세 때 어디서 무엇을 하고 있었지? 그때 네가 저지른 어리석은 잘못들과 미련한 실수들은 잊지 않고 있지? 이런 실수도 있었고, 저런 잘못도 있었고 말이야.'

솔직하고 공정하게 이런 생각을 하고 나니 다음의 결론을 내릴 수 있었다. 나는 19세로 볼 때 조세핀의 타율이 적어도 나보다는 높고, 이런 말을 하기 부끄럽지만, 조세핀이 마땅히 받아야 할 칭찬도 내가 제대로 해 주지 못하고 있다는 결론에 도달했다.

그래서 그 이후로 나는 조세핀의 잘못을 지적할 때는 이렇게 말하기 시작했다. "조세핀, 여기 실수한 게 있구나. 하지만 내가 그보다 더 큰 실수를 더 많이 했다는 걸 하느님도 잘 알고 계신단다. 판단력이라는 것은 경험을 통해 얻어지는 것이지 태어날 때부터 가지고 나오는 게 아니야. 그리고 너는 내가 너만 할 때보다 훨씬 나은 사람이란다. 나는 멍청하고 바보 같은 짓을 셀 수도 없을 만큼 많이 저질렀어. 그래서 너든 그 누구든 비판하고 싶은 생각은 하나도 없다. 하지만 네가 이러저러한 식으로 했다면 훨씬 더 현명한 일이었을 것이라는 생각이 드는데, 너는 어떻게 생각하니?"

비판하는 사람이 자신 또한 완벽한 사람이 아니라는 것을 먼저 겸손한 태도로 인정하면서 말을 시작한다면, 잘못을 되풀이해 지적하는 경우라 하더라도 상대방이 조금은 받아들이기가 수월할 것이다.

품위 있는 모습으로 잘 알려진 프린스 폰 뷜로는 1909년에 이미 이런 방식이 필요하다는 것을 잘 알고 있었다. 폰 뷜로는 빌헬름 2세 정권 당시 독일 제국의 총리였다. 당시 빌헬름 2세는 어떤 나라든 쓸어버릴 수 있을 만큼 강력한 육군과 해군을 보유하고 있다며 자랑을 멈추지 않았다. 그래서 '오만한 빌헬름', '도도한 빌헬름', '최후의 독일 황제 빌헬름' 등으로 불리고 있었다.

그런데 그때 놀라운 일이 일어났다. 황제가 다소 믿기 힘든 어떤 이야기를 했는데, 그 말로 유럽 대륙이 요동하고 세계 도처에서 폭발음이 일어나기 시작했다. 황제는 어리석고 이기적이며 터무니없는 그 말을 영국을 방문하는 중에 공개적으로 발언했다. 또한 그 발언을 〈데일리 텔레그래프〉에 실어도 좋다고 허락했기 때문에 상황은 되돌릴 수 없을 만

큰 심각해졌다. 그가 한 말은 다음과 같았다. "황제 자신은 영국에 우호 적인 단 한 명의 독일 사람이다. 일본의 침략에 대비하기 위해 해군을 양성하고 있다. 황제 자신이, 그리고 자신만이, 영국이 러시아와 프랑스 에 짓밟혀 나뒹굴지 않도록 막아 주었다. 남아프리카에서 영국의 로버 츠 경이 보어인을 물리칠 수 있었던 것도 황제 자신이 세운 전투 작전에 기인한 결과였다."

그 이전 100년 동안 유럽에 있는 왕 가운데 그 누구도 평화적인 시기 에 이렇게 놀라운 말을 한 적이 없었다. 그의 말 한마디에 온 유럽 대륙 이 소란스러워졌다. 예기치 않은 대소동에 황제는 잔뜩 겁먹은 나머지 프린스 폰 뷜로에게 책임을 져 달라며 요청했다. 황제는 폰 뷜로가 "모 든 책임은 황제에게 잘못 조언한 나에게 있다."라며 공식적으로 발언해 주기를 바랐던 것이다.

폰 뷜로는 이렇게 반응했다. "황제 폐하, 제가 황제 폐하에게 그런 말 을 하도록 조언했다고 믿을 영국인이나 독일인은 단 한 명도 찾아볼 수 없을 것 같습니다."

폰 뷜로는 이 말을 뱉는 순간 자신이 얼마나 큰 실수를 범한 것인지 깨달았다. 예상대로 황제는 불같이 화를 냈다. "당신은 내가 어리석어서 당신이라면 절대 저지르지 않을 잘못을 저질렀다고 생각하는군."

폰 뷜로는 비판하기 전에 칭찬해야만 했음을 모르지는 않았다. 하지 만 이미 때는 지나가 버렸으므로 그는 두 번째 방법을 택했다. 그것은 바로 비판한 후에 칭찬하는 것이었다. 그리고 종종 칭찬이 그러는 것처 럼 결과는 실로 놀라웠다.

그는 겸손하게 이렇게 대답했다. "아닙니다, 황제 폐하. 절대로 그런 뜻이 아닙니다. 여러 면에서 황제 폐하가 저보다 훨씬 뛰어나신 분입니 다. 해군이나 육군에 대한 지식은 물론이거니와, 무엇보다도 자연 과학에 뛰어나신 분임은 두말할 필요가 없을 것입니다. 황제 폐하께서 기압계나 무선 전신, 혹은 뢴트겐 광선에 대해 설명하실 때 감탄하며 들었던 적이 한두 번이 아닙니다. 저는 부끄럽게도 어떤 분야의 자연 과학에도 식견이 부족한지라 화학이나 물리학이 무엇인지 알지도 못하고, 가장 단순한 자연 현상도 설명하지 못합니다. 하지만 저는 역사에 대해서는 약간의 지식이 있고, 정치 특히 외교에 도움이 될 만한 어떤 자질도 있는 게 아닌가 조심스레 생각하고 있습니다."

황제의 얼굴이 밝아졌다. 폰 뷜로가 황제를 칭찬했다. 황제를 높이 세우고 스스로를 낮추었던 것이다. 그러자 황제는 어떤 것이라도 용서할 수 있을 것 같았다. 황제가 다소 격양된 목소리로 놀란 듯 말했다. "우리는 놀라울 정도로 서로 보완적인 관계라고 내가 말하지 않았는가? 함께 가야지. 그러고 말고."

황제는 폰 뷜로의 손을 잡고 흔들었다. 그것도 한 번이 아니라 여러 번이었다. 그리고 그날 오후 황제는 열정에 넘쳐서 주먹을 불끈 쥐며 이렇게 이야기했다. "누구든 내 앞에서 프린스 폰 뷜로에 대해 폄하하는 이야기를 한다면 주먹으로 콧대를 부러뜨려 놓겠소."

폰 뷜로는 너무 늦지 않게 화를 모면할 수 있었다. 하지만 완벽한 외교관인 그도 한 가지 실수를 저질렀다. 그는 황제가 덜 떨어진 사람이기 때문에 누군가에게 돌봄을 받아야 한다는 암시를 풍기기 이전에, 자신의 부족한 점과 황제의 뛰어난 점을 언급하는 것으로 시작해야 했었다.

모욕을 당했다고 느끼는 오만한 황제에게 자신을 낮추고 상대방을 칭찬하는 말 몇 마디를 해서 절친한 친구로 만들 수 있다면, 겸손과 칭찬이 우리의 일상생활에서 해낼 수 있는 가능성이 얼마나 클지 생각해 보라. 여러분이 그것을 제대로 적절하게 사용할 수 있다면, 겸손과 칭찬은 인간관계에서 엄청난 기적 같은 일을 이루어 낼 것이다.

반감이나 반발을 사지 않으면서 다른 사람을 변화시키고 싶은가? 그렇다면 다음 방법과 같이 해 보라!

사람을 변화시키는 방법 3

상대방을 비판하기 전에 자신의 실수를 먼저 말하라.
Talk about your own mistakes before criticizing
the other person.

누구도 명령받는 것을 좋아하지 않는다

No One Likes to Take Orders

최근에 미국 전기 작가들의 대모라 할 수 있는 아이다 타벨 여사와 함께 식사할 기회가 있었다. 그 자리에서 나는 여사에게 이 책을 집필 중이라고 말했다. 우리는 '사람들과 사이좋게 어울리는 법'이라는 오래된 주제에 관해 열린 마음으로 의견을 주고받았으며, 이와 관련한 여사의 경험도 들을 수 있었다.

여사가 오웬 D. 영의 전기를 쓰고 있을 때였다. 여사는 영과 같은 사무실을 3년째 쓰는 사람을 인터뷰한 적이 있었다. 그 사람은 자기가 계속 관찰했는데, 영이 다른 사람에게 직접 명령을 내리는 모습을 지금껏 단 한 번도 본 적이 없다고 주장했다.

영의 언어 체계에는 언제나 제안이 있었을 뿐 명령은 없었다. 이를테면 그는 절대로 "이렇게 하시오."나 "저렇게 하시오." 혹은 "이렇게 하지 마시오.", "저렇게 하지 마시오."라고 말하는 법이 없었다. 그는 언제나 "이런 것도 고려해야 하지 않을까요?" 혹은 "이렇게 하면 될 것 같습니까?"라고 말했다. 편지를 구술시키고 난 후에는 "이렇게 쓰는 것이 어떤

가요?"라고 종종 이야기했다. 비서가 써 온 편지를 검토하고서는 "이런 식으로 고치면 더 좋을 것 같군요."라고 말했다. 그는 언제나 사람들에게 본인이 직접 일을 처리할 수 있도록 기회를 주었다. 그는 비서들에게 한 번도 일을 시키지 않았다. 그들이 일하도록 가만히 놔두었을 뿐만 아니라, 실수를 통해서도 배우도록 했다.

이와 같은 기술은 상대방에게 쉽게 자신의 실수를 인정하고 바로잡을 수 있는 길을 열어 준다. 또한 상대방의 자존심을 살려 주고 그가 인정받고 있는 존재라고 생각이 들게 한다. 반발이 아니라 협력하려는 마음이 일어나게 한다.

반감이나 반발을 사지 않으면서 다른 사람을 변화시키고 싶은가? 그렇다면 다음 방법과 같이 해 보라!

사람을 변화시키는 방법 4
직접 명령하는 대신 질문하라.
Ask questions instead of giving direct orders.

5

상대방의 체면을 세워 주어라

Let the Other Man Save His Face

제너럴 일렉트릭 컴퍼니(GE)는 찰스 스타인메츠를 부서장 자리에서 좌천시켜야 하는 어려운 문제에 봉착했던 적이 있었다. 스타인메츠는 전기에 관해서는 최정상을 달리고 있었지만 회계 파트의 부서장으로는 적합하지 않았다. 하지만 회사로서는 그의 감정을 상하게 하고 싶지 않았다. 그는 여전히 중요한 존재였다. 하지만 무척이나 예민한 사람이기도 했다. 그래서 회사에서는 'GE 컨설팅 엔지니어'라는 새로운 직위를 만들어 그에게 부여했다. 그가 예전에 하던 일과 같은 일이었다. 그리고 회계 파트에는 새로운 부서장을 임명했다.

스타인메츠는 만족스러워했다. 회사 간부들도 마찬가지였다. 체면을 세워 주는 방법을 통해서 무척 까다로운 유명 인사의 문제를 깔끔히, 그리고 아무 잡음 없이 처리했기 때문이다.

상대방의 체면을 세워 주어라! 이 얼마나 중요한 일인가! 그럼에도 짬을 내어 그런 생각을 하는 사람이 과연 몇 명이나 되는가! 우리는 상대방의 감정 따위는 신경 쓰지도 않고 우리가 하고 싶은 대로 한다. 흠을 잡고, 위협하고, 다른 사람들 앞에서 자녀나 종업원을 나무란다. 심지어는 상대방의 자존심에 상처를 주면서도 염려하지 않는다. 잠시 생각을 가다듬거나 사려 깊은 말 한두 마디면, 그리고 상대방의 태도를 진심으로 이해하고 있다는 것을 보여 주기만 하면 상대방이 받는 아픔이 훨씬 줄어드는 데도 말이다.

앞으로 하인이나 종업원을 해고하는 것과 같은 불편한 상황이 일어날 경우 이 점을 기억하도록 하자.

해고를 당하는 일이야 두말할 필요도 없겠지만, 직원을 내보내는 일도 그렇게 유쾌한 일은 아닙니다(나는 지금 공인 회계사인 마셜 A. 그레인저가 나에게 보낸 편지를 인용하고 있다). 우리 일은 한철 장사가 대부분인지라 3월이 되면 많은 사람을 내보내야 합니다.

우리 직종에 있는 사람이라면 사람을 해고하는 일이 절대 유쾌하지 않다는 것을 잘 알 겁니다. 그래서 가능하다면 간단히 처리하는 식의 관례가 자리 잡았는데, 보통은 이렇게 이루어집니다.

"자리에 앉으세요. 시즌이 끝나서 더는 일을 드리기가 어려울 것 같습니다. 물론 시즌 동안만 일한다는 조건으로 채용되었다는 점은 이미 잘 알고 계시리라 생각합니다."

그는 이 말을 듣는 순간 실망감과 모멸감을 동시에 느끼게 됩니다. 그들은 대부분 평생을 회계 분야에서 일해 왔지만, 자신을 아무렇지도 않게 내치는 회사에 대해서는 그 어떤 애착도 가지지 않습니다.

최근에 나는 직원을 해고해야 하는 상황에 놓일 때 조금 더 지혜롭고 사려 깊게 움직여야겠다고 생각했습니다. 그래서 면담하기 전에는 반드시 그가 겨울 동안 무엇을 했는지를 매우 자세히 살펴보았습니다. 그러고 나서 이런 식으로 말했습니다.

"일을 정말 잘해 주셨습니다(실제로 일을 잘한 경우의 이야기입니다). 지난번 뉴욕 출장 건은 무척 힘든 일이었더군요. 쉽지 않으셨을 텐데 잘 마치고 오신 점에 대해서 회사는 매우 자랑스럽게 생각하고 있습니다. 능력이 있으신 분이니 어디에서 일해도 잘하실 수 있을 거라고 생각합니다. 우리가 당신을 믿고 있다는 점을, 언제나 성원을 보내고 있다는 점을 부디 잊지 말아 주시기 바랍니다."

그 결과 사람들은 해고당하는 것에 대해서 이전보다 편하게 생각하게 되었습니다. 모멸감 같은 것도 느끼지 않게 되었습니다. 그들은 만약 일이 있었다면 해고당하지 않았을 것이라고 생각했습니다. 실제로 그들은 다시 필요한 상황이 되면 우리 회사에 애정을 품고 와 주었습니다.

고인이 된 드와이트 머로는 비상한 재주를 가지고 있었다. 그 재주는 핏대를 세우며 다투기를 좋아하는 사람들을 화해시키는 것이었다. 도대체 어떻게 했을까? 그는 양측에서 정당하고 옳은 부분이 무엇인지를 세심한 눈으로 찾아내어서는 그 부분을 칭찬하고 강조하며 조심스럽게 드러나도록 했다. 그리고 어떤 식으로든 해결된다고 해도 어느 쪽도 틀린 편이 되지 않게끔 지혜롭게 만들었다.

진정한 중재자라면 상대방의 체면을 세워 주어야 한다는 점을 모를 수가 없다. 진짜 위대한 사람, 즉 평범한 세계를 넘어선 사람은 개인적인 승리에 도취한 나머지 허투루 시간을 보내지 않는다. 예를 들어 보자.

1922년, 몇백 년에 걸친 극심한 대립 끝에 터키 사람들은 자국 영토에서 그리스 사람들을 영원히 몰아내야 한다고 결정했다. 무스타파 케말은 병사들에게 나폴레옹처럼 원대한 포부를 담은 연설을 했다. "여러분의 목표는 지중해다." 이 연설과 함께 현대사에서 가장 치열한 전쟁이 일어났다. 승리한 나라는 터키였다. 그리스의 두 장군 트리코피스와 디오니스가 항복하기 위해 케말이 있는 곳으로 가는 동안 터키 사람들은 굴복한 적에게 저주를 마구 퍼부어 댔다.

하지만 케말에게는 전혀 승리자의 태도가 보이지 않았다. "여러분, 앉으시오." 케말이 그들의 손을 잡으며 말했다. "피곤하시죠?" 그는 전쟁에 관해 의견을 교환한 후 그들이 패배를 너무 심각하게 받아들이지 않았으면 좋겠다고 말했다. 그는 군인 대 군인의 입장에서 말했다. "전쟁이란 게임과 같습니다. 그래서 뛰어난 사람이 지는 경우도 종종 있습니다."

주체할 수 없는 승리의 기쁨 속에서도 케말은 이 중요한 규칙을 기억하고 있었다.

사람을 변화시키는 방법 5

상대방의 체면을 세워 주어라.

Let the other person save face.

6

사람을 성공으로 이끄는 방법

How to Spur Men on to Success

나에게는 피트 발로라고 하는 오랜 친구가 있다. 그는 동물 쇼를 하면서 오랫동안 서커스단과 곡예단을 따라 떠돌아다녔다. 나는 발로가 새로운 개를 데려다가 쇼에 내보낼 수 있게 훈련하는 모습을 구경하는 것을 좋아했다. 나는 그가 개가 조금이라도 더 잘하면 쓰다듬으며 칭찬하고 고기를 주는 등 야단법석을 떠는 것을 보았다.

그것은 새로운 방법이 아니었다. 동물 조련사들은 그와 같은 방법을 몇백 년 전부터 사용해 왔다.

그런데 왜 우리는 개를 훈련할 때 사용하는 것과 똑같은 상식을 사람을 변화시키고자 할 때는 쓰지 않는 것일까? 왜 우리는 채찍 대신에 고기를 쓰지 않는 것일까? 왜 우리는 비난 대신에 칭찬을 사용하지 않는 것일까? 조그마한 진전이라도 보이면 칭찬해 주도록 하자. 그러면 상대방은 더욱 분발하게 되는 법이다.

루이스 E. 로스 교도소장은 범죄 행위에 대한 가책조차 느끼지 않는 싱싱 교도소의 수감자들이라 하더라도 작은 발전 하나에 칭찬해 주면 변화가 생긴다는 사실을 발견했다. 바로 이 부분을 쓰는 도중에 나는 루이스 교도소장으로부터 편지를 받았다. 그가 보낸 편지의 내용은 이러했다. "재소자들의 노력에 대해 적절하게 칭찬하는 것이야말로 잘못을 심하게 비판하거나 비난하는 것보다 그들로부터 협력을 얻어 낼 수 있는 결과를, 그리고 그들이 최종적으로 사회에 재적응하는 것을 증진시키는 데 훨씬 더 나은 결과를 가져온다는 사실을 발견했습니다."

나는 싱싱 교도소에 갇힌 경험은 없다. 적어도 지금까지는 그렇다. 하지만 나 자신의 삶을 반추해 보면 몇 마디 칭찬의 말이 내 인생을 송두리째 바꾸어 놓은 때가 있다는 것을 알 수 있다. 여러분의 인생에서도 그렇지 않은가? 인류 역사를 살펴보면, 칭찬이 부리는 마술을 보여 주는 놀라운 예시는 셀 수 없이 많다.

예를 들어 보겠다. 50년 전, 열 살 난 어느 소년이 나폴리에 있는 공장에서 일하고 있었다. 그는 가수가 되고 싶었지만, 그의 첫 번째 선생님이 기를 꺾어 놓았다. 선생님은 소년에게 이렇게 이야기했다. "너는 노래를 할 수 없어. 네 목소리에는 울림이 있지 않아. 네 목소리는 꼭 문틈으로 새어 나가는 바람 소리처럼 들린다."

하지만 가난한 농부였던 소년의 어머니는 소년의 어깨를 감싸 안으며 끊임없이 칭찬했다. 그리고 소년이 노래를 잘할 수 있을 뿐만 아니라 이미 앞으로 발전하고 있다고 이야기해 주었다. 그리고 돈을 아껴 소년의 음악 수업 비용에 사용하려고 맨발로 다니기도 했다. 농부였던 어머니의 칭찬과 격려를 통해 소년의 인생은 송두리째 뒤바뀌었다. 여러분도 그에 대해 들어 보았을 것이다. 그 소년은 바로 카루소다.

오래전 런던에 작가가 되기를 희망한 소년이 있었다. 하지만 그에게 좋은 쪽으로 생각할 수 있을 만한 조건은 단 하나도 없었다. 그가 학교를 다닌 기간은 고작 4년에 불과했다. 아버지는 빚에 시달리다 교도소에 들어갔고, 소년은 굶주림에 시달려야 했다. 마침내 일자리를 잡았지만, 쥐가 들끓는 공장에서 검정색 안료 깡통에 상표를 붙이는 일이었다. 그는 밤이면 런던 빈민가를 떠돌아다니던 부랑아 소년 둘과 함께 음침한 다락방에서 잠을 청하며 하루를 마감했다.

그는 자기의 글 쓰는 능력에 자신이 없었다. 그래서 다른 사람의 비웃음을 사지 않으려고 한밤중에 몰래 나가 출판사로 원고를 보내곤 했다. 계속해서 작품을 투고했지만 번번이 실패하고 모두 다 반송되어 왔다. 그러다가 마침내 기념비적인 날이 왔다. 작품 하나가 받아들여진 것이다. 원고료는 한 푼도 받지 못했지만, 그는 편집장 한 사람으로부터 멋진 칭찬을 받았다. 그는 무척 기쁜 나머지 뺨에 눈물이 흘러내리는 것도 인식하지 못하고 거리를 정처 없이 헤매고 다녔다.

작품 한 편이 인쇄되자, 놀라운 일이 일어났다. 그 소년이 받은 칭찬과 인정은 그의 생을 완전히 바꾸어 놓았다. 그 격려가 없었다면 어땠을까. 어쩌면 쥐가 득실대는 공장에서 일하면서 생애를 마쳤을지도 모른다. 여러분은 그 소년의 이름도 들어 보았을 것이다. 그는 바로 찰스 디킨스였다.

지금으로부터 50년 전, 어떤 소년이 런던의 한 포목점에서 점원으로 일하고 있었다. 그는 아침 5시에 일어나 가게를 청소한 후 무려 하루 14시간 동안 노예처럼 일만 해야 했다. 매우 고된 노역이었고, 소년은 그게 너무나 싫었다. 2년 정도가 흐르자 소년은 더 이상 참을 수가 없었다. 그래서 어느 날 아침 눈을 뜨자마자 소년은 해가 뜨기를 기다리지도 않고 15마일을 열심히 걸어서 가정부로 일하고 있던 어머니를 찾아갔다.

소년은 미처 날뛰기도 하고, 애원하기도 하고, 울기도 했다. 가게에 있을 바에는 차라리 죽는 게 낫다고 어머니에게 간절히 애원했다. 그러고 나서 그는 모교의 교장 선생님께 자신은 너무 상심이 커서 더는 살고 싶지 않다는 애절한 내용을 담은 긴 편지를 써서 보냈다. 교장 선생님은 먼저 그를 칭찬했다. 그가 매우 똑똑할 뿐만 아니라 지금보다 나은 일을 할 만한 사람이라고 확신시켜 주면서 그에게 선생님이 되는 것이 어떻겠느냐고 제안했다.

이때의 칭찬이 그 소년의 미래를 바꿔 놓았을 뿐만 아니라, 영국 문학사에 흔적을 길이 남길 수 있게 만들었다. 그 소년은 그 후 77권의 책을 저술하고, 펜으로만 100만 달러 이상의 부를 쌓았다. 아마 그 소년의 이름도 들어 보았을 것이다. 그는 『타임머신』의 작가 H. G. 웰스였다.

1922년 캘리포니아주 외곽에 아내를 부양하며 힘든 시절을 보내고 있던 한 남자가 있었다. 그는 주일에는 교회 성가대에서 노래했고, 가끔 결혼식에서 〈오 프라미스 미〉를 불러 5달러를 벌기도 했다. 집안이 무척 어려웠기 때문에 시내에서 살 수 없었던 그는 포도 농장 한가운데 있는 낡은 집에 세들어 살았다. 월세가 12달러 50센트밖에 안 되는 집이었다. 이렇게 월세가 싼 데도 불구하고 그는 돈이 없어 이미 10개월째 월세를 못 내고 있었다. 그는 포도 농장에서 포도 따는 일을 하면서 밀린 월세를 조금씩 갚아 나갔다. 그는 나에게 포도 말고는 먹을 게 없던 시절도 있었다고 이야기해 주었다. 너무 의기소침해진 그는 가수로서의 꿈을 접고 생계를 위해 트럭을 팔 생각을 하고 있었는데, 그때 마침 루퍼트 휴스의 칭찬을 들었다. 휴스는 그에게 이렇게 말했다. "자네는 위대한 가수가 될 자질이 있네. 자네는 뉴욕에 가서 공부해야 해."

그 젊은 친구는 최근 나에게 그 자그마한 칭찬이, 그 약간의 격려가 인생에 전환점이 되었다고 털어놓았다. 그 말을 듣고 그는 2,500달러를 빌려 동부로 갔기 때문이다. 여러분도 그의 이름을 들어 보았을 것이다. 그는 바로 미국 서부 출신의 전설적인 바리톤 로렌스 티베트였다.

지금 우리는 사람을 변화시키는 방법에 대해 이야기하고 있다. 하지만 여러분이나 내가 상대방에게 영감을 불어넣어서 그가 숨겨진 보물을 가지고 있다는 사실을 깨닫게 한다면, 단순히 사람을 변화시키는 것을 넘어서서 우리는 문자 그대로 완전히 다른 사람이 되게 할 수도 있다.

다소 과장된 표현으로 들리는가? 그렇다면 하버드 대학 교수이며 미국이 낳은 가장 뛰어난 심리학자이자 철학가인 윌리엄 제임스의 말에 귀를 기울여 보자.

우리가 가진 잠재성에 비추어 보면 우리는 단지 절반 정도만 깨어 있다. 우리는 우리가 가진 육체적 · 정신적 자원의 일부만을 사용하고 있을 뿐이다. 이것을 일반화해 이야기해 보자면 개개인의 인간은 결국 자신의 한계에 한참 못 미치는 삶을 살고 있다. 인간은 습관상 활용하지 못하고 있는 다양한 종류의 능력을 보유하고 있다.

지금 이 책을 읽고 있는 여러분에게도 여러분이 습관적으로 활용하지 않고 남겨 둔 다양한 종류의 능력이 있다. 그리고 여러분이 충분히 활용하지 않고 있는 능력 가운데에는 상대방을 칭찬하고 영감을 불어넣어 상대로 하여금 스스로의 잠재 능력을 깨닫도록 하는 마법의 능력도 있다는 것을 잊지 말자.

반감이나 반발을 사지 않으면서 다른 사람을 변화시키고 싶은가? 그렇다면 다음 방법과 같이 해 보라!

사람을 변화시키는 방법 6

사소한 개선이라도 칭찬하고, 모든 진전을 칭찬하라.
"진심을 다해 인정하고 칭찬을 아끼지 말라."

Praise the slightest improvement and praise every improvement.
Be "hearty in your approbation and lavish in your praise."

개에게도 좋은 개라고 말해 주어라

Give the Dog a Good Name

내 친구 어니스트 겐트 부인은 뉴욕 스카스데일에서 살고 있었다. 그녀는 어느 날 하녀를 고용했는데, 하녀에게 다음 주 월요일부터 출근하라고 말했다. 그사이 그녀는 하녀가 전에 일하던 집에 전화를 걸어 그녀에 대해 여러 가지를 물어보았다. 그런데 알고 보니 무척 문제가 많았다. 하녀가 일하러 오자 그녀는 이렇게 말했다. "넬리, 전에 네가 일하던 집에 전화를 해 보았단다. 그 집 안주인은 네가 정직하고 믿을 만하며 요리 솜씨도 뛰어나고 아이들도 잘 돌본다고 하더구나. 하지만 네가 지저분하고 집을 잘 정리하지 않는다는 말도 했단다. 하지만 나는 그 사람이 거짓말을 했다고 생각한다. 너는 복장이 매우 단정해. 누가 보아도 단번에 알 수 있지. 네가 옷을 입는 것과 마찬가지로 집도 깨끗하게 정돈할 것이라고 믿어 의심치 않는다. 우리는 참으로 좋은 관계가 될 것 같아."

그리고 실제로도 그렇게 되었다. 넬리에 대한 좋은 평가를 통해 그녀는 자신이 지켜야 할 기준을 가지게 되었다. 그리고 넬리는 그 기준에 맞추어 행동했다. 집 안은 언제나 반짝반짝 빛이 났다. 겐트 부인의 기대를 저버리기보다는 일과 후에라도 집 안을 닦고 털고 하는 데 한 시간을 더 들이려 했다.

볼드윈 로코모티브 웍스의 사장 새뮤얼 보클레인은 이렇게 말했다. "대부분 사람은 그들이 존경하는 사람이 자신들의 어떤 능력을 높게 평가해 주면, 그가 이끄는 대로 쉽게 움직인다."

다시 말해, 상대방의 어떤 부분을 개선하고자 한다면 그것이 이미 상대방의 뛰어난 점 중에 하나인 것처럼 생각하고 행동해야 한다. 셰익스피어는 "내가 가지지 못한 덕성은 이미 가지고 있는 것처럼 행동하라."라고 말했다. 그러니 상대방에게 어떤 장점을 더 향상시켜 주고 싶다면 공개적으로 상대방이 그런 장점을 가지고 있다고 생각하면서 말하는 것이 유용하다. 상대방으로 하여금 자신이 지키고 싶을 만한 괜찮은 평판을 주도록 하라. 그렇게 하면 여러분이 실망하는 것을 보지 않기 위해서라도 상대방은 열심히 노력하는 모습을 보여 줄 것이다.

조제트 르블랑은 저서 『추억, 마테를링크와 함께한 내 인생』에서 벨기에 출신의 미천한 여자아이가 존귀한 모습으로 변해 가는 놀라운 과정을 묘사하고 있다.

이웃 호텔의 하녀가 나에게 식사를 가져다주는 일을 맡았다. 호텔에 들어와 처음 한 일이 식기를 세척하는 일이었기 때문에 그녀의 별명은 '접시 닦이 마리'였다. 눈은 사팔뜨기이고, 다리는 안짱다리여서 보기에도 흉했다. 육체와 영혼 모두가 별 볼일 없는 아이였다.

하루는 그녀가 식사로 마카로니를 가져왔는데 손에 마카로니 소스가 잔뜩 묻어 빨개져 있었다. 그것을 보고 나는 그녀에게 대뜸 이렇게 말했다. "마리, 너는 네 안에 어떤 보물이 들어 있는지 전혀 모르고 있는 것 같아."

자신의 감정을 드러내는 데 익숙하지 않던 마리는 혹여 야단이라도 맞는 것은 아닌가 두려운 듯 조금도 움직이지 못하고 그 자리에 우두커니 서 있었다. 그렇게 몇 분이나 흘렀을까. 이윽고 마리는 탁자 위에 접시를 내려놓고 나서 한숨을 내쉬더니 진심 어린 목소리로 이렇게 말했다. "마님, 마님께서 말씀해 주시지 않았다면 저는 절대 그렇게 생각하지 못했을 거예요." 그녀는 의심을 품지도 않았을 뿐만 아니라 의문을 제기하지도 않았다.

그녀는 부엌으로 돌아가서 내가 한 말을 두고두고 되풀이했다. 그녀가 너무나 확고하게 그 말을 믿고 있었기에 아무도 그녀를 놀리지 않았다. 나아가 그날부터 그녀를 눈여겨보게 되었다.

하지만 무엇보다 신비한 변화는 그 보잘것없던 마리 자신에게서 일어나고 있었다. 자신 안에 보이지 않는 어떤 경이로움이 있다고 믿게 되면서 그녀는 자신의 외모와 신체를 정성스럽게 가꾸기 시작했다. 그러자 지금껏 감추어져 있던 젊음이 꽃피우기 시작했고, 못생긴 외모도 어느 정도 감추어졌다.

그로부터 두 달이 지났다. 내가 그곳을 떠날 때 마리는 주방장의 조카와 결혼하게 되었다는 소식을 전해 주었다. "저도 이제 어엿한 귀부인이 될 거예요."라고 말하며 마리는 나에게 감사를 전했다. 몇 마디의 말이 소녀의 인생을 송두리째 뒤바꾸어 놓았던 것이다.

조제트 르블랑은 '접시닦이 마리'에게 지키고 싶은 좋은 평판을 주었고, 그 평판은 그녀의 삶을 뒤바꾸어 놓았다.

헨리 클레이 리스너가 프랑스에 주둔하고 있던 미 보병 부대 병사들의 품행을 개선하고자 했을 때도 이와 똑같은 방법을 사용했다. 미국에서 가장 유명한 장군 제임스 G. 하보드가 언젠가 한번은 프랑스에 주둔 중인 200만 미군 보병들이 자신이 직접 보거나 아니면 책에서 읽은 군인 중에서 가장 깨끗하고 이상적이라고 생각한다고 리스너에게 이야기했다.

이것은 과장된 칭찬일까? 어쩌면 과장된 것인지도 모른다. 하지만 리스너가 이 말을 듣고 어떻게 했는지를 살펴보면 생각이 바뀐 것이다. 함께 살펴보자. 그는 이렇게 쓰고 있다.

'나는 병사들에게 장군이 이렇게 이야기했다고 기회가 있을 때마다 말하고 다녔습니다. 한 번도 그 말이 사실인지 아닌지 의심을 품은 적이 없었습니다. 설령 그것이 사실이 아니라고 하더라도 상관없었습니다. 왜냐하면 하보드 장군이 그렇게 생각한다는 것을 아는 것만으로도 병사들이 그 기준에 맞추고자 노력할 것이라는 것을 나는 분명하게 알고 있었기 때문입니다.'

옛말에 "미친개라고 낙인찍는 것은 그 개의 목을 줄에 매다는 것과 다르지 않다."라는 말이 있다. 그렇다면 좋은 개라고 말해 준다면 어떻게 될까?

부자든 가난뱅이든, 거지든 도둑이든, 대부분 사람은 자신이 정직하다는 평판이 생기면 그대로 살기 위해 노력한다.

싱싱 교도소의 교도소장으로 죄수들에 대해서라면 누구보다도 잘 아는 로스는 이렇게 이야기한다. "악당을 다루어야만 하는 상황이 있다고 해 보자. 그때 그를 이길 수 있는 유일한 방법은 그 사람을 존경할 만한 사람처럼 대해 주는 것밖에 없다. 그는 그 정도 대우를 당연히 받을 만하다고 여겨라. 그렇게 대해 주면 누군가 자신을 믿어 준다는 것에 뿌듯한 그도 기분이 좋아져서 그런 대우에 걸맞게 행동하게 된다."

이 말은 너무나 좋은 말이고, 중요한 말이다. 그러므로 한 번 더 적어 보겠다. "악당을 다루어야만 하는 상황이 있다고 해 보자. 그때 그를 이길 수 있는 유일한 방법은 그 사람을 존경할 만한 사람처럼 대해 주는 것밖에 없다. 그는 그 정도 대우를 당연히 받을 만하다고 여겨라. 그렇게 대해 주면 누군가 자신을 믿어 준다는 것에 뿌듯한 그도 기분이 좋아져서 그런 대우에 걸맞게 행동하게 된다."

반감이나 반발을 사지 않으면서 다른 사람을 변화시키고 싶은가? 그렇다면 다음 방법과 같이 해 보라!

사람을 변화시키는 방법 7
상대방에게 훌륭한 평판을 주어라.
Give a man a fine reputation to live up to.

8

고치기 쉬운 잘못으로 보이게 하라

Make the Fault Seem Easy to Correct

얼마 전 마흔 정도 된 내 친구가 독신 생활을 접고 약혼했는데, 약혼녀의 설득으로 늦은 나이에 댄스 교습을 받게 되었다. 그는 나에게 그때의 일을 이야기해 주었다.

"내가 댄스 교습을 받아야 한다는 건 웬만해서는 모르는 사람이 없을 정도로 누구나 알 만한 일이었지. 내 춤은 내가 20년 전에 춤추기 시작했을 때 그대로니까 말이야. 내 첫 번째 선생은 분명 나에게 진실을 말해 주었을 거야. 내 춤이 정말 엉망이라서 모두 다 잊고 처음부터 다시 시작해야 한다고 그녀는 나에게 말했지. 하지만 그 말을 듣고 나니 춤을 배우고 싶은 마음이 싹 달아나 버리고 말았어. 의욕이 도무지 생기지를 않더군. 그래서 그만두고 말았지. 거짓말을 했을지도 모르겠지만, 그 다음 만난 선생은 내 마음에는 들었다네. 그녀는 내 춤이 조금 구식이긴 하지만 기본은 제대로 되어 있으니 새로 몇 가지 스텝 정도 배우는 건 그리 어렵지 않을 거라고 확신시켜 주더군. 그녀에게는 별일 아니라는 듯이 말이지. 첫 번째 선생은 잘못을 지적해 내 의욕을 꺾어 놓았는데, 새로운 선생은 그와는 완전 정반대로 말해 주고 반응해 주는 사람이었어. 내가 잘한 건 칭찬하고 내가 실수한 건 가볍게 넘어가 주었지. '리듬 감각을 타고나셨네요.', '정말 타고난 춤꾼이시네요.' 그녀는 이렇게 이야기해 주더군. 나도 상식이 있으니 내가 4류 댄서이고, 앞으로도 그럴 것이라는 정도야 잘 알지. 하지만 내 마음 깊은 곳에서는 그녀의 말이 사실일 수도 있겠다고 생각하고 싶었다네. 분명한 건 무엇인지 알아? 내가 돈을 내니까 그녀가 그런 말을 한다는 건데, 그걸 들추어내 봐야 무슨 소용이 있겠는가? 어찌 되었든 내가 리듬 감각을 타고났다는 이야기를 듣기 전보다는 이제 춤을 더 잘 추게 된 것 같네. 그 이야기가 용기를 북돋워 주고 희망을 주었을 뿐만 아니라, 나로 하여금 스스로 더 열심히 분발하도록 만들었다네."

여러분이 자녀나 배우자나 종업원에게 '멍청하다, 무능하다, 재능이 없다, 엉망이다.'라고 말한다면, 그것은 그들이 부족한 부분을 극복하기 위해 노력하고자 하는 의욕을 완전히 꺾어 놓는 일이다. 하지만 그 반대의 방법을 사용한다면 이야기는 달라진다. 격려를 아끼지 말라. 쉽게 할 수 있는 일이라고 말해 주어라. 상대방은 그 일을 충분히 할 수 있고, 여러분이 그것을 믿고 있다는 것을 보여 주어라. 상대방이 자신에게 감추어진 재능이 있다는 것을 깨닫게 하라. 그렇다면 그는 밤낮을 가리지 않고 노력할 것이다.

로웰 토머스가 이용하는 방법도 바로 이것이다. 그는 인간관계의 대가다. 그는 상대방을 칭찬하면서 자신감을 심어 준다. 또한 상대방이 용기와 믿음을 가질 수 있도록 해 준다. 예를 들어 보자. 나는 최근 토머스 부부와 주말을 보낸 적이 있다. 그는 나에게 따뜻한 화롯가에 앉아 편하게 브리지 게임이나 즐기자고 청했다. 브리지 게임이라니. 내가? 나는 브리지 게임을 전혀 즐기지 않는다. 그 게임에 대해 아는 것이 하나도 없다. 그 게임은 나에게는 영원한 수수께끼다. 못 한다. 불가능하다.

그러자 로웰이 이렇게 말했다. "이보게, 카네기. 브리지 게임은 그리 어려운 것이 아니네. 기억력과 판단력만 잘 연결하면 할 수 있는 게임이야. 자네는 언젠가 기억력에 관한 책도 쓰지 않았나. 이 정도는 식은 죽 먹기일 거야. 자네 취향에 쏙 어울리는 게임이라네."

그리고 내가 지금 무엇을 하고 있는 것인지 미처 깨닫기도 전이었다. 그 순간 나는 생전 처음으로 브리지 게임을 하고 있었다. 그것은 순전히 내가 타고난 재능이 있다는 말을 듣기도 했거니와, 게임이 무척이나 만만해 보였기 때문이다.

브리지 게임에 대해 이야기하고 있으니 일리 컬버트슨이라는 사람이 생각난다. 컬버트슨이라는 이름은 브리지 게임을 하는 곳에서는 어디서나 나오는 이름이다. 그가 지은 브리지 게임에 대한 책은 수십 종류의 언어로 번역되었고, 수백만 권이 판매되는 기염을 토하기도 했다. 하지만 그가 나에게 털어놓은 바에 따르면, 한 젊은 여인이 자기에게 게임에 대한 재능이 있다고 확신시켜 주지 않았더라면, 자기는 결코 브리지 게임에 정통하지 못했을 것이라고 말했다.

그는 1922년 미국에 도착했다. 당시 그는 철학과 사회학을 가르칠 수 있는 자리를 찾아보았으나 찾을 수 없었다. 그래서 석탄 판매를 시작했는데 결과는 좋지 않았다. 커피 판매업에 도전했지만, 그 일에서도 역시 쓴맛을 보았다. 당시 그는 브리지 게임을 직업으로 삼는 것은 전혀 생각하지도 않고 있었다. 그는 카드놀이에 서툴렀을 뿐만 아니라, 고집도 보통 고집이 아니었다. 하나하나 물어보는 데다가 게임이 끝나고 나면 왜 그렇게 되었는지 분석하려 들었기 때문에 아무도 그와 게임하려고 하지 않았다.

그러다가 조세핀 딜론이라는 예쁜 브리지 게임 교사를 만나 사랑에 빠졌는데, 결국에는 결혼까지 이루었다. 그녀는 그가 카드 게임을 세세히 분석하는 것을 보고는 그가 카드 게임에 천부적인 잠재력을 가지고 있다는 것을 확신시켜 주었다. 그의 말에 따르면, 그 말 때문에, 오로지 그 말 하나 때문에 그는 브리지 게임을 직업으로 선택하게 되었다고 했다.

반감이나 반발을 사지 않으면서 다른 사람을 변화시키고 싶은가? 그 렇다면 다음 방법과 같이 해 보라!

사람을 변화시키는 방법 8

상대방을 격려해 주어라. 상대방이 고치기를 바라는 것이 있다면, 그것이 고치기 쉬운 것으로 보이도록 만들어라. 상대방이 하고자 하는 일은 하기 쉬운 것으로 보이게 만들어라.

Use encouragement. Make the fault you want to correct seem easy to correct; Make the thing you want the other person to do seem easy to do.

9

내가 원하는 것을 기꺼이 하도록 만들어라

Making People Glad to Do What You Want

1915년 무렵, 미국은 놀라움을 금치 못하고 있었다. 인류가 흘린 피의 역사를 통틀어 볼 때 전에는 꿈도 꾸지 못할 정도로 대규모의 학살이 이미 1년이 넘도록 유럽 국가들 사이에서 진행되고 있었다. 과연 평화는 찾아올 것인가? 그 어느 누구도 알 수 없었다. 하지만 우드로 윌슨은 평화를 위해 노력하겠다고 결심했다. 그는 자신을 대리하는 평화 사절단을 유럽에 파견해 전쟁 중인 각국 지도자들과 협의하고자 했다.

'평화의 대변자, 브라이언'으로 알려져 있던 열렬한 평화론자 윌리엄 제닝스 브라이언 국무장관이 그 역할을 수행하고 싶어 했다. 그는 그 시기 인류 평화에 기여하는 업적을 세움으로써 자신의 이름을 영원토록 남길 수 있는 절호의 기회라고 생각했다. 하지만 윌슨 대통령은 그가 아니라 자신의 가까운 친구인 하우스 대령을 지명했다. 하우스에게는 브라이언의 기분이 상하지 않도록 하면서 이 좋지 않은 소식을 전해야 하는 곤란한 임무가 떨어졌다. 이때의 일을 하우스 대령은 일기에 이렇게 적고 있다.

'내가 평화 사절단으로 유럽에 가게 되었다는 이야기를 들은 브라이언의 반응은 실망감이었다. 그는 자신이 그 일을 할 준비를 하고 있었다고 말했다. 나는 그에게 대통령은 누구든 이 일을 공식적으로 하는 것은 그리 바람직하지 않으며, 만일 그가 가게 된다면 너무 많은 관심이 쏠릴 것이고, 따라서 그가 왜 왔는지에 대해 사람들이 곱지 않은 시선으로 바라볼 것이라고 말해 주었다.'

여러분은 이 말이 무엇을 암시하는지를 알 수 있을 것이다. 하우스는 사실상 브라이언이 그 임무를 맡기에는 지나치게 중요한 인물이라는 이야기를 했던 것이다. 결국 브라이언은 만족했다.

현명하면서도 세상사에 대한 경험이 많은 하우스 대령은 인간관계의 중요 원칙 하나를 너무나 충실히 이행했다. '언제나 내가 제안하는 것을 상대방이 기꺼이 하게 만들어라.'

우드로 윌슨은 심지어 윌리엄 깁스 맥아두에게 자신의 내각에서 일을 해 달라고 요청할 때도 이 원칙을 지켰다. 각료가 되어 달라고 요청하는 것은 그가 누군가에게 줄 수 있는 최고의 영예였다. 하지만 윌슨은 그럴 때에도 상대방이 인정받고 있다고 2배나 더 많이 느끼게끔 했다. 맥아두 자신이 직접 꺼내 놓은 이야기를 한번 살펴보자. "윌슨 대통령은 자신이 내각을 구성하고 있는데, 내가 재무장관을 맡아 주기를 요청했다. 그러면서 재무장관직을 승낙해 주면 더할 나위 없이 기쁘겠다고 말했다. 그는 다른 사람이 듣기 좋게 말을 하는 재주를 가지고 있었다. 나로 하여금 그런 영광스러운 제안을 받으면서도 내가 호의를 베푸는 듯한 인상이 들게 만들었다."

하지만 불행하게도 윌슨은 항상 그런 방법을 사용하지는 않았다. 그가 항상 그런 방법을 사용했더라면 인류 역사는 지금과는 사뭇 달랐을지도 모른다. 예를 들면, 미국이 UN의 전신인 국제 연맹에 가입하려 했을 당시 윌슨은 상원과 공화당이 기쁘게 느낄 수 있도록 만들어 주지 않았다. 윌슨은 국제 연맹을 구성하기 위해 평화 회담을 하러 가면서 엘리후 루트나 휴스, 혹은 헨리 캐보트 로지 같은 쟁쟁한 공화당 의원들 가운데 한 사람을 데리고 가는 대신, 자기 당에서 이름 없는 의원들을 선발해 동행했다.

그는 공화당 사람들에게 매우 차갑게 대했다. 그럼으로써 그들이 대통령과 함께 연맹을 구상해냈다고 생각하면서 그 설립에 관여하려는 것을 차단했다. 이렇게 형편없는 방식으로 인간관계를 처리한 결과 윌슨은 결국 실각하게 되었고, 건강이 나빠지면서 수명도 매우 짧아지게 되었다. 그리고 미국이 연맹에 가입하지 않게 함으로써 세계 역사도 달라졌다.

더블데이 페이지라는 출판사가 있다. 이 유명한 출판사는 '언제나 내가 제안하는 것을 상대방이 기꺼이 하게 만들라.'라는 규칙을 매번 충실히 지켰다. 이 회사가 어찌나 이 규칙을 잘 사용했던지 오 헨리는 다른 출판사가 출판하겠다고 할 때보다 더블데이 페이지가 거절할 때 더 기분이 좋다고 말할 정도였다. 더블데이 페이지는 작품을 거절할 때도 그 가치를 잘 인정해 주면서도 아주 정중하게 거절했기 때문이다.

내가 아는 사람 중에 강연 요청이 많이 들어오지만, 시간이 없다 보니 강연 요청을 거절해야만 하는 사람이 있다. 그가 거절한 요청을 보면 친구들이 부탁한 것도 있고, 신세를 진 사람들이 부탁한 것도 있다. 하지만 그는 거절하더라도 상대방이 만족할 수 있게 만드는 재주가 있다. 어떻게 그럴 수 있을까? 너무 바쁘다거나 이런저런 사정이 있어서라고 이야기만 하는 방식은 아니다. 요청해 주신 것에 대한 감사의 뜻과 이를 받아들일 수 없는 자신의 상황에 대한 유감의 뜻을 표한 뒤 그는 자신을 대신할 만한 강연자를 추천한다. 다시 말해, 그는 절대로 상대방에게 거절당했다고 기분 나빠할 틈을 주지 않는다. 순식간에 상대방의 생각을 자기 대신 구할 수 있는 다른 강연자에게로 돌려놓는 것이다.

"제 친구 중에 〈브루클린 이글〉의 편집장으로 있는 클리블랜드 로저스가 있는데, 그 친구에게 강연을 부탁하는 것은 어떨까요? 아니면 가이 히콕에 대해서는 생각해 보셨나요? 그는 유럽 특파원으로 파리에서 15년간 근무한 경험이 있기 때문에 놀랄 만큼 화제가 풍부합니다. 아니면 인도에서 맹수 사냥에 관한 영화를 제작한 적이 있는 리빙스턴 롱펠로는 어떠신가요?"

뉴욕에서도 가장 큰 인쇄 회사인 J. A. 원트 오가니제이션을 경영하고 있는 J. A. 원트에게는 고민거리가 하나 있었다. 기계공 한 사람의 태도를 바로잡아 주는 것이었는데, 그러면서도 그가 반발하지 않도록 만드는 것이 문제였다. 그 기계공은 타자기를 비롯해 밤낮으로 쉴 새 없이 돌아가는 수십 대의 기계를 관리하는 일을 맡고 있었다. 그런데 그는 언제나 일이 너무 많다거나 일하는 시간이 너무 길다거나 조수를 붙여 달라고 하면서 불평을 터뜨리고 있었다.

J. A. 원트는 조수를 붙여 주지도 않고, 시간이나 작업량을 줄이지 않으면서도 그 기계공이 만족하도록 만들었다. 어떻게 했을까? 그는 기계공에게 개인 사무실을 내 주었다. 문에는 그의 이름이 적혀 있었는데 이름 옆에는 '서비스 파트 매니저'라는 직함이 붙어 있었다.

이제 그는 누구나 불러서 일을 시킬 수 있는 수리공이 아니었다. 서비스 파트의 매니저였다. 권위도 생겼고 인정도 받고 나니 자신이 중요한 존재가 된 듯한 느낌을 받았다. 그는 그 어떤 불평도 하지 않고 만족스럽게 일했다.

어쩌면 여러분은 이것이 유치하다고 생각할지도 모르겠다. 나폴레옹이 레지옹 도뇌르 훈장을 만들어 1,500명의 군인들에게 수여하고 18명의 장군에게 '프랑스 대원수'라는 직위를 하사하며, 자신의 군대는 '대육군'이라고 불렀을 때도 사람들은 유치하다고 말했다. 역전의 용사들에게 어떻게 유치하게 '장난감'이나 줄 수 있느냐는 비판의 물결이 일자 나폴레옹은 이렇게 대답했다. "장난감으로 지배당하는 것이 인간이다."

이와 같이 직위와 권위를 부여하는 방식은 나폴레옹에게 유용한 수단이 되어 주었다. 그리고 이런 방식은 여러분에게도 유용한 수단이 되어 줄 것이다. 예를 들면, 이미 여러분에게 소개한 바 있는 뉴욕 스카스데일에 사는 내 친구 젠트 부인의 경우에도 이런 방식은 유용한 수단이 되었다. 그녀는 한때 아이들이 잔디밭으로 마구 뛰어다니며 잔디를 망가뜨려서 골머리를 앓은 적이 있었다. 야단도 쳐 보고 달래 보기도 했지만 아무 소용이 없었다.

그래서 그다음 번에는 그 아이들 중에 대장 노릇을 하는 꼬마에게 권위가 생겼다고 느낄 수 있게 하는 방법을 써 보기로 했다. 그녀는 꼬마에게 '탐정'이라는 칭호를 주면서 아이들이 잔디밭에 들어가지 못하게 하는 일을 맡겼다. 그러자 문제는 깨끗이 해결되었다. 그 '탐정'이 뒤뜰에 모닥불을 피워 쇠꼬챙이를 빨갛게 달구고는 어떤 녀석이든 잔디밭에 들어가기만 하면 뜨거운 맛을 보여 주겠다고 겁을 주었던 것이다.

이것이 바로 인간의 본성이다.

반감이나 반발을 사지 않으면서 다른 사람을 변화시키고 싶은가? 그렇다면 다음 방법과 같이 해 보라!

사람을 변화시키는 방법 9

당신이 제안한 것을 상대방이 기꺼이 할 수 있도록 해라.
Make the other person happy about doing the thing you suggest.

사람을 변화시키는 9가지 방법

★★★★★★★★

1 칭찬과 정직한 감사의 말로 시작하라.

2 상대방의 잘못을 간접적으로 지적하라.

3 상대방을 비판하기 전에 자신의 실수를 먼저 말하라.

4 직접 명령하는 대신 질문하라.

5 상대방의 체면을 세워 주어라.

6 사소한 개선이라도 칭찬하고, 모든 진전을 칭찬하라.
   "진심을 다해 인정하고 칭찬을 아끼지 말라."

7 상대방에게 훌륭한 평판을 주어라.

8 상대방을 격려해 주어라. 상대방이 고치기를 바라는 것이 있
   다면, 그것이 고치기 쉬운 것으로 보이도록 만들어라. 상대방
   이 하고자 하는 일은 하기 쉬운 것으로 보이게 만들어라.

9 당신이 제안한 것을 상대방이 기꺼이 할 수 있도록 해라.

PART 5

기적을 불러일으킨
편지들

Letters That Produced Miraculous Results

사람들은 누구나 칭찬과 인정을 갈망하고,
그것을 얻기 위해서라면 무엇이든 하려고 한다는 점을
명심해라.
Remember, we all crave appreciation and recognition, and
will do almost anything to get it.

기적을 불러일으킨 편지들

Letters That Produced Miraculous Results

나는 여러분이 어떻게 생각하는지 너무 잘 알고 있다. 아마 여러분은 속으로 이렇게 생각하고 있을 것이다. '기적을 불러일으킨 편지들이라니. 웃기는군. 꼭 만병통치약 광고 같아.'

그렇게 생각해도 좋다. 여러분을 탓하지는 않겠다. 15년 전이었다면 나라도 이런 책을 보고 그렇게 생각했을 것이기 때문이다. 사람을 너무 믿지 못하는 것 같은가? 나는 쉽사리 믿지 않는 사람들을 좋아한다. 나는 스무 살까지 미주리주에서 컸다. 미주리주의 별명은 'Show Me State'이다. 그래서 나 또한 꼭 보여 주어야 직성이 풀리는 사람들을 좋아한다. 만약 인류의 사상이 조금이라도 진보했다면, 그것은 예수의 부활을 보고도 만져보지 않고는 믿으려 하지 않았던 사도 도마와 같은, 즉 의심하고 도전하고 '나에게 보여 달라'고 외치던 사람들에 의해 이루어졌다.

정직하게 이야기해 보자. '기적을 불러일으킨 편지들'이라는 제목이 정확한 것일까? 아니다. 솔직히 말해 그 제목은 정확하지 않다.

그 제목은 사실을 의도적으로 완곡하게 표현한 것이다. 여기에 나오는 몇몇 편지는 기적의 2배라고 평가해야 할 정도의 어마어마한 결과를 거두었다. 이런 평가를 내린 사람은 미국에서 가장 유명한 판촉 전문가인 켄 R. 다이크다. 예전에 존스 맨빌의 판촉 담당 매니저였던 그는 지금은 콜게이트 팜올리브 피트 컴퍼니의 홍보 매니저이면서 전미 광고주협회 이사장직을 맡고 있다.

다이크는 판매업자에 대한 정보 조사 차원에서 편지를 보내면 회신율이 5~8%를 넘는 법이 거의 없다고 했다. 15%가 응답하면 정말 대단한 것이고, 20%가 응답하는 것은 거의 기적으로 보아도 무방하다고 이야기했다.

하지만 이 책에 실린 다이크의 편지에 대해서는 42.5%가 응답했다고 한다. 다른 식으로 말하면 그 편지는 기적의 2배에 해당하는 결과를 거둔 셈이다. 웃어넘길 만한 결과가 아니다. 더군다나 이 편지는 예외적인 일이었거나, 어쩌다 재수가 좋아서 생겼다거나, 우연히 생긴 일이 결코 아니었다. 다른 수십 통의 편지에서도 결과는 비슷했다.

그는 어떻게 이런 결과를 만들어 낼 수 있었을까? 다이크가 무엇이라고 이야기하는지 들어 보자. "편지의 효율이 이렇게 놀랍게 증가한 것은 내가 '효과적인 화술과 인간관계'라는 카네기 강좌에 참가한 직후에야 일어난 일입니다. 나는 강좌에 참가하고서 내가 그동안 사용하던 접근 방식이 옳지 않다는 것을 깨달았습니다. 그래서 이 책에서 가르치고 있는 원칙들을 실전에 적용해 보기로 마음먹었습니다. 그랬더니 정보를 요청하는 내 편지의 효율이 적게는 5배에서 많게는 8배까지 올라갔습니다."

아래에 그 편지가 있다. 편지는 상대방에게 약간의 부탁을 함으로써 상대방을 기쁘게 만들고 있다. 왜냐하면 그 부탁이 상대방으로 하여금 자신이 인정받고 있다는 느낌을 가지게 하는 부탁이기 때문이다.

괄호 안에는 편지에 대한 내 소감을 적어 보았다.

존 블랭크 귀하

귀사의 일이 번창하기를 기원합니다.

이렇게 편지를 드린 건 귀사의 도움이 없이는 해결하기 힘든 어려움이
있어 도움을 청하기 위해서입니다.

(상황을 정리해 보자. 애리조나주에 있는 목재 딜러가 존스 맨빌의 임원
으로부터 이런 편지를 받았다고 생각해 보자. 그런데 편지 서두에 뉴욕의
이 유명한 임원이 상대방에게 어려움을 해결하기 위해 도와달라고 한다.
애리조나주의 딜러는 이렇게 생각할 것이다. '뉴욕에 있는 이 친구가 무언
가 도움이 필요하다면 사람을 제대로 찾아왔군. 나는 언제나 너그럽게 사
람들을 도와주려고 했으니 말이야. 자, 어디 무슨 문제인지 한번 살펴볼
까?')

지난 해 저는 지붕 재처리재의 판매를 높이기 위해 딜러들이 본사에 가
장 절실히 바라는 것은 연중 끊임없이 DM을 발송하는 것이며, 그 비용은
본사가 부담해야 한다는 점을 회사 측에 설득시키는 데 성공했습니다.

(애리조나주의 딜러는 아마 이렇게 생각할 것이다. '당연히 당신네가 부
담해야지. 이익의 대부분을 당신네가 가져가니 말이야. 나는 임대료 내기
도 버거운 상황인데 당신네는 수백만 달러를 벌잖아. 근데 이 친구 도대체
뭐가 문제라는 거야?')

최근 저는 DM 계획에 참여했던 1,600명의 딜러들에게 설문지를 발송
했고, 수백 통의 답변을 받았습니다. 보내 주신 답변은 유용하게 사용할 것

이며, 기꺼이 협조해 주신 딜러 여러분들께 감사의 말씀을 드립니다.

이런 결과에 힘입어 딜러 여러분에게 더 큰 도움이 될 새로운 DM 계획을 준비했습니다.

하지만 오늘 아침 전년도 계획 시행 결과를 보고하는 회의에서 대표 이사로부터 실제로 매출과 연결되는 비율이 얼마나 되는가라는 질문을 받았습니다. 대표 이사라면 누구든 물을 만한 질문이었습니다. 여기에 답하기 위해서 딜러 여러분께 도움을 청할 수밖에 없는 상황입니다.

(이런 표현은 괜찮은 표현이다. "여기에 답하기 위해서 딜러 여러분께 도움을 청할 수밖에 없는 상황입니다." 뉴욕의 거물이 속내를 털어놓고 있다. 이 말은 그가 솔직하고도 진지하게 애리조나주에 있는 존스 맨빌의 거래 상대를 인정하고 있다는 뜻이 된다. 그리고 다이크가 자기 회사가 얼마나 큰 회사인지 이야기하는 데 시간을 허투루 낭비하고 있지 않고 있다는 점에 주목해야 한다. 오히려 그는 자신이 상대방에게 얼마나 의지하고 있는지를 솔직하고 부드럽게 이야기하고 있다.

다이크는 상대방의 도움 없이는 회사 대표에게 올리는 보고서도 작성하지 못한다는 점을 솔직하게 인정하고 있다. 애리조나주에 있는 딜러도 인간인지라 이런 식의 어투를 좋아할 수밖에 없다.)

도움을 요청하는 부분은 다음과 같습니다. (1) 지난해 발송된 DM이 어느 정도나 실제로 지붕 작업이나 지붕 재처리 작업으로 연결되었는지, (2) 작업에 투여한 비용 기준으로 매출액이 얼마나 되는지, 가능하면 센트까지 정확하게 계산하셔서 동봉한 엽서에 적어 보내 주시면 감사하겠습니다.

보내 주신 정보는 유용하게 사용할 것이며, 친절하게 도움을 주신 점에 미리 감사드리는 바입니다.

판촉 담당 매니저

켄 다이크 올림

(마지막 문단에서 그가 얼마나 '나'는 낮추면서 '상대방'은 높이고 있는지 주목해 보기 바란다. 그가 '유용하게', '친절하게', '감사' 등의 말을 얼마나 잘 사용하는지에 대해서도 주목하기 바란다.)

함께 읽어 보았듯 매우 단순한 편지에 불과하다. 하지만 이 편지는 상대방에게 약간의 부탁을 하고, 그 부탁을 들어주는 상대방에게 인정받고 있다는 느낌을 가지게 함으로써 소위 '기적'을 만들어 냈다.

이런 심리는 여러분이 석면으로 된 지붕 재료를 팔고 있든, 멋진 차를 타고 유럽을 여행하고 있든 어느 경우라 하더라도 똑같이 적용할 수 있다.

예를 들어 보자. 나는 내 동향 출신 작가 호머 크로이와 프랑스 내륙 지방을 자동차로 여행하다가 길을 잃은 적이 있었다. 그래서 구식 T형 포드를 길가에 세우고 근처 농부들에게 어디로 가야 가까운 읍내로 갈 수 있는지를 물어보았다.

그러자 깜짝 놀랄 만한 반응이 왔다. 나무로 만든 신발을 신고 있던 그 농부들은 미국 사람이면 누구나 부자인 줄 알았던 모양이다. 그리고 그 지역에서는 자동차를 보는 것도 정말로 드문 일이었다. 자동차를 타고 프랑스 여행을 하는 미국인들이라니! 아마 백만장자로 보일 수밖에 없었을 것이다. 어쩌면 헨리 포드의 사촌 정도 되는 사람들일 것이라고 오해했을지도 모르겠다.

그런데 그런 우리가 모르는 것을 그들은 알고 있었다. 우리가 그들보다 돈이 많을지는 모른다. 하지만 가까운 읍내로 가는 길을 찾기 위해서는 공손하게 그들에게 물어보아야 했던 것이다. 그것으로 그들은 자신들이 무척 가치 있고 의미 있는 존재가 된 듯한 느낌이 들었다. 그들은 모두가 한꺼번에 입을 열어 말하기 시작했다. 이런 드문 기회를 놓칠지도 모른다고 생각한 한 사람이 얼른 나서서 다른 모든 사람의 입을 다물게 했다. 길을 가르쳐 주는 뿌듯함을 혼자서 독점하고 싶었던 것이다.

여러분도 한번 해 보기 바란다. 낯선 도시에 가게 되면 경제적인 면이나 사회적인 지위 면에서 여러분보다 낮은 사람을 붙잡고 이렇게 물어보라. "조금 곤란한 상황인데, 도와주실 수 있으신가요? 이러저러한 곳에 가려면 어떻게 해야 하는지 가르쳐 주실 수 있으실까요?"

벤저민 프랭클린 역시 이런 방법을 써서 자신을 신랄하게 비판하던 적을 평생의 친구로 만들었다. 젊은 시절 프랭클린은 자신의 모든 저축액을 조그만 인쇄 회사에 투자해 놓고 있었다. 때마침 그는 필라델피아 의회에 선출직 직원으로 들어갈 수 있었는데, 모든 공문서 인쇄를 관장하는 자리였다. 이 일은 수입도 무척 좋은 자리여서 그는 그 자리를 유지하고자 했다. 하지만 위기가 닥쳐왔다. 돈 많은 거물급 의원 한 명이 그를 무척 싫어했던 것이다. 단지 싫어할 뿐만 아니라 공공연하게 비난하고 다녔다.

위험해도 아주 위험한 상황이었다. 그래서 프랭클린은 그 의원이 자기를 좋아하게 만들어야겠다고 마음먹었다. 하지만 어떻게 할 것인가? 문제는 그것에 있었다. 적에게 호의를 베풀어서 될 것인가? 물론 그렇지 않았다. 그건 상대방의 의심을 살 뿐만 아니라, 상대방이 비웃을지도 모를 일이었다.

그런 초보적인 함정에 빠지기에는 프랭클린은 훨씬 현명하고 노련한 사람이었다. 그는 그와는 정반대로 행동했다. 적에게 호의를 베풀어 달라고 요청했던 것이다.

프랭클린은 돈을 좀 빌려 달라고 부탁하지 않았다. 그런 종류의 부탁은 절대 통하지 않는다는 것을 그는 너무나 잘 알고 있었다. 그는 상대방을 기쁘게 하는 부탁, 상대방의 허영심을 채워 주는 부탁, 상대방의 존재를 인정하는 부탁, 자신이 상대방의 지식과 업적을 존경하고 있음을 은연중에 드러내는 그런 부탁을 했다.

나머지 이야기는 프랭클린 본인을 통해 직접 들어 보자.

그의 장서 중에 대단히 진귀한 책이 있다는 이야기를 들었다. 그래서 나는 그에게 편지를 써서 그 책을 꼭 한번 보고 싶으니 며칠만 빌려줄 수 없느냐고 부탁했다. 그는 즉시 책을 보내 왔다. 나는 그 책을 일주일 정도 가지고 있다가 그의 호의에 정말 감사한다는 말과 함께 돌려보냈다. 의회에서 그를 다시 만났을 때 그는 대단히 정중하게 말을 건넸다(이전에는 그가 나에게 말을 건넨 적이 단 한 번도 없었다).

그리고 그 이후로 그는 내 부탁은 언제든 기꺼이 들어주었다. 그렇게 해서 우리는 너무나 가까운 친구가 되었고, 우리의 우정은 그가 죽을 때까지 지속되었다.

프랭클린이 사망한 지 이제 150년도 넘게 지났다. 하지만 상대방에게 호의를 요청함으로써 상대방의 마음을 사로잡던 그의 방법은 수많은 세월이 지난 지금까지도 계속 유용하게 사용되고 있다.

예를 들면, 내 강좌의 수강생인 앨버트 B. 암젤은 이런 방법을 사용해서 매우 크게 성공했다. 배관 및 난방 장치를 판매하는 암젤은 브루클린에 있는 한 배관업자를 고객으로 잡으려고 무척 애쓰고 있었다. 배관업자는 사업 규모도 무척 컸고, 신용도도 매우 좋았다. 하지만 암젤의 시도는 처음부터 난관에 걸려 넘어졌다. 배관업자는 거칠고 심술궂은 것을 자랑으로 삼는, 대하기 쉽지 않은 사람이었다. 암젤이 그의 사무실에 들어설 때마다 그는 입 한쪽에 시가를 물고 책상 뒤에 앉은 채로 그에게 이렇게 소리쳤다. "오늘은 아무것도 안 사. 서로 시간 낭비하지 말자고.

자, 어서 나가!"

그러던 어느 날 암젤은 새로운 방법을 시도해 보았다. 그 결과 거래를 시작하게 되었고, 친구 사이가 되면서 새로운 주문도 많이 받게 되었다.

암젤이 다니던 회사는 롱아일랜드의 퀸스 빌리지에 대리점을 새로 내려고 사무실 임대 관련 협상을 진행 중이었다. 그 지역에 대해서는 배관업자가 잘 알고 있고 또 사업도 많이 이루어지는 곳이었다. 그래서 그의 사무실을 다시 찾아갔을 때 암젤은 이렇게 말했다. "사장님, 오늘은 무엇을 팔려고 온 게 아닙니다. 괜찮으시면 부탁 하나만 드릴까 해서 들렀습니다. 시간을 약간 내주실 수 있겠습니까?"

그러자 배관업자가 시가를 옮겨 물며 대답했다. "그럽시다. 무슨 일이요? 얼른 말해 보시오."

그래서 암젤은 이렇게 말했다. "저희 회사가 이번에 퀸스 빌리지에 새로 대리점을 열 계획인데, 그 지역은 사장님께서 누구보다도 잘 아시는 지역 아닙니까? 그래서 어떻게 생각하시는지 의견을 구하러 왔습니다. 이 지역으로 오는 게 잘하는 일일까요?"

이것은 새로운 상황이었다. 몇 년 동안이나 이 배관업자는 세일즈맨을 쫓아내고 어서 나가라고 소리치는 데서 자신의 존재감을 느껴 왔었다. 그런데 이번에는 세일즈맨이 조언을 요청하고 있는 것이다. 그것도 중요한 문제를 위해 자신에게 묻는 세일즈맨이라니.

"여기 앉으시게." 그는 의자를 잡아당겼다. 그리고 그로부터 한 시간 동안 그는 퀸스 빌리지의 배관업 시장에 관한 세세한 장단점에 대해 설명해 주었다. 그는 대리점을 여는 문제에 대해서도 동의해 주었을 뿐만 아니라 상품 구매에서부터 재고를 정리하는 방법, 사업을 개시할 때의 주의점 등 모든 과정에 관한 행동 방침에 대해 자신이 아는 정보를 모두 꺼내 조언해 주었다.

그는 배관 자재를 도매로 공급하는 회사를 상대로 어떻게 장사해야 하는지 일러 주면서 자신이 인정받는 존재가 된 느낌을 가졌던 것이다. 그러면서 그는 개인적 영역으로까지 화제를 넓혀 이야기를 계속했다. 이렇게 점점 친해지더니 그는 결국 암젤에게 자신의 내밀한 집안 문제와 부부 사이의 다툼에 대해서까지 말하게 되었다.

"그날 저녁, 저는 장비에 대한 첫 주문서를 주머니에 넣고서 그 사무실에서 나왔을 뿐만 아니라, 아주 단단한 사업상의 우정에 대한 초석도 쌓아 놓은 상태였습니다. 전에는 소리를 지르며 나를 내쫓던 그 친구와 이제는 골프도 같이 치러 다니는 가까운 사이가 되었습니다. 그 친구가 이렇게 변한 이유요? 그건 내가 그 친구에게 자신이 인정받고 있다는 느낌이 들게 하는 그런 부탁을 했기 때문이었습니다."

다이크의 편지를 한 통 더 살펴보자. 그 편지를 통해 그가 얼마나 '부탁 하나만 들어주세요.'라는 심리 활용법을 효과적으로 사용하는지 주목해 보자.

몇 년 전 다이크는 사업가, 계약자, 건축업자들에게 편지를 보내 정보를 달라고 요청해도 회신을 받기가 너무나 힘들어서 무척 난감해하고 있었다.

당시 그가 건축업자나 엔지니어에게 편지를 보내면 회신 받는 경우는 1%를 넘는 경우가 거의 없었다. 2%면 우수한 편이었고, 3%면 대단히 뛰어난 경우였다. 그럼 10%라면? 가히 기적이라고 할 만한 상황이었다.

하지만 이제 소개하려는 편지에는 무려 50%가 회신해 왔다. 무려 5배라는 기적적인 결과다. 그리고 그것도 간단한 대답들이 아니었다. 2~3페이지에 걸친 장문의 편지들이었고, 우호적인 조언과 협력의 의사가 가득 담겨 있는 편지들이었다.

자, 여기에 편지가 있다. 여러분은 그 안의 심리 활용이라든가, 어떤 곳은 구절에 이르기까지 앞에 소개된 편지와 똑같다는 것을 보게 될 것이다.

편지를 읽으면서 행간에 담겨 있는 의미를 파악하고 편지를 받은 사람의 심정이 어떠했을지 한번 생각해 보기 바란다. 이 편지가 왜 기적의 5배나 되는 결과를 거둘 수 있었는지 말이다.

친애하는 아무개 씨,

이렇게 편지를 드린 건 저희에게 귀사의 도움 없이는 풀기 힘든 어려움이 있어 귀사의 도움을 청하고자입니다.

1년 전쯤 저는 카탈로그를 제공해야 한다고 회사를 설득했습니다. 왜냐하면 건축 회사들이 저희 회사에 가장 바라는 것은 건물을 수리하거나 리모델링하는 데 사용되는 모든 건축 자재와 부품을 볼 수 있는 카탈로그였기 때문입니다.

첨부해 드리는 자료는 그 결과로 나온 카탈로그이며, 이런 종류로는 처음인 것으로 알고 있습니다.

하지만 이제 재고가 거의 떨어지는 중이어서 이런 사실을 대표 이사에게 보고했습니다. 그랬더니 대표 이사는 카탈로그가 원래 기획 의도대로 제 역할을 다했다는 충분한 증거를 제시하면 다시 새로 제작에 들어가도 괜찮다는 말을 했습니다. 어떤 대표 이사든 이런 질문을 하겠지만요.

그리하여 어쩔 수 없이 여러분에게 도움을 요청할 수밖에 없는 상황이 되었습니다. 그리하여, 결례를 무릅쓰고 전국 각처에 있는 49개 업체 여러분에게 배심원이 되어 달라는 요청을 드리는 바입니다.

바쁘실 테니, 수고를 덜어 드리기 위해 이 편지 뒤에 간단한 질문을 첨부했습니다. 답을 표시해 주시고, 혹시 하시고자 하는 말씀이 있으면 덧붙여 적으신 다음, 동봉하는 회신용 봉투에 넣어 보내 주시면 참으로 감사하겠습니다.

반드시 하셔야 할 일이 아니라는 사실은 말씀드리지 않아도 알고 계시리라 생각합니다. 다만 카탈로그가 여기에서 중지되어야 할지, 아니면 여러분의 경험과 조언을 바탕으로 다시 제작해야 할지 여러분의 의견에 따라 결정하고자 합니다.

어떤 경우이든 여러분의 협력에 제가 진심 어린 감사의 뜻을 가지고 있다는 점을 잊지 말아 주시기 바랍니다. 다시 한번 감사드리며, 이만 줄이겠습니다.

판촉 담당 매니저

켄 R. 다이크 드림

자, 다시 한번 당부의 말을 해야겠다. 이 편지를 읽고 여기에 사용된 심리 활용법을 기계적으로 베끼려고 하는 사람들도 있을 것이라는 것을 나는 잘 알고 있다. 그들은 진실하고 사실적인 칭찬을 하지 않는다. 그들은 아첨과 사탕발림으로 상대방의 자부심에 헛된 바람을 넣으려고 한다. 하지만 그런 방법은 절대로 통하지 않는다.

사람들은 누구나 칭찬과 인정을 갈망한다. 또 그것을 얻기 위해서라면 무엇이든 하려고 한다는 점을 명심해야 한다. 하지만 누구도 사탕발림은 원하지 않는다. 아첨도 마찬가지다.

다시 한번 말하지만 이 책에서 가르치는 원칙들은 여러분의 가슴속에서 우러나올 때에만 효과가 있다. 나는 잔재주를 알려 주려고 이 책을 쓰는 것이 아니다. 나는 새로운 방식의 삶에 대해 말하고 있다.

PART **6**

행복한 가정을 만드는
7가지 방법

Seven Rules For Making Your Home Life Happier

내 하루하루가 고통스러운 건 사랑이 가고 있기
때문이 아니라 사랑이 사소한 일로 가 버렸기 때문이다.
'Tis not love's going hurts my days, But that it went in little ways.

1

결혼 생활의 무덤을 파는 방법

How to Dig Your Marital Grave in the Quickest Possible Way

지금으로부터 75년 전, 나폴레옹 보나파르트의 조카인 나폴레옹 3세는 테바의 백작이자 세상에서 가장 아름다운 여인 마리 유지니를 사랑하게 되었고, 두 사람은 결혼했다. 황제 주변 사람들은 그녀가 스페인의 이름 없는 백작의 딸일 뿐이라는 점을 지적했는데, 이에 대해 나폴레옹은 이렇게 대꾸했다. "그래서 어떻다는 말인가?" 그녀가 보여 주는 위엄, 젊음, 매력, 아름다움이 그에게 참된 행복을 맛보게 해 주었다. 황제의 자리에서 행한 연설을 통해 그는 모든 사람의 반대를 물리쳤다. 그는 이렇게 선언했다. "나는 내가 사랑하고 존경하는 여인을 선택했노라."

행복과 부, 권력, 명예, 미모, 사랑, 존경 등 나폴레옹 3세 부부는 완벽한 사랑 이야기를 만드는 데 필요한 모든 요소를 갖추고 있었다. 결혼이 만들어 내는 신성한 불빛이 이처럼 환하게 비친 적은 지금껏 단 한 번도 없었다. 하지만 오래 지나지 않아 이 신성한 불빛은 이리저리 흔들렸다. 타오르던 불꽃도 차가워지더니 이내 재가 되어 모습을 감추고 말았다. 나폴레옹 3세는 유지니를 황후로 만들 수도 있었다. 그러나 프랑스 황제가 가진 어떤 능력으로도, 황제가 보여 주는 사랑도, 황제의 권좌에서 나오는 권능으로도 막을 수 없는 것이 있었다. 바로 그녀의 잔소리였다.

유지니는 질투에 눈이 멀고 의심에서 헤어 나오지 못했다. 그래서 황제의 명령도 가볍게 여기고, 황제가 혼자 있고 싶다고 해도 그 말을 무시하기 일쑤였다. 그녀는 국정을 논하는 공식 석상에도 마음대로 들어가기도 했다. 황제의 가장 중요한 회의를 훼방 놓기도 했다. 황제가 혼자 있겠다고 해도 다른 여자와 놀아날 것을 두려워한 나머지 절대로 혼자 두는 법이 없었다. 언니에게 달려가서 남편을 험담하고, 불평하고, 울고불고 난리를 치는 일도 비일비재했다. 황제의 서재로 밀고 들어가서는 온갖 잔소리와 욕설을 퍼부어 댔다. 호화스러운 궁전을 수도 없이 가지고 있던 나폴레옹 3세였지만, 그가 마음 놓고 쉴 수 있는 곳은 그 넓은 궁전에서 한 군데도 없었다.

유지니는 이 모든 행동으로 과연 무엇을 얻은 것일까?

자, 여기에 답이 있다. E. A. 라인하르트의 명저 『나폴레옹과 유지니: 제국의 희비극』에서 인용해 보겠다. "그리하여 나폴레옹은 밤이면 자주 부드러운 모자를 깊숙이 눌러 써 얼굴을 가리고 작은 문을 통해 궁전을 몰래 빠져나왔다. 그러고는 때때로 가까운 친구와 둘이서만 자신을 기다리고 있는 여인에게로 실제로 가기도 하고, 때로는 예전 모습 그대로의 큰 도시 이곳저곳을 걷다가 동화 속에서나 나올 듯한 거리를 지나가며, 유지니가 잔소리를 하지 않았더라면 얼마나 좋았을까 하며 상념에 빠지곤 했다."

유지니의 잔소리가 가져온 결과는 바로 이런 것이었다. 그녀가 프랑스의 권좌에 앉았던 것은 명백한 사실이다. 그녀가 세상에서 가장 아름다운 여인이었던 것도 부인할 수 없는 사실이다. 하지만 권세나 아름다움도 잔소리라는 치명적 결함 앞에서는 사랑이 시들어 버리게 했다. 유지니는 오래전 욥이 했던 것처럼 소리 높여 울부짖을 수도 있었을 것이다. "내가 심히 두려워하던 것이 나에게 닥쳤노라." 그녀에게 닥쳐 온 것일까? 그 가련한 여인은 질투와 잔소리를 통해 그런 결과를 초래했다.

잔소리, 그것은 사랑을 깨뜨리기 위해 지옥의 모든 악마가 만들어 낸 수단 중에서 가장 확실하며 가장 악독한 것이다. 잔소리는 절대로 실패하는 경우가 없다. 마치 맹독을 지닌 뱀에게 물린 것처럼 그것은 언제나 파괴하고, 언제나 소멸시킨다.

톨스토이의 부인은 너무 늦게야 그 사실을 깨달았다. 그녀는 죽기 전 딸들에게 이렇게 고백했다. "너희 아버지를 죽게 한 주범은 바로 나란다." 딸들은 아무 대답도 하지 않고, 하염없이 울기만 했다. 그들은 어머니의 말이 사실임을 알고 있었다. 어머니가 끊임없이 불평하고, 끊임없이 비난하고, 끊임없이 잔소리하는 바람에 아버지가 돌아가셨다는 것을 그들은 너무나 잘 알고 있었다.

하지만 톨스토이 부부야말로 그 누구보다도 행복할 수밖에 없던 사람들이었다. 톨스토이는 인류 역사상 최고의 소설가라 부를 만했다. 그의 걸작 『전쟁과 평화』와 『안나 카레니나』는 인류가 가진 문학적 보고(寶庫) 중에서도 손에 꼽힐 정도였다.

톨스토이는 어찌나 유명했던지 추종자들이 밤낮으로 그를 따라다니면서 그가 말하는 한마디 한마디를 속기로 받아 적을 정도였다. 심지어는 "이제 자러 가야 할 것 같군."이라고 이야기해도 사람들은 그것을 받아 적었다. 러시아 정부도 그가 쓴 모든 문장을 인쇄할 정도였다. 그의 글을 엮은 책만 해도 100권은 족히 넘을 것이다.

명예만 가지고 있는 것이 아니었다. 톨스토이 부부는 부와 사회적 지위, 많은 자녀를 가지고 있었다. 이렇게까지 축복받은 부부도 찾을 수 없었다. 처음에는 그들의 행복이 너무 완벽하고, 너무 강렬한 것처럼 느껴졌다. 그래서 두 사람은 무릎을 꿇고 자신들의 지고한 행복이 깨지지 않게 해 달라고 하느님께 기도를 올릴 정도였다.

그러다가 놀라운 일이 일어났다. 톨스토이가 조금씩 변한 것이다. 그는 완전히 다른 사람이 되었다. 자신이 쓴 걸작들에 대해서 부끄러워했을 뿐만 아니라, 그 후로는 평화를 설파하는 전단지를 쓰는 일과 전쟁과 굶주림을 물리치는 일에 남은 생애를 바쳤다.

언젠가 자신이 젊었을 때, 생각할 수 있는 모든 종류의 죄를 고백했던 사람, 심지어 살인까지도 저질렀노라고 고백했던 이 사람이 이제는 글자 그대로 예수의 가르침을 따르려고 노력했다. 그는 자신이 소유한 땅을 모두 나누어 주고 빈자의 삶을 살았다. 그는 들판에 나가 나무를 베고 건초 더미를 쌓는 일을 했다. 신발을 직접 만들어 신고, 자신의 방을 직접 치우고, 나무 소재의 식기를 사용하며, 원수까지도 사랑하려고 애썼다.

톨스토이의 삶은 비극이었다. 그리고 그 비극의 원인은 결혼에 있었다. 그의 아내는 사치를 좋아한 반면 그는 사치를 경멸했다. 그녀는 명성과 사회적 갈채를 좋아한 반면 그에게 이런 하찮은 것들은 절대로 유의미한 것이 될 수 없었다. 그녀는 돈과 재산을 원한 반면 그는 부와 사적 소유는 죄라고 믿었다.

그가 자신의 책에 대한 판권을 아무런 대가 없이 포기하겠다고 고집하자, 몇 년 동안 그녀는 잔소리하고 야단치고 이를 바득바득 갈았다. 그녀는 그 책들이 벌어 주는 돈을 원했다.

그가 말을 듣지 않으면 그녀는 히스테리에 빠져서 입에 아편 병을 물고 마룻바닥을 떼굴떼굴 구르며 죽어 버리겠다, 우물에 뛰어들겠다고 톨스토이를 협박했다.

그들의 삶이 모두 다 이러했던 것만은 아니다. 다음과 같은 장면도 있었다. 이 장면이야말로 역사상 가장 슬픈 장면 가운데 하나가 아닐까 생각한다. 이미 말한 것처럼 결혼 초기에 그들은 너무나 행복한 순간을 수없이 맞이했다. 하지만 48년이 지난 시점이 되자 그는 아내를 쳐다보는 것마저 끔찍한 것으로 생각하게 되었다. 저녁이면 종종 상심한 아내는 애정에 굶주려서 그의 발치에 무릎을 꿇고 앉아 50년 전 그가 자신에 대한 사랑을 멋지게 노래한 일기 한 구절을 소리 내어 읽어 달라고 부탁하곤 했다. 그러면 톨스토이는 이제는 사라져 버리고 남아 있지 않은 그 아름답고 행복했던 시절에 대해 읊곤 했다. 그러다가 부부는 모두 울음을 터뜨렸다. 오래전 그들이 꿈꾸던 아름다운 사랑과 현실의 삶은 달라도 너무 많이 달랐던 것이다.

마침내 82세가 되었을 때, 톨스토이는 자기 가정의 불행을 더 이상 견딜 수 없어 아내로부터 도망쳤다. 1910년 10월 어느 눈 내리는 밤에 일어난 일이었다. 그는 자신이 어디로 가는지도 모른 채 차가운 어둠 속으로 끝없이 내달렸다.

11일 후 그는 기차 정거장에서 폐렴으로 죽은 채 발견되었다. 그런데 자신이 있는 곳에 아내가 나타나서는 안 된다는 것, 그것이 그가 남긴 마지막 유언이었다. 톨스토이 부인이 잔소리하고 불평하고 히스테리를 부린 결과는 다소 참담했다.

잔소리할 만하니까 했을 것이라고 생각하는 독자들도 분명 있을 것이다. 좋다. 그렇다고 하자. 하지만 지금 골자는 거기에 있는 것이 아니다. 문제는 잔소리를 해서 문제가 해결되었느냐, 아니면 문제가 극단적으로 악화되었느냐를 살펴보는 것이다.

'내가 제정신이 아니었다는 생각이 너무 많이 드는구나.' 이것이 톨스토이 부인의 생각이었다. 하지만 이미 늦은 후회였다.

에이브러햄 링컨의 생애를 대단한 비극으로 만든 것도 역시 결혼이었다. 암살이 아니라 결혼이라는 점에 주목해 주기를 바란다. 부스가 저격했을 당시 링컨은 자신이 총에 맞았다는 사실도 깨닫지 못했다. 하지만 그는 23년간 하루도 빠짐없이 그의 동료 변호사인 헌든의 표현대로 '가정불화의 고역'을 감내해야 했다. '가정불화의 고역'이라고? 이것도 완곡한 표현이라고 할 수 있다. 거의 25년 동안이나 링컨 부인은 끊임없는 잔소리로 남편을 괴롭혔다.

그녀는 항상 불만을 토로했고 남편을 비난했다. 남편에게는 마음에 드는 구석을 하나도 찾을 수 없었다. 걸음걸이만 해도 그렇다. 남편은 등을 앞으로 구부린 채 인디언처럼 발을 똑바로 들었다 내렸다 하면서 다소 어색하게 걸었다. 그녀는 그의 걸음걸이를 보며 탄력이 없고 움직임에 우아함이 없다고 잔소리를 쏟아 냈다. 그녀는 그의 걸음걸이를 흉내 내며, 자신이 마담 렌텔이 운영하는 렉싱턴의 기숙 학교에서 배운 것처럼 발 앞쪽 끝을 먼저 디디며 걸으라고 바가지를 잔뜩 긁었다.

그녀는 머리에서 바로 위쪽으로 솟아 있는 그의 커다란 귀도 마음에 들지 않았다. 심지어는 코가 삐뚤어졌다, 아랫입술이 튀어나왔다, 폐병 환자처럼 보인다, 손발이 너무 크다, 머리는 너무 작다는 식의 말을 서슴없이 퍼붓기도 했다.

에이브러햄 링컨과 부인 메리 토드 링컨은 교육, 환경, 기질, 취미, 사고방식 등 모든 면에서 서로 차이를 보였다. 그들은 늘 서로의 행동을 보며 기분이 나빠졌다.

이미 세상을 떠나고 없지만 링컨에 관한 당대 최고의 권위자로 인정받고 있는 앨버트 J. 베버리지 상원 의원은 이렇게 적었다. "링컨 부인의 크고 날카로운 목소리는 길 건너편에서도 선명하게 들릴 정도였다. 그 근처에 사는 사람들은 끊임없이 화를 터뜨리는 그녀의 목소리를 언제든 들을 수 있었다. 말로만 끝나지 않는 경우도 꽤나 많았다. 그녀가 폭력을 행사한 적이 많다는 것은 여러 사람이 익히 아는 사실이다."

한 가지 예를 살펴보자. 결혼한 지 얼마 지나지 않아 링컨 부부는 제이콥 얼리 여사의 집에서 거주하게 되었다. 여사는 의사인 남편이 죽은 후 하숙을 내야 할 처지에 있었다.

어느 날 링컨 부부가 아침을 먹고 있는데 링컨이 아내의 화를 돋우는 어떤 행동을 했다. 그게 무엇이었는지는 아무도 기억하지 못한다. 하지만 이미 화가 머리 끝까지 치솟은 링컨 부인은 뜨거운 커피를 남편의 얼굴에 확 끼얹어 버렸다. 더군다나 그 자리에는 그 둘만 있었던 것이 아니라 다른 하숙생들도 있었다. 주변이 조용한 가운데 링컨은 아무 말도 없이 모욕을 당한 채 앉아 있었고, 얼리 여사가 젖은 수건을 가져다 그의 얼굴과 옷을 깨끗이 닦아 주었다.

링컨 부인이 보여 주었던 질투가 어찌나 어처구니없고 극심하고 또 믿기 힘든 정도였는지, 75년이 지난 지금 그녀가 공공연히 벌였던 슬프고도 볼썽사나운 장면들에 대해서 단지 읽는 것만으로도 기가 찰 지경이다. 그녀는 끝내 정신 이상 증세를 보이고 말았다. 조금이라도 그녀에 대해 좋은 방향으로 말하자면, 그녀는 초기 정신 이상 증세의 영향을 늘 받고 있었을 수도 있다는 것이다.

그녀가 했던 그 잔소리와 비난과 호통이 링컨을 조금이라도 좋은 방향으로 변화시켰을까? 어떤 면에서는 한 가지 정도는 그렇다고도 할 수 있다. 그녀에 대한 링컨의 태도를 달라지게 했다. 링컨으로 하여금 자신의 불행한 결혼에 대해 후회하게 만들었다. 될 수 있으면 아내와 얼굴을 마주치지 않게 만들었다.

스프링필드에는 변호사가 11명이 있었는데, 그들 모두가 그곳에서 먹고사는 것은 불가능했다. 그래서 그들은 말안장에 짐을 싣고 데이비드 데이비스 판사가 재판하는 곳이면 어디든 따라다니며 법정에 서곤

했다. 이런 식으로 그들은 제8순회 법정이라면 어느 시골 마을에서든 일을 따낼 수 있었다.

모든 변호사들은 일요일이 되면 스프링필드에 있는 집으로 돌아와 가족과 함께 주말을 보냈다. 하지만 링컨만은 예외였다. 그는 집으로 돌아가기가 두려웠다. 봄철 3개월, 그리고 다시 가을철 3개월 동안 그는 순회 법정을 따라 각지로 돌아다녔고 스프링필드 근처로는 절대로 가지 않았다. 이런 상태는 몇 년씩이나 계속되었다. 지방 호텔의 생활 환경은 열악할 때가 거의 대부분이었다. 하지만 링컨은 집으로 돌아가 끊임없이 잔소리를 듣고 분을 못 이기고 미쳐 날뛰는 아내를 보고 싶지 않았다.

링컨 영부인이나 유지니 황후, 톨스토이 부인이 잔소리를 해서 얻은 결과는 이런 것들이었다. 그들이 한 것은 자신의 인생을 비극으로 만든 것뿐이다. 자신들이 가장 아끼는 것들을 부수었을 뿐이다.

뉴욕 가정 법원에서 11년간 일하면서 수천 건의 아내와 자식의 유기 문제를 살펴본 베시 햄버거에 따르면, 남편들이 집을 나가는 가장 큰 이유는 아내의 잔소리 때문이라고 한다. 〈보스턴 포스트〉는 이런 관계를 다음과 같이 표현했다. "이 세상 아내들은 잔소리라는 삽으로 조금씩 결혼 생활이라는 무덤을 파고 있다."

가정을 행복하게 만들고 싶은가? 그렇다면 다음 방법과 같이 해 보라!

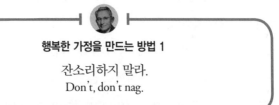

행복한 가정을 만드는 방법 1

잔소리하지 말라.

Don't, don't nag.

상대방은 절대 바뀌지 않는다

Love and Let Live

"살아가면서 바보 같은 짓을 많이 저지를지도 모르겠다. 하지만 사랑 때문에 결혼하는 미련한 짓은 절대 하지 않겠다."

이것은 영국의 재상인 디즈레일리가 한 말이다. 그리고 실제로 그는 연애결혼을 하지 않았다. 그는 35세가 될 때까지 독신으로 지내다가 자신보다 15세 연상의 어느 미망인에게 청혼했다. 50년의 세월이 흐른 그녀의 머리는 이미 희끗희끗해지고 있었다. 사랑 때문에 가능했을까? 아니다. 그녀도 그가 자신을 사랑하지 않는다는 사실을 잘 알고 있었다. 그녀도 마찬가지였다. 그가 돈 때문에 결혼하려 한다는 것을 알고 있었다. 그래서 그녀는 한 가지 조건을 제시했다. 그가 어떤 사람인지 알 수 있게끔 1년만 시간을 달라는 것이었다. 그리고 약속된 시간이 지났을 때, 그녀는 그와 결혼했다.

너무 밋밋하고 계산적이다. 그렇지 않은가? 하지만 아이러니하게도 수많은 불화와 싸움으로 얼룩진 결혼의 역사에서 디즈레일리의 결혼은 가장 뛰어난 성공 사례로 세간에 알려져 있다.

디즈레일리가 선택한 부유한 미망인은 젊지도 않았다. 아름답지도 않았다. 똑똑하지도 않았다. 오히려 그 반대라고 이야기하는 것이 맞았다. 그녀는 문학과 역사에 대해 자신의 무지를 드러내는 말을 해서 사람들에게 웃음거리가 된 경우가 적지 않았다. 예를 들면, 그녀는 그리스 시대가 먼저인지 로마 시대가 먼저인지조차도 알지 못했다. 옷을 고르는 취향이나 가구를 고르는 취향도 매우 이상하게 보였다. 하지만 그녀에게는 결혼 생활을 하는 데 가장 중요한 부분에서는 천재적인 면이 있었다. 그것은 남편을 다루는 기술이었다.

그녀는 지적인 면에서 디즈레일리와 자신을 견주려 하지 않았다. 그가 똑똑한 부인들과 오후 내내 지겹도록 대화를 주고받다 지쳐 집에 들어오면, 메리 앤은 가벼운 대화로 그가 편히 쉴 수 있도록 만들어 주었다. 집은 그가 정신적 긴장을 풀고 메리 앤의 따뜻한 애정을 느끼며 편안히 쉴 수 있는 곳이었다. 그는 시간이 흐를수록 그러한 점에 대해 더욱더 기쁨을 느꼈다. 나이 들어가는 아내와 함께 집에서 보낸 이 시간이야말로 그의 삶에서 가장 행복한 순간이었다. 그녀는 그를 도와주는 협력자이자 비밀을 털어놓을 수 있는 믿음직한 친구였으며, 그에게 아낌없이 솔직하게 충고해 주는 조언자였다. 매일 저녁 그는 하원에서 있었던 일을 아내에게 말하기 위해 집으로 달려갔다. 그리고 이 점이 중요한 부분인데, 그녀는 그가 어떤 일을 맡든 실패하지 않을 것이라고 생각했다.

30년이라는 세월 동안 메리 앤은 오로지 그만을 위해 살았다. 남편을 편히 살 수 있게 해 주는 것 때문에 그녀에게는 가지고 있던 재산조차도 가치가 있었다. 그런 대가로 그는 그녀를 우상처럼 여겼다. 그는 그녀가 죽은 후 백작이 되었다. 하지만 그는 작위를 받기도 전에 자신의 아내도 자신과 같은 작위를 받을 수 있게 해 달라고 빅토리아 여왕에게 간청했다. 그리하여 그가 백작이 되던 해인 1868년 그녀 역시 비콘스필드 백작 부인으로 봉해졌다.

그녀가 사람들 앞에서 아무리 바보처럼 보여도, 그리고 정신없이 행동하더라도 그는 그녀를 나무라는 법이 결코 없었다. 그녀를 질책하는 말은 한마디도 꺼내지 않았다. 누구든지 감히 그녀를 비웃으려 하면, 그는 넘치는 애정으로 그녀를 옹호하고 나섰다.

메리 앤은 절대 완벽하지 않았다. 하지만 30년 동안 끊임없이 자신의 남편을 자랑하고, 칭찬하며, 존경했다. 생각해 보자. 그 결과는 어떤 것이었을까? 디즈레일리는 이렇게 말했다. "결혼한 지 30년이 지났지만 나는 한 번도 권태기라는 것을 느껴 본 적이 없다." (그럼에도 불구하고 역사에 대한 지식이 다소 부족하다는 이유만으로 메리 앤은 틀림없이 멍청했을 것이라고 하는 사람이 있다는 사실이 놀랍기도 하다.)

디즈레일리도 자신의 삶에서 가장 중요한 것은 메리 앤이라는 사실을 숨기지 않았다. 그 결과는 어땠을까? 메리 앤은 친구들에게 이렇게 말했다. "남편 때문에 행복이 끊이지를 않아."

그들 사이에는 서로 주고받는 농담이 있었다. "내가 돈만 보고 당신과 결혼했다는 거 알지?" 디즈레일리가 이렇게 이야기하면 메리 앤은 미소를 지으며 이렇게 대답했다. "물론이죠. 하지만 다시 결혼하게 된다면, 그때는 사랑 때문에 나와 결혼할 거예요. 그렇죠?" 그러면 그도 그녀의 말이 옳다고 인정했다.

메리 앤은 완벽하지 않았다. 하지만 디즈레일리에게는 그녀를 자신의 모습 그대로 놔두는 현명함이 있었다.

헨리 제임스가 한 말을 꼭 기억하기를 바란다. "다른 사람과 관계를 맺을 때 무엇보다도 먼저 알아야 할 것이 있다. 그것은, 상대방이 나의 행복 추구 방식을 억지로 바꾸려고 하지만 않는다면, 나도 상대방의 독특한 행복 추구 방식을 그대로 인정해 주어야 한다는 점이다."

『가족으로 함께 성장하기』라는 책에서 릴랜드 포스터 우드는 이렇게 적고 있다. "자신에게 꼭 어울리는 사람을 고른다고 해서 성공적인 결혼 생활이 되는 것은 절대 아니다. 그것은 또한 자신도 꼭 어울리는 사람이 되어야 한다는 것을 의미한다."

가정을 행복하게 만들고 싶은가? 그렇다면 다음 방법과 같이 해 보라!

행복한 가정을 만드는 방법 2
상대방을 억지로 바꾸려고 하지 말라.
Don't try to make your partner over.

3

이혼으로 가는 지름길

Do This and You'll Be Looking Up the Time-Tables to Reno

디즈레일리의 가장 강력한 정적은 바로 글래드스턴이었다. 두 사람은 대영 제국에서 일어나는 모든 논란에서 서로 충돌하는 관계였는데, 그들에게는 한 가지 공통점이 있었다. 그것은 두 사람 모두 가정생활에서는 더할 나위 없는 행복을 누리고 있었다는 점이다.

윌리엄 글래드스턴과 그의 아내 캐서린은 무려 59년이라는 세월 동안 서로 변함없는 애정을 주고받으며 함께 살았다. 나는 때때로 가장 위엄 있는 영국 총리 글래드스턴이 아내 손을 잡고 난로 주변을 빙빙 돌며 다음과 같은 노래를 부르는 모습을 그려 보곤 한다.

텁석부리 남편에 말괄량이 아내,

세상 어떤 고난도 두렵지 않다네.

글래드스턴은 정적에게는 무서운 사람인 반면 집에서는 절대 비판하는 법이 없었다. 만약 아침을 먹으러 갔는데 식구들이 아직 아무도 일어나지 않았다면, 그는 자신만의 온건한 방식으로 식구들을 나무랐다. 그는 무엇인지 도무지 알 수 없는 노래를 목청껏 불러 댐으로써 영국에서 가장 바쁜 사람이 혼자 식탁에 앉아 식구들을 기다리고 있음을 알리는 방법을 택했다.

러시아의 예카테리나 여제 또한 그랬다. 여제가 다스린 나라는 인류 역사상 가장 큰 제국의 하나였다. 그녀가 생사여탈권을 쥐고 있던 국민만 해도 무려 수백만 명에 달했다. 여제는 정치적으로 종종 잔인한 폭군의 면모를 드러내며 쓸데없이 전쟁을 일으키거나 수많은 정적을 총살시키기도 했다. 하지만 요리사가 고기를 태웠을 때는 아무 말도 하지 않고 미소를 보이며 그냥 먹었다. 이런 참을성은 미국의 대다수 남편들도 배울 만한 점이다.

가정불화의 원인에 관해 미국 최고의 권위자인 도로시 딕스는 전체 결혼의 50% 이상이 '실패'하고 있다고 확고하게 이야기한다. 그녀의 말에 따르면, 결혼이 이혼이라는 바위에 부딪쳐 깨지는 이유 가운데 하나가 상대방의 가슴에 상처를 주는 비난이다.

자녀를 꾸짖고 싶은 마음이 들 때면, 여러분은 아마 여기에서 '하지 말라'는 말이 나오기를 기대했을 것이다. 하지만 틀렸다. 내가 말하려는 것은 미국 잡지에 실린 글 중 최고의 명작이라고 할 수 있는 「아버지는 잊어버린다」라는 글을 꾸짖기 전에 읽어 보라는 것이다. 그 글은 원래〈피플스 홈 저널〉의 논설 형태로 첫선을 보였다. 작가의 동의를 얻어〈리더스 다이제스트〉에 실린 요약본 형태로 여기에 옮긴다.

「아버지는 잊어버린다」라는 글은 감정이 고조되었을 때 써 내려간 짧은 글이지만, 많은 독자의 마음 문을 두드리면서 지금껏 수많은 사람이 항상 가까이 두고 읽는 명문으로 인정받고 있다. 글의 저자인 W. 리빙스턴 라니드는 "약 15년 전 처음 나온 이래로 「아버지는 잊어버린다」

는 전국 각지 수백 종의 잡지와 사보, 신문에 실렸다. 또한 외국어로 번역된 경우도 그에 못지않다. 학교나 교회, 강단에서 내 글을 읽고 싶다고 해서 허락한 경우만 해도 수천 번에 이른다. 방송으로 나간 횟수도 셀 수 없을 정도다. 가끔 짧은 글이 이상하게 '잘나가는' 경우가 있는 것 같다. 이 글이 그런 경우다."라고 밝혔다.

아버지는 잊어버린다

아들아, 들어 보아라. 나는 지금 너의 잠든 모습을 보며 이 말을 한다. 고양이 발처럼 보드라운 주먹이 너의 뺨을 받치고 있고, 땀에 젖은 이마에는 곱실거리는 금발이 몇 가닥 붙어 있구나. 아빠는 네가 자는 방으로 혼자 조용히 들어 왔단다. 조금 전 서재에 앉아 서류를 보고 있는데 갑자기 이상한 감정이 물밀듯이 밀려왔다. 그래서 미안한 마음으로 네 침대로 왔단다.

아들아, 네게 화냈던 것이 내내 마음에 걸렸단다. 학교를 가려고 준비할 때 고양이 세수만 한다고 나는 너를 다그쳤지. 신발이 왜 그리 지저분하냐며 꾸짖고, 물건을 바닥에 내팽개친다고 화를 냈지.

아침 먹을 때도 잔소리를 했구나. 흘리지 말고 먹어라, 꼭꼭 씹어서 삼켜라, 팔을 괴고 먹지 마라, 버터를 너무 많이 바르는 것 아니냐 하면서 말이다. 내가 집을 나설 때 너는 놀러 가다가도 나에게 손을 흔들며 "안녕, 아빠!" 했는데, 나는 인상을 쓰며 "어깨 펴고!"라는 대답만 하고 말았구나.

저녁에도 똑같은 일을 한 것 같구나. 집에 오는데 네가 무릎을 꿇고 구슬치기를 하고 있는 모습을 보았단다. 네 양말에는 구멍이 숭숭 나 있었지. 집으로 오면서 너 보고 앞장서서 가라고 해서 네 친구들 앞에서 망신을 주고 말았구나. "양말이 얼마나 비싼데……. 네가 번 돈으로 양말을 산다면 이렇게 함부로 신지는 않겠지?" 이런 이야기를 하다니, 아들아, 아빠는 너무 많이 부끄럽구나.

저녁에 서재에서 일하고 있는데 네가 상처받은 눈빛으로 살며시 서재로 들어 왔던 모습 기억하고 있지? 누가 방해하나 하고 짜증이 나서 내가 서류 너머로 쳐다보았을 때였어. 너는 문가에서 망설이고 있었지! 아빠는 "그래, 원하는 게 뭔데?" 하고 날카롭게 말했지.

너는 아무 말도 하지 않고 우두커니 서 있다가 갑자기 달려와서 내 목을 끌어안으며 나에게 입 맞추고는 조그만 팔로 나를 꼭 안아 주었지. 네 가슴에 하느님이 주신 사랑이, 아무리 돌보지 않아도 결코 시들지 않는 사랑이 충만해 있는 것이 전해 오더구나. 그러고 나서 너는 탁탁거리는 발걸음 소리를 남기고 네 방으로 갔지.

아들아, 네가 간 직후 아빠는 가슴이 저릴 정도로 무시무시한 두려움이 갑자기 밀려왔단다. 얼마나 무서웠던지 그만 서류를 떨어뜨릴 정도였지. 아, 나는 습관적으로 어떤 짓을 하고 있었던 것일까? 습관적으로 꾸짖고 야단치고……. 우리 아들이 되어 준 고마운 너에게 아빠가 주는 보상이 고작 이런 것들이었다니! 하지만 아빠가 너를 사랑하지 않아서 그랬던 것은 아니란다. 단지 아직은 어린 너에게 바라는 것이 너무 많았기 때문이란다. 나는 어른의 잣대로 너를 판단하고 있었던 거야.

아들아, 너는 정말 착하고 좋은 아이란다. 조그만 네 몸 안에 언덕 너머로 밝아 오는 새벽만큼이나 넓은 마음이 들어 있다는 게 전해 왔단다. 네가 먼저 아빠에게 달려와 잘 자라고 입맞춰 줄 때 그것을 분명하게 느꼈단다. 아들아, 오늘 밤 나에게 이보다 더 중요한 일은 없단다. 아빠는 불도 켜지 않고 네 머리맡에 무릎을 꿇고 앉아 있단다. 부끄러운 마음으로 말이다.

내가 지금 하고 있는 건 아주 작은 속죄에 불과할지도 몰라. 네가 깨어 있을 때 너에게 이런 이야기를 해도 네가 잘 이해하지 못할 거라는 것을 아빠도 잘 안단다. 하지만 약속할게. 내일 아빠는 진짜로 아빠다운 아빠가 되어 줄게. 네 친구가 되어서 너와 함께 즐거워하고, 너와 함께 아파할게. 혀를 깨무는 한이 있더라도 잔소리는 하지 않도록 할게. 주문처럼 이 말을 입에 달고 있을게. "아직은 아이일 뿐이다. 어린아이일 뿐이다."라고 말이야.

아빠는 그동안 너를 어른으로 보고 판단하고 있었던 것 같구나. 하지만 아들아, 이렇게 작은 침대에서 피곤한 듯 웅크리고 자고 있는 네 모습을 보고 있자니, 네가 아이라는 걸 다시금 깨닫게 된다. 네가 엄마 어깨에 머리를 얹고 엄마의 품에 안겨 있던 게 바로 엊그제 일인데 말이야. 그동안 나는 너무 많은 걸 바랐구나. 너무 많은 걸 바랐구나. 미안하다. 그리고 사랑한다.

가정을 행복하게 만들고 싶은가? 그렇다면 다음 방법과 같이 해 보라!

행복한 가정을 만드는 방법 3

비난하지 말라.

Don't criticize.

4

모두를 행복하게 하는 지름길

A Quick Way to Make Everybody Happy

남자들은 아내를 고를 때 자신들의 허영심을 채워 주고 자신을 우월하게 느끼게 만들어 줄 의사가 있으며, 또 그럴 만한 매력이 있는 여자를 찾는다. 기업 임원을 찾는 게 아니다. 그러므로 여성 임원의 경우 한 번 정도는 점심 식사 초대를 받을 수도 있겠지만, 이런 일이 대략 예상된다. 즉, 그녀는 아마도 자신이 대학에서 배운 '현대 철학의 흐름'이라는 이미 몇 번 써먹어 낡아 빠진 메뉴를 접시에 담아 내놓고 나서는, 자기 밥값은 자기가 내겠다고 우기기까지 할 것이다. 그 결과, 그녀는 그 이후로는 다른 사람과 식사를 하지 못하고 혼자 하게 된다.

이와는 반대로, 대학을 나오지 못한 타자수는 점심 식사에 초대받으면, 자신을 에스코트하는 사람만을 바라보며 "당신에 대해 이야기해 주세요."라고 졸라 댄다. 그 결과 그는 다른 사람들에게 "그녀가 엄청난 미인은 아니지만, 나는 지금껏 그처럼 즐거운 대화 상대를 만나 본 적이 없네."라고 이야기하게 된다.

이 말은 로스앤젤레스 가족 관계 연구소의 소장으로 재직 중인 폴 포피노의 말이다.

남자들은 여자들이 잘 차려 입고 예쁘게 보이려 하는 점을 꼭 칭찬해 주어야 한다. 남자들은 여자들이 의상에 대해 얼마나 진지한 관심을 가지고 있는지를 잘 모르거니와, 알았다고 해도 순식간에 잊어버린다. 예를 들면, 남자와 여자가 다른 남자와 여자를 만난 경우, 여자는 상대 남자를 쳐다보는 경우가 드물다. 여자는 대개 상대 여자가 얼마나 잘 차려 입었는지를 살핀다.

몇 년 전, 할머니가 98세를 끝으로 돌아가셨다. 돌아가시기 얼마 전, 나는 30여 년 전에 찍은 할머니 사진을 보여 드린 적이 있다. 시력이 좋지 않으셨던 할머니는 사진을 잘 보실 수가 없으셨다. 그래서 하신 질문은 "내가 무슨 옷을 입고 있었니?" 하나였다. 한번 생각해 보라. 100년 가까운 세월이 남긴 흔적을 고스란히 몸에 지닌 채 침대에 누워 지낸 세월만으로도 지쳐 버린, 이제 임종을 얼마 남기지 않은 고령의 할머니가, 자신의 딸도 알아볼 수 없을 정도로 정신이 흐릿흐릿한 할머니가 30여 년 전에 자신이 어떤 옷을 입고 있었는지에 대해 관심을 가지고 있다니! 나는 할머니가 그 질문을 하셨을 때 침대 곁에 있었다. 그때 받은 충격은 앞으로도 영원히 남아 있을 것이다.

이 글을 읽는 남성 독자들 중에 자신이 5년 전에 어떤 옷을 입고 있었는지 기억하는 사람은 없을 것이다. 기억하고 싶은 마음 또한 조금도 없을 것이다. 하지만 여자들은 다르다. 우리 미국 남성들은 그 점을 깨달아야 한다. 프랑스의 상류층 남자들은 어릴 때부터 자신이 만나는 여성의 옷과 모자를 칭찬하도록 교육받는다. 그것도 한 번이 아니라 여러 번 거듭해서 칭찬하도록 교육받는다. 5,000만 명이나 되는 프랑스 남성들이 그렇게 한다면, 매우 합리적이고 올바른 이야기라고 보아도 되는 것 아닐까?

내가 수집해 놓은 이야기 중에 실제 일어난 일은 아니지만, 진리를 담고 있는 우스갯소리가 하나 있어 여러분에게 소개하고자 한다.

한 농부의 아내가 고된 하루 일을 마치고 돌아온 남편에게 저녁 식사로 산더미만 한 건초 묶음을 내어 왔다. 남편이 화내며 제정신이냐고 소리를 지르자 그녀는 이렇게 대답했다.

"이런, 당신이 알아차릴 줄은 미처 몰랐네요. 지난 20년간 꼬박꼬박 요리를 해 왔는데, 그동안 당신은 건초를 먹고 있는지 맛있는 요리를 먹고 있는지 알고 있다는 것을 내가 느낄 수 있게 해 준 적이 단 한 번도 없었거든요."

모스크바와 상트페테르부르크에서 아쉬움이라는 것을 모르고 살던 러시아의 귀족들은 이런 점에서는 꽤나 훌륭한 관습을 가지고 있었다. 제정 러시아 상류층에서는 훌륭한 요리를 즐기고 나면, 꼭 요리사를 식탁으로 불러내 요리에 대한 칭찬을 하는 것이 관행이었다.

여러분의 아내에 대해서도 이 정도의 배려를 하는 것은 어떨까? 만일 닭고기 요리를 하는데 닭고기가 아주 맛있을 정도로 노릇노릇 구워져 나온다면, 아내에게 맛있다는 말을 꼭 건네라. 여러분이 건초를 먹고 있지 않아 다행이라고 생각한다는 것을 아내에게 알려라. 아니면 금주법 시대의 여장부 '텍사스' 기년이 클럽에서 늘 하던 말처럼 '열렬한 박수' 정도라도 아내에게 보내기를 바란다.

잊지 말아야 할 것이 있다. 칭찬할 때는 아내가 정말로 소중한 존재라는 것을 주저하지 말고 표현해야 한다. 우리가 이미 보았듯이 영국이 낳은 최고의 정치가인 디즈레일리도 '아내는 나에게 정말 고마운 사람'이라는 사실을 세상에 드러내는 것을 결코 부끄러워하지 않았다.

며칠 전 잡지 하나를 보다가 이런 이야기를 접하게 되었다. 20세기 미국 최고의 유명 연예인 에디 캔터를 인터뷰한 글에 나오는 이야기다.

"나는 이 세상 누구보다도 내 아내에게 감사하고 있습니다. 아내는 내가 어렸을 때 가장 가까운 친구였고, 내가 바르게 자랄 수 있도록 도와준 사람이었습니다. 결혼하고 나서는 동전 한 닢까지 아끼며 모은 돈을 굴리고 굴려서는 상당한 재산을 만들어 주었습니다. 사랑스러운 아이들도 무려 다섯이나 키워 냈습니다. 나에게 언제나 너무나 멋진 가정을 만들어 주었습니다. 내가 만일 조금이라도 이룬 것이 있다면, 이 모든 것은 전부 아내 덕입니다."

할리우드는 런던의 로이드 보험사마저 고개를 가로저을 만큼 결혼 생활이 위태위태한 곳이다. 하지만 거기에서도 눈에 띄게 행복한 생활을 하는 부부가 몇 쌍 있는데, 워너 백스터 부부도 그 가운데 한 쌍이다. 위니프레드 브라이슨이라는 이름으로 영화계에서 활약하던 백스터 부인은 결혼하면서 화려했던 배우 생활을 내려놓았다.

하지만 그녀의 희생이 그들의 행복을 가로막을 수는 없었다. 워너 백스터는 이렇게 말한다. "아내는 화려한 무대에서 관객의 박수를 받지 못하는 것을 무척이나 아쉬워했습니다. 하지만 나는 내가 갈채를 보내고 있음을 아내가 알 수 있도록 노력했죠. 아내가 남편을 통해 행복을 맛보고자 한다면 아마도 그건 남편이 자신에게 헌신하고 있고, 자신을 칭찬해 준다고 느낄 때가 아니겠습니까? 그런 헌신과 칭찬이 진심일 때 남편도 행복해질 수 있는 길이 같이 생기는 것이 아닐까요?"

바로 이것이다.

가정을 행복하게 만들고 싶은가? 그렇다면 다음 방법과 같이 해 보라!

행복한 가정을 만드는 방법 4

진심을 담아 칭찬하라.
Give honest appreciation.

5

작은 관심의 가치를 깨달아라
They Mean So Much to a Woman

꽃은 아득한 옛날부터 사랑의 언어라고 알려져 왔다. 꽃은 특히 제철이라면 비교적 저렴하게 살 수 있고, 종종 길거리에서 할인하기도 한다. 그런데도 보통의 남편들은 아내에게 수선화 한 다발 사다 주는 법이 없다. 그 희소성만으로 보자면 꽃이 난초처럼 비싸거나, 구름 덮인 알프스의 절벽에서 피어나는 에델바이스만큼이나 구하기 힘든 것으로 보일 정도다.

왜 아내가 병원에 입원해야만 여러분은 꽃을 사다 주려고 하는가? 왜 오늘 밤 당장 아내에게 장미 몇 송이라도 사다 주지 않는 것인가? 여러분에게는 실험 정신이 있다. 그러니 바로 오늘 한번 도전해 보자. 무슨 일이 생기는지 한번 보자.

조지 M. 코언은 '브로드웨이를 가진 사나이'라고 알려질 정도로 많은 일을 감당하던 사람이지만, 어머니가 돌아가실 때까지 매일 하루에 두 번씩은 안부 전화를 드렸다. 그가 전화할 때마다 뭔가 커다란 소식을 전했을 것 같은가? 아니다, 절대 그렇지 않다. 작은 관심이라는 것의 의미가 바로 이런 것이다. 작은 관심을 보인다는 것은 여러분이 그녀를 생각하고 있고, 그녀를 기쁘게 만들어 주고 싶고, 그녀의 행복과 안녕이 여러분에게 매우 소중하며 항상 마음속 깊이 간직하고 있다는 것을 여러분이 사랑하는 그녀에게 보여 주는 것을 의미한다.

여자들은 생일이나 기념일에 상당한 의미를 부여한다. 왜 그런지는 영원히 여성들만의 비밀로 판도라의 상자에 남을 것이다. 보통의 남자라면 중요한 날을 기억하지 않더라도 불편함 없이 그럭저럭 살아갈 수 있다. 하지만 절대로 잊어서는 안 될 날도 있다. 예를 들면, 콜럼버스가 아메리카 대륙을 발견한 1492년, 미국이 독립 선언을 한 1776년, 그리고 아내의 생일과 결혼기념일이다. 필요하다면 앞의 두 날은 잊어도 되나, 뒤의 두 날짜는 절대로 잊어서는 안 된다.

시카고에서 무려 4만 건의 이혼 소송을 진행하며 2,000쌍의 이혼 조정에 성공한 판사 조셉 새버스는 이렇게 이야기한다. "가정불화가 생기는 원인은 대부분 사소한 일에서 발견된다. 아침에 남편이 출근할 때 아내가 손을 흔들어 배웅해 주는 간단한 일만으로도 이혼을 피할 수 있는 경우는 얼마든지 있다."

로버트 브라우닝은 아내 엘리자베스 베럿 브라우닝과 가장 목가적인 결혼 생활을 영위했다고 여겨지고 있다. 그는 아무리 바쁘더라도 작은 칭찬이나 관심으로 끊임없이 두 사람의 애정을 키워가는 것을 게을리 하지 않았다. 그가 병든 아내를 배려하는 모습이 어찌나 극진했던지 아내는 자기 언니에게 보내는 편지에 이렇게 쓸 정도였다고 한다. "언니, 요즘 나는 정말 남편이야말로 진짜 천사가 아닐까 하는 생각이 들어요."

수시로 보여 주는 이런 작은 관심의 가치를 잘 모르는 남자들이 생각 이상으로 너무 많다. 게이너 매덕스는 〈픽토리얼 리뷰〉에 기고한 글에 이렇게 썼다. "나쁘게 보일 수도 있을 것이다. 하지만 미국 가정은 이제는 정말로 새로운 습관을 도입할 필요가 된 것 같다. 예를 들면, 침대에서 아침 식사를 하는 것은 많은 아내들이 즐겨야 하는 귀여운 것이 되겠다. 아내들에게 침대에서의 아침 식사는 남자들이 멋진 술집에 가는 것과 비슷한 역할을 한다."

사소한 사건들의 연속, 그것이 바로 결혼이다. 이런 사실을 무시하는 부부는 행복해지기 어렵다. 시인 에드나 세인트 빈센트 밀레이는 언젠가 이런 사실을 함축적이고도 짧은 운율로 표현했다.

내 하루하루가 고통스러운 건
사랑이 가고 있기 때문이 아니라
사랑이 사소한 일로 가 버렸기 때문.
Tis not love's going hurts my days,
But that it went in little ways.

이 구절을 꼭 기억해 두기로 하자. 네바다주에 있는 리노 시에서는 토요일까지 이혼 소송이 진행되는데, 미국에서 열 쌍에 한 쌍 정도가 이혼 조정에 실패한다. 여기서 이혼하는 부부 중 얼마나 많은 부부가 실제로 비극이라는 문턱에 걸려 넘어졌을 것이라고 생각하는가? 단언컨대 정말 얼마 안 될 것이다. 만일 여러분이 며칠 동안 법정에 앉아 그 불행한 부부들의 증언을 들을 수 있다면, 여러분은 사랑이 "사소한 일로 가 버렸다."라는 것의 의미를 알 수 있을 것이다.

지금 바로 칼을 가져다가 이 구절을 오려 내 모자 안쪽에 붙여 놓으라. 아니면 거울에 붙여 놓고 매일 아침에 면도할 때마다 읽어 보라.

"나는 이 길을 단 한 번만 지나갈 수 있다. 그러므로 내가 다른 사람에게 선행을 베풀거나 친절을 보여 줄 수 있는 아주 작은 기회라도 생긴다면, 지금 바로 그렇게 해야 한다. 미루어 놓거나 게을리해서는 안 된다. 그 이유는 간단하다. 이 길을 다시는 지나갈 수 없기 때문이다."

가정을 행복하게 만들고 싶은가? 그렇다면 다음 방법과 같이 해 보라!

행복한 가정을 만드는 방법 5

작은 관심을 보여라.
Pay little attentions.

행복을 원한다면 잊지 말아야 할 점

If you Want to be Happy, Don't Neglect This One

월터 담로쉬는 미국 최고의 웅변가이자 대통령 선거에 출마하기도
했던 제임스 G. 블레인의 딸과 가정을 꾸렸다. 오래전 스코틀랜드에 있
는 앤드루 카네기의 집에서 만난 이래로 두 사람은 정말 행복한 삶을 영
위해 왔다. 그들의 비결은 어디에 있을까?

담로쉬 부인은 이렇게 말한다. "배우자를 신중하게 선택하는 것은 물
론 중요합니다. 하지만 그다음으로 중요한 것은 결혼 후에도 예절이 있
어야 한다는 점이라고 저는 이야기하고 싶습니다. 젊은 아내들이 다른
사람에게 하는 것처럼 남편에게도 예의를 차린다면 얼마나 좋을까요?
어떤 남자라도 바가지나 긁어 대는 아내로부터는 분명 도망치려고 할
것입니다."

무례함, 그것은 사랑을 집어삼키는 암세포다. 누구나 이런 사실을 안
다. 그런데도 가까운 사람보다 모르는 사람에게 더 예의 바르게 행동한
다는 사람이 많다는 것은 참으로 안타까운 일이 아닐 수 없다.

우리는 결코 모르는 사람의 말을 가로막고 "세상에, 그런 낡아 빠진

이야기를 다시 하실 생각이세요?"라고는 말하지 않는다. 우리는 다른 친구의 편지를 허락도 없이 뜯어 본다든가, 사적인 비밀을 훔쳐보는 등의 일은 절대로 하지 않는다. 이런 사소한 잘못을 저질러 기분 나쁘게하는 것은 언제나 가장 가깝고 소중한 우리 가족에게만 해당될 뿐이다.

다시 한번 도로시 딕스의 말을 인용해 보겠다. "현실적으로 우리에게 비열하고 모욕적이고 상처 주는 말을 하는 사람들은 가족밖에 없다. 놀랍기는 하지만 이것은 분명한 사실이다."

헨리 클레이 리스너는 이렇게 말한다. "예의는 부서진 문보다는 그문 너머의 마당에 있는 꽃을 배려하는 마음 씀씀이다."

결혼 생활에서 예의는 자동차의 윤활유 같은 역할을 한다.

『아침 식탁의 독재자』의 저자로 유명한 올리버 웬델 홈스는 실제 자신의 집에서는 독재자가 아니었다. 그는 실제로는 식구들에 대한 배려가 상당했다. 슬프거나 기운이 없을 때에도 다른 식구들에게 그런 사실을 숨기기 위해 무척 노력하는 사람이었다. 그의 말에 따르면 다른 식구들에게 자신의 감정을 전염시키지 않고 혼자서 견뎌 내는 일은 정말 힘들었다고 토로한다.

홈스는 바로 그런 일을 해냈다. 하지만 대부분 사람은 어떻게 하고 있는가? 회사에 안 좋은 일, 예를 들면 판매가 부진하거나 상사로부터 야단맞는 일이 생겼다. 머리는 깨질 듯 아파 오고 5시 15분에 출발하는 통근 버스마저 놓쳤다. 그러면 집에 돌아온 그가 무엇을 하는지 아는가? 그는 집에 돌아오자마자 식구들에게 자신의 분풀이를 하기 시작한다.

네덜란드에서는 집에 들어가기 전에 신발을 벗어 현관 밖에 놓고 들어간다. 우리는 이 네덜란드 사람들로부터 깊은 교훈을 배워야 한다. 밖에서 생긴 고민들은 집에 들어가기 전에 벗어 놓고 들어가자.

윌리엄 제임스는 언젠가 「인간의 무지에 관하여」라는 글을 쓴 적이 있다. 가까운 도서관에라도 가서 한번 찾아 읽어 볼 만한 글이다. 그는 이렇게 말했다. "이 글이 다루고자 하는 인간의 무지는 우리와 다른 존재나 사람들의 감정과 관련해 우리 모두가 가지고 있는 무지다."

"우리 모두가 가지고 있는 무지." 고객, 심지어 사업상의 파트너에게는 절대로 날카로운 말을 할 수 없는 많은 남자가 자신의 아내에게는 아무렇지도 않게 큰소리를 친다. 하지만 그들의 개인적 행복을 위해서는 사업보다는 결혼이 훨씬 더 중요하고, 훨씬 더 필수적인 것이다.

명심하자. 행복한 사람은 독신의 천재가 아니라 행복한 결혼 생활을 하는 평범한 남자다. 러시아의 위대한 소설가 투르게네프는 어디서나 칭송받는 사람이었다. 그런 그가 이렇게 말했다. "저녁 식사를 준비하고 나를 기다려 주는 여인이 어딘가에 있다면, 나는 내 모든 재능과 모든 책을 포기해도 좋을 것이다."

과연 오늘날 행복한 결혼 생활을 할 가능성은 어느 정도나 되는 것일까? 이미 살펴본 대로 도로시 딕스는 절반 이상은 실패라고 말한다. 하지만 폴 포피노 박사의 생각은 다르다. 그는 이렇게 말한다. "결혼에서 성공할 가능성은 다른 어떤 사업에서 성공할 가능성보다도 높다. 채소 가게를 여는 사람들 중 70%가 장사에 실패한다. 하지만 결혼에서는 70%의 남녀가 성공한다."

결론적으로 도로시 딕스의 말을 들어 보자. 그녀는 이렇게 말한다.

결혼과 비교해 보았을 때, 탄생은 일화에 불과하다. 죽음도 사소한 일일 뿐이다.

남편들이 왜 사업이나 직업 방면에서 성공을 이루기 위해 노력하는 것만큼 가정을 지속시키기 위해 노력하지 않는지 아내들은 결코 이해하지 못한다.

아내를 만족시키고 평안하고 행복한 가정을 가지는 것이 100만 달러를 버는 것보다 남편에게는 더 중요한 일이지만, 100명의 남편 중 한 사람도 성공한 결혼 생활을 이루기 위해 진지하게 고민하거나 진심으로 노력하지 않는다. 그저 자신의 인생에서 가장 중요한 일을 그저 운에 맡길 뿐이다. 부드러운 방법을 쓰기만 해도 모든 일이 술술 잘 풀릴 텐데, 아내들은 왜 남편들이 자신들을 강압적인 방법을 쓰지 않고, 부드럽게 다루지 않는지 이해할 수 없다.

남편들은 잘 알고 있다. 누구나 자신이 아내의 기분을 조금만 맞추어 주기만 하면, 아내가 아무런 군소리 없이 어떤 일이든 해 주리라는 것을 말이다. 그리고 아내에게 살림을 정말 잘한다, 내조를 정말 잘한다는 것 같은 사소한 칭찬 몇 마디만 슬쩍 건네도, 아내가 있는 돈 없는 돈 다 털어서 내주리라는 것을 잘 알고 있다. 또한 아내에게 작년에 산 옷을 입으면 너무나 멋지고 예뻐 보인다는 말을 하기만 해도, 아내는 파리에서 들어온 최신 유행의 옷은 거들떠보지도 않으리라는 것을 잘 알고 있다. 그뿐만 아니다. 아내의 눈가에 입을 맞추기만 하면 아내는 모든 일을 눈감아 주고, 아내의 입술을 가볍게 맞추기만 해도 입을 꼭 다물고 아무런 군소리도 하지 않으리라는 것을 잘 알고 있다.

모든 아내는 자신의 남편이 이런 것들을 알고 있다는 것을 모르지 않는다. 그 이유는, 자신에게 어떻게 해야 통하는지 자신이 직접 설계한 완벽한 도면을 제공해 주었기 때문이다. 또 그렇기 때문에 남편이 아내의 기분을 약간 맞춰 주며 아내가 원하는 대로 해 주는 대신에, 아내와 다투고는 그 대가로 차가운 분위기에서 식사하고 아내에게 옷이며 차며 보석이며 사 주느라 돈을 흥청망청 낭비하는 것을 보면, 아내는 화를 내야 할지 아니면 진저리를 내야 할지 도무지 알지 못한다.

가정을 행복하게 만들고 싶은가? 그렇다면 다음 방법과 같이 해 보라!

행복한 가정을 만드는 방법 6

예의를 갖추어서 정중하게 행동하라.

Be courteous.

7

성생활의 만족을 위해 노력하라

Don't Be a "Marriage Illiterate"

사회위생 연구소의 총책임자인 캐서린 B. 데이비스 박사는 언젠가 기혼 여성 1,000명으로부터 내밀한 문제에 관해 솔직한 대답을 요구하는 형태의 조사를 실시한 적이 있다. 평균적인 미국 성인의 성적 불만족에 대한 놀라운, 믿을 수 없을 만큼 놀라운 사실이 조사 결과 밝혀졌다. 1,000명의 기혼 여성으로부터 받은 답변을 검토하고 난 데이비스 박사는 미국에서 일어나는 이혼의 중요 원인 가운데 한 가지로 성생활의 부조화를 꼽을 수 있다고 확신한다고 단언했다.

G. V. 해밀턴 박사의 연구도 이런 점을 명백히 입증하고 있다. 해밀턴 박사는 4년에 걸쳐 남성 100명과 여성 100명의 결혼 생활에 대한 연구 조사를 진행했다. 박사는 조사 대상 남녀 개개인에게 결혼 생활에 관한 약 400개에 달하는 질문을 하고, 그들의 문제에 대해 면밀히 검토했다. 4년에 걸쳐 이루어진 매우 세밀하고 깊이 있는 연구였다.

이 작업은 사회학적으로 상당한 의의를 지닌 것으로 인정되었다. 그래서 유명 자선가들로부터 후원을 받아 진행할 수 있었다. 해밀턴 박사와 케네스 맥고완의 공동 저서인 『결혼 생활의 문제』가 그 실험의 결과다.

이렇게 물을 수 있겠다. 결혼 생활의 문제는 도대체 무엇인가? 해밀턴 박사는 이렇게 말한다. "성적 부조화가 대부분의 가정불화의 주요한 원인이 아니라고 말하는 사람은 선입견에 꽉 사로잡힌, 대단히 무모한 정신병 의사라고 할 수밖에 없다. 어찌 되었든 성생활 자체가 만족스럽다면 다른 이유로 발생한 불화는 크게 문제가 되지 않는다."

로스앤젤레스 가족 관계 연구소에서 소장으로 있는 폴 포피노 박사는 수천 건의 결혼에 대해 검토했으며, 가정생활에 관해서는 미국 최고의 권위자로 인정받고 있다. 포피노 박사에 따르면 결혼 생활의 실패에는 대략 네 가지의 원인이 있다고 한다. 그가 제시한 순서대로 이야기한다면 다음과 같다.

1. 성적 부조화
2. 여가 활용에 관한 의견 불일치
3. 경제적 곤란
4. 심신 이상

성 문제가 가장 먼저 나온다는 점, 그리고 이상하게도 경제적 어려움은 세 번째로 나오고 있다는 것에 주목해 보기 바란다.

결혼 생활에 조화로운 성생활이 절대적으로 필요하다는 데는 이혼 문제 전문가라면 누구나 동의한다. 예를 들면, 몇 년 전 수천 건의 이혼 소송을 처리한 경험이 있는 신시내티 가정 법원의 호프먼 박사는 이렇게 단언했다. "이혼하려는 부부의 90%는 성적 불만족에서 비롯된다."

저명한 심리학자 존 B. 왓슨은 이렇게 말한다. "성보다 인생에서 중요한 주제가 없다는 것은 누구나 인정하는 바다. 성은 분명히 남자와 여자의 행복을 좌초시키는 가장 중요한 원인이다."

나는 개업의들이 내 강좌에서 발표하면서 실제로 이와 똑같은 말을 하는 것을 여러 번 보았다. 그렇다면 이렇게 책과 교육이 넘치는 20세기에 들어서도 가장 원초적이면서도 자연스러운 본능에 대해 잘 알지 못하기 때문에 결혼 생활이 파괴되고, 인생이 좌지우지된다는 것은 너무 불행한 일이 아니겠는가?

올리버 M. 버터필드 목사는 감리교 교단에서 18년간 봉사한 이후, 뉴욕 가정 상담 서비스 사무소에서 일하고자 교단을 떠났다. 그는 아마 지금 생존한 사람 가운데 가장 많이 주례자로 선 사람일 것이다. 그는 이렇게 말하고 있다.

"목사로 재직한 지 얼마 되지 않아 나는 결혼하러 오는 많은 젊은이가 결혼의 성적 측면에 대해 무지한 결혼맹(盲)이라는 것을 알 수 있었습니다."

음, 결혼맹이라니!

그는 계속해서 이렇게 말했다. "서로 맞추면서 산다는 것이 정말 어려운 게 결혼이라는 점을 곰곰이 생각해 본다면, 이런 문제를 운에 맡겨 놓고서도 이혼율이 16%밖에 안 된다는 사실이 너무나 놀라울 따름입니다. 진짜 결혼한 상태라기보다는 단지 아직 이혼하지 않은 상태인 부부가 셀 수도 없이 많습니다. 그들은 일종의 지옥에서 살고 있는 셈이죠."

버터필드 박사는 이렇게 단언했다. "운으로 되는 행복한 결혼은 존재하지 않는다. 행복한 결혼은 정교하게, 그리고 신중하게 계획되어야 한다는 점에서 건축물과 같다."

이런 계획을 돕기 위해 버터필드 박사는 결혼하는 커플들은 그들의 장래 계획에 대해 자신과 솔직한 의견을 나누어야 한다고 오래전부터 주장해 왔다. 이렇게 의견을 나눈 끝에 그는 결혼할 당사자들이 '결혼 맹'이라는 결론에 이르게 되었다.

버터필드 박사는 "성은 결혼 생활에서 만족시켜야 하는 여러 요소 가운데 하나일 뿐이지만, 이 관계가 제대로 이루어지지 않으면 다른 모든 것이 제대로 이루어지지 않는다."라고 말했다.

도대체 어떻게 제대로 이루어지게 할 것인가?

계속해서 버터필드 박사의 이야기를 들어 보자. "객관적이고도 유연하게 결혼 생활의 자세와 행동에 대해 토론하는 능력을 키워야 한다. 감정적으로 입을 다무는 대신 말이다. 이런 능력을 배양하는 데는 양식과 가치관을 갖춘 책을 읽는 것보다 효과적인 방법은 없다. 나는 늘 내가 지은 『결혼과 성적 조화』와 함께 괜찮은 책 3~4권을 나누어 주었다."

성에 관한 내용을 책에서 배운다는 것이 좀 이상하게 들리는가? 몇 년 전 콜롬비아 대학교는 미국 사회위생협회와 공동으로 교육계 전문가들을 초청해서 대학생의 성과 결혼 문제에 관해 깊은 토론을 벌였다. 이 토론에서 폴 포피노 박사는 이렇게 말했다. "현재 이혼은 감소 추세에 있습니다. 그 이유 중 하나는 사람들이 성과 결혼에 관해 괜찮은 책들을 더 많이 읽고 있다는 점입니다."

가정을 행복하게 만들고 싶은가? 그렇다면 다음 방법과 같이 해 보라!

행복한 가정을 만드는 방법 7
결혼 생활의 성적인 부분을 다룬 좋은 책들을 읽어라.
Read a good book on the sexual side of marriage.

행복한 가정을 만드는 7가지 방법

★★★★★★★★

1 잔소리하지 말라.

2 상대방을 억지로 바꾸려고 하지 말라.

3 비난하지 말라.

4 진심을 담아 칭찬하라.

5 작은 관심을 보여라.

6 예의를 갖추어서 정중하게 행동하라.

7 결혼 생활의 성적인 부분을 다룬 좋은 책들을 읽어라.

결혼 생활에 관한 평가 설문

• • • • • •

〈아메리칸 매거진〉 1933년 6월호에는 에멧 크로지어가 쓴 「왜 결혼 생활에 문제가 생기는가?」라는 글이 실려 있다. 그 글에 들어 있는 설문지를 이곳에 옮겨 싣는다. 이 질문에 대답해 보는 것도 도움이 될 것이다. '그렇다.'고 대답하는 경우에는 10점을 매기면 된다.

〈남편〉

1. 아내의 생일이나 결혼기념일, 혹은 예기치 않은 날에 아내에게 가끔씩 꽃을 사다 준다.
2. 다른 사람이 있는 자리에서 아내를 비난하지 않는다.
3. 생활비 외에 아내가 재량껏 쓸 수 있는 돈을 준다.
4. 여성 특유의 빠른 기분 변화를 이해하고, 아내가 피곤해하거나 화내거나 짜증낼 때 옆에서 잘 도와준다.
5. 여가 시간의 절반 정도는 아내와 함께한다.
6. 칭찬할 경우를 제외하고 아내를 다른 사람과 비교하지 않는다.
7. 아내의 사고방식, 교우 관계, 독서, 정치관 등에 대해 잘 알고 있다.
8. 사교 모임에서 다른 남자와 춤추거나 건전한 친교를 맺더라도 질투하는 말을 하지 않는다.
9. 기회가 있을 때마다 아내를 칭찬하고 존경심을 드러낼 준비가 되어 있다.
10. 단추를 달거나 손수건을 다리거나 옷을 세탁소에 보내는 것과 같은 아주 작고 사소한 일에도 고맙다는 말을 한다.

〈아내〉

1. 동료나 비서, 근무 시간 등 남편의 사업에 관한 일에는 일절 간섭하지 않는다.
2. 재미있고 정이 넘치는 가정을 만들기 위해 항상 최선을 다한다.
3. 요리를 자주 바꿔 남편이 오늘은 무슨 요리가 나올까 궁금해 하도록 만든다.
4. 남편의 사업에 대해 잘 알고 있다가 필요할 경우 조언한다.
5. 경제적인 어려움이 생기더라도 남편을 다른 사람과 비교하며 비난하지 않고, 용감하고 즐겁게 대처해 나갈 수 있다.
6. 시댁 식구들과 친하게 지내기 위해 노력한다.
7. 옷을 고를 때 남편의 취향을 고려한다.
8. 화합을 위해 사소한 일은 양보한다.
9. 남편이 좋아하는 놀이를 배워 남편과 함께 즐긴다.
10. 최근 뉴스, 새로 나온 책, 새로운 아이디어에 대해 잘 알고 있어서 남편과 함께 지적인 대화를 나눈다.